21 世纪国际商务教材教辅系列

编写委员会

总 主 编： 余世明

副总主编： 袁绍岐　张彬祥　何　静

编写成员：（按姓氏笔画排列）

王雪芬　邓宇松　邓棣嫦　邓雷彦　朱艳君　刘生峰
刘晓凌　刘德海　许　燕　李　涛　杨子电　杨宇晖
杨　青　杨　遐　肖剑锋　吴懿华　何　静　余世明
余　媛　余德逸　宋朝生　张小彤　张少辉　张彬祥
陈夏鹏　陈　梅　林丽清　罗楚民　冼燕华　赵江红
胡丽媚　袁以美　袁绍岐　顾锦芬　黄　丽　黄清文
黄森才　彭月嫦　彭伟力　曾　馥　谢蓉莉　赖瑾瑜
詹益生　廖慧琳　谭　莉　潘子助

21世纪国际商务教材教辅系列

总 主 编　余世明
副总主编　袁绍岐　张彬祥　何　静

中国教育发展战略学会终身教育工作委员会
职业技能认证研究中心指定培训用书

DOCUMENTS & CREDIT
FOR INTERNATIONAL BUSINESS

新编国际商务单证实务练习题及分析解答

主编　余世明

暨南大学出版社
JINAN UNIVERSITY PRESS

中国·广州

图书在版编目（CIP）数据

新编国际商务单证实务练习题及分析解答 / 余世明主编 . —广州：暨南大学出版社，2022.2
（21 世纪国际商务教材教辅系列）
ISBN 978 – 7 – 5668 – 3338 – 9

Ⅰ. ①新… Ⅱ. ①余… Ⅲ. ①国际商务—票据—高等职业教育—题解 Ⅳ. ①F740.44 – 44

中国版本图书馆 CIP 数据核字（2021）第 277166 号

新编国际商务单证实务练习题及分析解答
XINBIAN GUOJI SHANGWU DANZHENG SHIWU LIANXITI JI FENXI JIEDA
主　编：余世明

出 版 人：张晋升
策划编辑：张仲玲　武艳飞
责任编辑：陈俞潼
责任校对：林　琼　王燕丽
责任印制：周一丹　郑玉婷

出版发行：暨南大学出版社（510630）
电　　话：总编室（8620）85221601
　　　　　营销部（8620）85225284　85228291　85228292　85226712
传　　真：（8620）85221583（办公室）　85223774（营销部）
网　　址：http：//www.jnupress.com
排　　版：广州市天河星辰文化发展部照排中心
印　　刷：佛山市浩文彩色印刷有限公司
开　　本：787mm × 1092mm　1/16
印　　张：16
字　　数：400 千
版　　次：2022 年 2 月第 1 版
印　　次：2022 年 2 月第 1 次
定　　价：36.00 元

目　录

编写说明

“国际商务单证实务”是“国际贸易实务”的拓展课程。由于国际贸易中单证的特别意义，国际商务单证实务成为外贸业务员和单证员的必备基础技能，是出口安全收汇的关键。

“国际商务单证实务”是一门实践性相当强的课程。在教学中，我们深深体会到动手能力的培养对学生熟练、规范掌握单证制作的重要性。虽然近年来全国推行国际商务单证员职业技能等级培训和资格认证，但有关的练习材料较少。本书作为《国际商务单证实务》教材的配套练习册，力求使学生在学好教材的同时有针对性地进行训练，达到巩固、强化的目的。

本书的编写具有如下的特点：

（1）内容新。以最新的国际贸易惯例如《跟单信用证统一惯例——2007 年修订本，国际商会第 600 号出版物》（简称《UCP600》）、《国际贸易术语解释通则® 2020》（简称《2020 年通则》）、《关于审核跟单信用证项下单据的国际标准银行实务（ISBP）》（简称《ISBP》）等进行解释，力求贴近实际。

（2）题型多。练习题中包括了中英文术语、短语互译，单项选择题，多项选择题，判断题，案例分析，阅读理解，单据填制，信用证审核和单据审核，有基本概念和基本知识的巩固练习，也有较为复杂的国际惯例应用和单据处理，保证学生能得到较为全面、系统的训练。

（3）单证实。书中的单据和信用证大多数来自公司的实例，除客户名等资料有改动外，其他全部保留，力求给学生提供更直观、真实的学习训练情景。

（4）解答细。书中的练习题全部配有参考答案，除了单项选择题、多项选择题、判断题等客观题型的答案，还有细致的分析解答，方便学生理解，锻炼学生的分析能力。

本书由余世明担任主编，张少辉、张小彤、杨子电、邓棣嫦、廖慧琳、余德逸等参与了编写。本书不仅可作为高职高专和中等职业技术学校国际贸易专业和其他相关财经类专业学生学习《国际商务单证实务》的配套用书，而且可作为涉外各类资格认证和各类干部培训国际贸易实务基本知识的参考书。

本书在编写中参考了大量的资料，特别是现行国际商务单证各版本的教材，还引用了很多外贸公司的材料，在此谨向各位作者和外贸公司的经理、业务员、单证员表示衷心的感谢！由于水平有限，错误之处敬请批评指正。

编　者

2021 年 10 月

第一章 信 用 证

一、练习题

（一）中英文术语、短语互译

1. 中译英

（1）不可撤销信用证
（2）开证日期
（3）电汇索偿
（4）一切银行费用
（5）佣金
（6）出票根据
（7）正本单据
（8）通知行
（9）账户
（10）保兑行

2. 英译中

（1）Applicant
（2）Beneficiary
（3）Negotiation Bank
（4）Drawee
（5）Expiry Date
（6）Documentary Credit
（7）Documents Required
（8）Special Conditions
（9）up to an Aggregate Amount of
（10）the Full Name and Address of the Openers

（二）单项选择题

1. 在国际贸易中，申请开立信用证的人称为（　　），其通常是国际货物买卖合同中的（　　）。

A. 受益人，卖方　　B. 受益人，买方

C. 开证人，卖方　　D. 开证人，买方

2. 在信用证支付业务中，购买出口商的汇票及信用证规定单据的银行称为（　　）。

A. 通知行　　B. 议付行

C. 保兑行　　D. 开证行

3. 下列英文单词或词组中，表示“议付行”的是（　　）。

A. Confirming Bank　　B. Opening Bank

C. Negotiation Bank　　D. Advising Bank

4. 信用证一般都具体说明提供单据的份数，下列表示一式两份的英文词组是（　　）。

A. in duplicate　　B. in triplicate

C. in quadruplicate　　D. in sextuplicate

5. 若信用证没有明示是否可撤销，根据《UCP600》的规定，信用证应视为（　　）。

A. 不可撤销信用证　　B. 可撤销信用证

C. 进出口方协商而定　　D. 由开证行决定

6. 根据《UCP600》的规定，若信用证没有注明（　　）字样，都认为该信用证为不保兑信用证。

A. Confirmed　　B. Revocable

C. Revolving　　D. Transferable

7. 根据《UCP600》的规定，不可撤销信用证在信用证的有效期内，未经（　　）的同意，开证行或开证人不得撤销或修改。

A. 受益人　　B. 开证人

C. 开证行　　D. 受益人、开证人以及有关银行

8. 根据《UCP600》的规定，如使用"于或约于"之类词语限定装运日期，银行将视为在所述日期前后各（　　）内装运，起讫日包括在内。

A. 3 天　　B. 5 天　　C. 7 天　　D. 10 天

9. 根据《UCP600》的规定，如信用证未明确规定信用证是否"允许分批装运""允许转运"，则应该理解为（　　）。

A. 允许分批装运，但不允许转运

B. 允许转运，但不允许分批装运

C. 允许分批装运，允许转运

D. 不允许分批装运，允许转运

10. "Transhipment permitted, part shipments allowed, but part shipment of each item not allowed"的中文意思是（　　）。

A. 允许转运，允许分运，但每个品种的货物不得分运

B. 不允许转运，允许分运，但每个品种的货物不得分运

C. 允许转运，允许分运，但每个品种的货物必须分运

D. 允许转运，不允许分运，但每个品种的货物不得分运

11. 根据 SWIFT（环球银行金融电讯协会）电文的表达方式，2020 年 2 月 3 日应表示为（　　）。

A. 200203　　B. 2020. 02. 03　　C. 02. 03. 20　　D. 2020. 02

12. 根据 SWIFT（环球银行金融电讯协会）的特点，SWIFT 系统的自动功能不包括（　　）。

A. 自动清关结算　　B. 自动收发储存信息

C. 自动加押和核押　　D. 自动将文件分类

13. SWIFT 常用的货币符号中，表示英镑的是（　　）。

A. HKD　　B. EUR　　C. GBP　　D. USD

14. 根据《UCP600》的规定，若信用证没有特别说明，信用证（　　）。

A. 未注明"Transferable"字样或条款，即为可转让信用证

B. 未注明"Revolving"字样，即为可循环信用证

C. 未注明"Confirmed"字样，即为不保兑信用证

D. 未注明“sight letter of credit ”或“letter of credit at sight”字样，即为远期付款信用证

15. 下列信用证项下关于有效期的描述，属于直接写明具体日期的是（　　）。

A. Documents must be presented for negotiation within 10 days after the on board date of bill of lading

B. Negotiation must be on or before the 15th day of shipment

C. This L/C is valid for negotiation in China until Oct. 1, 2020

D. Documents to be presented to negotiation bank within 15 days after shipment

16. 下列信用证项下有关费用的条款，要求卖方负担有关费用的是（　　）。

A. All banking charges for seller's account

B. Port congestion surcharges, if any, at the time of shipment is for opener's account

C. All banking charges outside Hong Kong are for account of accountee

D. Drawee bank's charges and acceptance commission are for buyer's account

17. 下列信用证项下的条款属于开证行保证文句的是（　　）。

A. Letter of guarantee and discrepancies are not acceptable

B. We hereby undertake to honour all drafts drawn in accordance with terms of this credit

C. One copy of commercial invoice and packing list should be sent to the credit openers 15 days before shipment

D. Drafts to be drawn for full CIF value less 5% commission, invoice to show full CIF value

18. 在进料加工贸易中，我方经常向外商购买原材料或配件，待生产加工成成品后再卖给外商。为了避免外商不购买加工后的成品，我方应采用（　　）比较稳妥。

A. 保兑信用证　　B. 可转让信用证

C. 预支信用证　　D. 对开信用证

（三）多项选择题

1. 信用证中，表示开证人的常见英文单词或词组有（　　）。

A. Principal　　B. Opener　　C. Applicant　　D. account of …

E. Accountee

2. 信用证中，表示受益人的常见英文单词或词组有（　　）。

A. Beneficiary　　B. in favour of …　　C. Opener　　D. in your favour

3. 信用证中，表示开证行的常见英文单词或词组有（　　）。

A. Opening Bank　　B. Paying Bank　　C. Issuing Bank　　D. Establishing

4. 在信用证的货物描述中一般有商品的名称、规格、数量、单价和贸易术语等内容，下列只适用于海运的贸易术语有（　　）。

A. FOB　　B. FCA　　C. CIF　　D. CFR

5. 信用证的特点包含（　　）。

A. 银行信用　　B. 单据买卖　　C. 自足文件　　D. 商业信用

6. 对于保兑信用证，承担第一性付款责任的有（　　）。
   A. 通知行　　B. 议付行　　C. 开证行　　D. 保兑行
7. 信用证支付方式下，出口商制单必须做到（　　）。
   A. 单据与进口国有关法令和规定相符
   B. 单据与信用证相符
   C. 单据与单据相符
   D. 单据与有关国际惯例相符
8. 对 SWIFT（环球银行金融电讯协会），下列表述正确的是（　　）。
   A. 使用 SWIFT 系统的银行必须加入该协会，方可使用 SWIFT 系统
   B. 使用 SWIFT 信用证，必须遵守 SWIFT 使用手册的规定，使用 SWIFT 手册规定的代号
   C. SWIFT 信用证必须按国际商会制订的《UCP600》的规定处理
   D. SWIFT 系统具有自动收发储存信息、自动加押和核押等功能
   E. SWIFT 系统可每周 7 天、每天 24 小时连续不停地运转
9. 以下对可转让信用证表述正确的是（　　）。
   A. 可转让信用证是指特别注明“Transferable”字样的信用证
   B. 可转让信用证应受益人的要求由另一受益人兑用时只能全部兑用，不能部分兑用
   C. 信用证中有“可过户”“可转移”的术语也可理解为可转让信用证
   D. 除非转让时另有约定，有关转让的所有费用由第一受益人支付
10. 在信用证条款中，属于佣金条款的是（　　）。
   A. Port congestion surcharges, if any, at the time of shipment is for opener's account
   B. Signed invoices must show 5% commission
   C. 5% commission to be deducted from the invoice value
   D. Beneficiary's drafts are to be made out for 95% of invoice value, being 5% commission payable to credit opener

（四）判断题

1. 信用证必须规定一个有效期，根据《UCP600》的规定，若信用证没规定有效期，视为无效信用证。（　　）

2. 信用证项下的目的港应该与合同一致，并且目的港只能列一个。（　　）

3. 若信用证要求提供中性装箱单，只需要装箱单上不显示受益人名称和地址即可。（　　）

4. 信用证项下的目的港为 EMP，没有详细说明哪个港口，必须改证。（　　）

5. 2020 年 6 月 18 日在 SWIFT 电文中表示为 200605。（　　）

6. 在 SWIFT 信用证中，数字“2584678.36”表示为“2584678，36”。（　　）

7. 信用证不准分批，又没有数量增减条款，则实际装运数量允许有 5% 的增减幅度。（　　）

8. 信用证规定起运港为 CHINA PORTS，若信用证禁止分批，则信用证中装运港

CHINA PORTS 的实际意义与 CHINA PORT 相同。(　　)

9. 信用证没有规定有效期或装运期，则该信用证为无效信用证。(　　)

10. 信用证修改通知书的内容，受益人可根据实际，接受其中的一部分，拒绝其中的另一部分。(　　)

11. 信用证修改通知书必须由原通知行转递或通知。(　　)

12. 信用证的性质是银行信用，因此，信用证项下使用的汇票必定是银行汇票。(　　)

13. 背对背信用证是指交易的一方开出第一张信用证，但暂不生效，须在对方开来一定金额的回头信用证经受益人表示接受时，才通知对方银行两证同时生效。(　　)

14. 对于不可撤销信用证，如果开证人提出申请，开证行可随时撤销该信用证。(　　)

15. 海关总署及各省市海关是我国签发普惠制产地证的唯一机构。(　　)

（五）案例分析

1. 我方 A 公司从国外 B 公司进口一批钢材，合同规定货物分两批装运，分两次付款，支付方式为不可撤销即期信用证，每批分别由中国银行开立一份信用证。第一批货物装运后，B 公司在有效期内向银行交单议付，议付行审单后，即向 B 公司议付货款，随后，中国银行也对议付行提交的单据审单后付款。A 公司在收到第一批进口货物后，发现货物品质与合同不符，因而要求开证行对已开立的第二份信用证项下的单据拒绝付款，但遭开证行拒绝。问：开证行这样做是否合理？为什么？

2. 我某轻工业品进出口公司向国外客户出口某商品一批，合同中规定以即期不可撤销信用证为付款方式，信用证的到期地点规定在我国。为保证款项的收回，应议付行的要求，我商请香港某银行对中东某行（开证行）开立的信用证加以保兑。在合同规定的开证时间内，我方收到通知银行（即议付行）转来的一张即期不可撤销保兑信用证 。我出口公司在货物装运后，将有关单据交议付银行议付。不久接保兑行通知：“由于开证行已破产，我行将不承担该信用证的付款责任。”问：（1）保兑行的做法是否正确？为什么？（2）对此情况，我方应如何处理？

（六）阅读理解

```
2008DEC05 08:39:20                                        Logical Terminal LA1F
MT S700               Issue of a Documentary Credit              Page 00001
                                                                 Func GZTXPR1
MSGACK  DWS765I Auth OK, key DIGEST, BKCHCNBJ PSBKLKLX record        780684
Basic Header          F  01 BKCHCNBJA400 1701 551409
Application Header    0 700 1750 081204 PSBKLKLXAXXX 6570 049892 081204 2023 N
                                        *PEOPLE'S BANK
                                        *COLOMBO
                                        *(HEAD OFFICE)
User Header           Service Code    103:
                      Bank. Priority  113:
                      Msg User Ref.   108: 0001271556
                      Info. from CI   115:
Sequence of Total     *27    : 1 / 1
Form of Doc. Credit   *40 A  : IRREVOCABLE
Doc. Credit Number    *20    : 0042002080041227
Date of Issue          31 C  : 081203
Applicable Rules      *40 E  : UCP LATEST VERSION

Expiry                *31 D  : Date 090222 Place CHINA
Applicant             *50    : ABC COMPANY LIMITED



Beneficiary           *59    : GUANGDONG MACHINERY IMPORT AND
                               EXPORT CO., LTD.
                               726,  DONGFENG ROAD EAST,
                               GUANGZHOU, CHINA
Amount                *32 B  :          Currency USD Amount 17,917,20
Available with/by     *41 D  : ANY BANK IN CHINA
                               BY NEGOTIATION
Drafts at ...          42 C  : SIGHT
Drawee                 42 D  : PEOPLE'S BANK
                               CORPORATE BANKING DIVISION
                               COLOMBO 10, SRI LANKA
Partial Shipments      43 P  : PROHIBITED
Transhipment           43 T  : PROHIBITED
Port of Loading        44 E  :
                    CHINA
Port of Discharge      44 F  :
                    COLOMBO, SRI LANKA
Latest Date of Ship.  44 C  : 090208
Descript. of Goods     45 A  :
                    CYLINDER LINERS
                    .
                    SHIPPING TERMS: CIF COLOMBO, SRI LANKA (INCOTERMS 2000)
Documents required     46 A  :
                    +1) MANUALLY SIGNED COMMERCIAL INVOICE 04 FOLD SHOWING FOB VALUE,
                    FREIGHT AND INSURANCE CHARGES SEPARATELY, THE IMPORT LICENCE
                    NUMBER SIL 1/77, BTN/HS CODE NO.6804 AND CERTIFYING THAT THE
                    SHIPMENT AND ITS VALUE CONFORM IN ALL RESPECTS TO SUPPLIER'S
                    PROFORMA INVOICE NO.N08SL225046 DATED 08TH OCTOBER, 2008.
                    .
                    +2) 3/3 ORIGINAL SHIPPED ON BOARD FREIGHT PREPAID BILLS OF LADING
                    TO THE ORDER OF PEOPLE'S BANK SHOWING BENEFICIARY AS SHIPPER AND
                    THE NAME AND ADDRESS OF APPLICANT AS THE NOTIFY PARTY.
                    (SHORT FORM / BLANK BACK BILLS OF LADING UNACCEPTABLE)
                    .
                    +3) INSURANCE POLICY/CERTIFICATE 02 FOLD FOR TEN PCT ABOVE CIF
                    VALUE PAYABLE TO THE ORDER OF PEOPLE'S BANK PROVIDING COVER UNDER
                    MARINE INSTITUTE CARGO CLAUSES (A) INSTITUTE WAR CLAUSES (CARGO),
                    INSTITUTE STRIKES CLAUSE (CARGO) AND STIPULATING ALL CLAIMS ARE
                    PAYABLE IN COLOMBO IRRESPECTIVE OF PERCENTAGE.
                    INSURANCE ADHERING TO THE CLAUSES OF PEOPLE'S INSURANCE COMPANY
```

```
2008DEC05 08:39:20                                            Logical Terminal LA1F
MT S700                 Issue of a Documentary Credit              Page 00002
                                                                   Func GZTXPR1
                 OF CHINA ALSO ACCEPTABLE.
                 .
                 +4) CERTIFICATE OF CHINESE ORIGIN 03 FOLD.
                     (COMBINED CERTIFICATE OF ORIGIN AND INVOICE ACCEPTABLE)
                 .
                 +5) PACKING LIST 03 FOLD INDICATING WEIGHT AND MEASUREMENTS
                     OF EACH PACKAGE.
                 .
                 +6) BENEFICIARY'S CERTIFICATE THAT COPY DOCUMENTS HAVE BEEN
                     SENT DIRECT TO APPLICANT BY COURIER.
Additional Cond.      47 A :
                 +THE NUMBER, DATE OF CREDIT AND THE NAME OF OUR BANK MUST BE
                 QUOTED ON ALL DOCUMENTS AND DOCUMENTS SHOULD BEAR A DATE AFTER
                 THE DATE OF THIS CREDIT.
                 .
                 ++  IN THE EVENT OF DOCUMENTS ARE SUBMITTED WITH ANY
                     DISCREPANCY, A SUM OF USD.60/- WILL BE DEDUCTED
                     FROM THE PROCEEDS.
                 .
                 +THIS MESSAGE IS THE OPERATIVE CREDIT INSTRUMENT.
De' ils of Charges    71 B : ALL BANKING CHARGES OUTSIDE SRI
                             LANKA  ARE FOR BENEFICIARY'S
                             ACCOUNT.
Presentation Period   48   : DOCUMENTS TO BE PRESENTED WITHIN 14
                             DAYS AFTER THE DATE OF ISSUE OF THE
                             TRANSPORT DOCUMENTS BUT WITHIN THE
                             VALIDITY OF THE CREDIT
Confirmation         *49   : WITHOUT
Instructions          78   :
                 +PLEASE ENDORSE ALL DRAWINGS ON THE ORIGINAL LC AND FORWARD ALL
                 DOCUMENTS DIRECT TO PEOPLE'S BANK, CORPORATE BANKING DIVISION
                 NO.35, D.R.WIJEWARDENA MAWATHA, COLOMBO 10, SRI LANKA BY COURIER
                 SERVICE AND WE SHALL REIMBURSE YOU AS PER YOUR INSTRUCTIONS UPON
                 RECEIPT OF DOCUMENTS CONFORMING TO THE CREDIT TERMS.
Send. to Rec. Info.   72   : BENEFICIARY'S CONTACT NO:-
                             FAX :86-20-87771703, 87771844,
                                  87771867
Trailer                    : MAC:E2E25050
                             CHK:C2D63709B9B6
```

根据上面的信用证找出相应的内容。

（1）开证人：

（2）受益人：

（3）信用证号码：

（4）开证日期：

（5）信用证有效期及到期地点：

（6）装运港：

（7）目的港：

（8）装运期限：

（9）分批和转船的要求：

（10）商品名称：

（11）要求提交的单据：

（12）交单期限：

（13）信用证金额：

（14）贸易术语：

（15）信用证特殊条款：

（16）单据不符点扣费额：

（17）形式发票号码：

（18）信用证是否可撤销：

（19）信用证付款人：

（七）信用证审核

1. 信用证审核一

根据下面的合同审核信用证。

售　货　合　同
SALES CONTRACT

卖　方：　GUANGDONG LIGHT ELECTRICAL

Sellers：　APPLANCES CO．，LTD.

Contract No.：　98SGQ468001

Date：　APR．22，2020

Signed at：　GUANGZHOU

地　址：

Address：　52 DEZHENG ROAD SOUTH，GUANGZHOU，CHINA

Telex：　0835

Fax：　83556688

Buyers：　ABC CORP.

Address：　AKEDSANTERINK AUTO P. O. BOX　9，FINLAND

Telex：

Fax：

This Sales Contract is made by and between the Sellers and the Buyers，whereby the Sellers agree to sell and the Buyers agree to buy the under-mentioned goods according to the terms and conditions stipulated below：

（1）货号、品名及规格 Name of Commodity and Specifications	（2）数量 Quantity	（3）单位 Unit	（4）单价 Unit Price	（5）金额 Amount
HALOGEN FITTING W500	9,600PCS	PC	CIF HELSINKI USD3. 80/PC	USD36,480. 00
10% more or less both in amount and quantity allowed	Total Amount			USD36,480. 00

（6）Packing：12PCS IN A CARTON　（7）Delivery from GUANGZHOU to HELSINKI　（8）Shipping Marks：

（9）Time of Shipment：

Within 30 days after receipt of L/C allowing transshipment and partial shipment.

（10）Terms of Payment：

By 100% Confirmed irrevocable Letter of Credit in favor of the Sellers to be available by sight draft to be opened and to reach China before MAY 1，2020 and to remain valid for negotiation in China until the 15th days after the foresaid Time of Shipment. L/C must mention this contract number. L/C advised by BANK OF CHINA，GUANGZHOU BRANCH. TLX：444U4K GZBC CN. All banking Charges outside China（the mainland of China）are for account of the Drawee.

（11）Insurance：

To be effected by Sellers for 110% of full invoice value covering　F. P. A.　up to　HELSINKI　.

~~To be effected by the buyers.~~

（12）Arbitration：

All dispute arising from the execution of or in connection with this contract shall be settled amicably by negotiation. In case of settlement can be reached through negotiation the case shall then be submit China International Economic & Trade Arbitration Commision. In Shenzhen（or in Beijing）for arbitration in act with its sure of procedures. The arbitral award is final and binding upon both parties for setting the Disputes. The fee，for arbitration shall be borne by the losing party unless otherwise awarded.

The Seller　张三　　　　The Buyer　**PAUL**

Issue of Documentary Credit

Issuing Bank	:	METITA BANK LTD. , FINLAND
Doc. Credit No.	:	REVOCABLE
Credit Number	:	LRT9802457
Date of Issue	:	200428
Expiry	:	Date 200416 Place FINLAND
Applicant	:	A. B. C. CO. AKEKSANTERINK AUTO P. O. BOX 9, FINLAND
Beneficiary	:	GUANGDONG LIGHT ELECTRICAL APPLANCES CO. , LTD. 52 DEZHENG ROAD SOUTH, GUANGZHOU,CHINA
Amount	:	USD 3,648. 00 (SAY US DOLLARS THIRTY SIX THOUSAND FOUR HUNDRED AND EIGHT ONLY)
Pos. / Neg. Tol. (%)	:	5/5
Available with/by	:	ANY BANK IN ADVISING COUNTRY BY NEGOTIATION
Draft at ...	:	DRAFTS AT 20 DAYS' SIGHT FOR FULL INVOICE VALUE
Partial Shipments	:	NOT ALLOWED
Transshipment	:	Allowed
Loading in Charge	:	Guangzhou
For Transport to	:	HELSINKI
Shipment Period	:	AT THE LATEST MAY 30, 2020
Descript. of Goods	:	960PCS OF HALOGEN FITTING W500, USD6. 80 PER PC AS PER SALES CONTRACT 98SG468001 DD 22, 04, 2020 CIF HESINKI
Documents Required	:	* COMMERCIAL INVOICE 1 SIGNED ORIGINAL AND 5 COPIES * PACKING LIST 1 SIGNED ORIGINAL AND 5 COPIES * FULL SET OF CLEAN ON BOARD MARINE BILLS OF LADING, MADE OUT TO ORDER , MARKED "FREIGHT PREPAID" AND NOTIFY APPLICANT (AS INDICATE ABOVE) * GSP CERTIFICATE OF ORIGIN FORM A, CERTIFYING GOODS OF ORIGIN IN CHINA, ISSUED BY COMPETENT AUTHORITIES * INSURANCE POLICY/CERTIFICATE COVERING ALL RISKS AND WAR RISKS OF PICC. INCLUDING WAREHOUSE TO WAREHOUSE CLAUSE UP TO FINAL DESTINATION AT HELSINKI, FOR AT LEAST 120 PCT OF CIF-VALUE. * SHIPPING ADVICES MUST BE SENT TO APPLICANT WITHIN 2 DAYS AFTER SHIPMENT, ADVISING NUMBER OF PACKAGES, GROSS & NET WEIGHT, VESSEL NAME, B/L NO. AND DATE, CONTRACT NO. , VALUE.
Presentation Period	:	3 DAYS AFTER ISSUANCE DATE OF SHIPPING DOCUMENT
Confirmation	:	WITHOUT
Instructions	:	THE NEGOTIATION BANK MUST FORWARD THE DRAFTS AND ALL DOCUMENTS BY REGISTERED AIRMAIL DIRECT TO US IN TWO CONSECUTIVE LOTS, UPON RECEIPT OF THE DRAFTS AND DOCUMENTS IN ORDER, WE WILL REMIT THE PROCEEDS AS INSTRUCTED BY THE NEGOTIATING BANK.

2. 信用证审核二

根据下面的销货确认书审核信用证。

销货确认书
SALES CONFIRMATION

卖 方
SICHUAN CHANGHONG ELECTRIC CO., LTD.
35 EAST MIANXING ROAD, HIGH-TECH PARK, MIANYANG, SICHUAN, CHINA

号码：
No. 800678
日期：
Date: 13－02－2020
签约地点：
Signed at: MIANYANG, CHINA
电报挂号：
Cable:
TELEX:
FAX: 86－760－3138616

买 方
Buyers: ABC CORPORATION LIMITED
地 址
Address:

电报挂号：
Cable Address:
TELEX:
FAX:

兹经买卖双方同意按下列条款成交：
The undersigned Sellers and Buyers have agreed to close the following transactions according to the terms and conditions stipulated below:

1.

货 号 Art. No.	品名及规格 Description	数 量 Quantity	单 价 Unit Price	金 额 Amount
80230019	AIR CONDITIONER KFR－35GW/NL, MODEL, R407C, 220V	10,000 SETS	CIF VALENCIA @ USD360.00	USD3,600,000.00

数量及总值均得有 5 %的增减，由卖方决定。
With 5 % more or less both in amount and quantity allowed at the Sellers' option.

2. 总 值
Total Value: USD1, 600, 000.00 (US Dollars ONE MILLION SIX HUNDRED THOUSAND ONLY.)

3. 包 装
Packing: ONE SET IN TOW CARTONS, TOTAL 20, 000 CARTONS

4. 装运期
Time of Shipment: 3,000 STES BY MAR. 31, 2020, 7,000 SETS BY APR. 15, 2020

5. 装运口岸和目的地
Loading port & Destination: FROM SHENZHENG TO VALENCIA SPAIN

6. 保 险 由卖方按发票全部金额 110% 投保至＿＿＿为止的＿＿＿险。
Insurance: To be effected by Sellers for 110% of full invoice value covering FPA ＿＿＿ up to VALENCIA SPAIN only.

7. 付款条件： 买方须于 年 月 日将不可撤销的见票 30 天付款的信用证开到卖方，议付有效期延至上列装运期后 15 天在中国到期，该信用证中必须注明允许分运及转运。
Terms of payment:
By Irrevocable Letter of Credit to be available by 30 DAYS' AFTER sight draft to reach the Sellers before MAR. 13, 2020 and to remain valid for negotiation in China until the 15th day after the aforesaid Time of Shipment. The L/C must specify that transshipment and partial shipments are allowed.

8. 装船标记
Shipping Mark: N/M

9. 开立信用证时请注明我成交确认书号码。
When opening L/C, Please mention our S/C number.

10. 备 注
Remarks:

卖 方
THE SELLERS
张明华

买 方
THE BUYERS
MARRY

希将本确认书一份签署后寄回本公司
Please sign and one copy of this sales confirmation to us at your earliest convenience.

2020FEB20 Logical Terminal GDPF

MT S700 **Issue of a Documentary Credit** Page 00001

Func JSRVP

User Header	Service Code		103:	
	Bank Priority		113:	
	Msg User Ref.		108:	
	Info. From CI		115:	
Sequence of Total	*27		:	1 / 1
Form of Doc. Credit	*40	A	:	IRREVOCABLE
Doc. Credit Number	*20		:	C20200226
Date of Issue	31	C	:	200220
Expiry	*31	D	:	200415
Applicant	*50		:	ABC CORPORATION LTD., SPAIN
Beneficiary	*59		:	SICHUAN CHANGHONG ELECTRIC CO., LTD. 35 EST MIANXING ROAD, HIGH-TECH PARK MIANYANG, SICHUAN, CHINA
Amount	*32	B	:	Currency Amount 3,600,000.00
Pos. / Neg. Tol. (%)	39	A	:	05/05
Available with/by	*41	D	:	ANY BANK BY NEGOTIATION
Draft at ...	42	C	:	30 DAYS' AFTER SIGHT
Drawee	42	D	:	OURSELVES
Partial Shipments	43	P	:	ALLOWED
Transshipment	43	T	:	ALLOWED
Loading in Charge	44	A	:	ANY CHINESE PORTS
For Transport to ...	44	B	:	VALENCIA PORT
Shipment Period	44	C	:	LATEST MAR. 30, 2020
Descript. of Goods	45	A	:	

AIR CONDITIONER

KFR－35GW/NL,MODEL, R407C, 220V, 10,000SETS, @USD360.00, CIF VALENCIA 3,000SETS SHIPMENT BY MAR.31,2020,7,000SETS SHIPMENT BY APR.15, 2020, OTHER DETAILES AS PER S/C

Documents required 46 A :

+COMMERCIAL INVOICE IN 3 COPIES

+PACKING LIST IN 3 COPIES

+2/3 ORIGINAL CLEAN SHIPPED ON BOARD B/L, MADE OUT TO ORDER, MARKED "FREIGHT PREPAID" AND NOTIFY APPLICANT.

+GSP CERTIFICATE OF ORIGIN FORM A,CERTIFYING GOODS OF ORIGIN IN CHINA, ISSUED BY COMPETENT AUTHORITIES.

+INSURANCE POLICY/CERTIFICATE COVERING RISKS FPA OF PICC. INCLUDING WAREHOUSE TO WAREHOUSE CLAUSE,FOR AT LEAST 110 PCT OF CIF-VALUE.

+ SHIPPING ADVICES MUST BE SENT TO APPLICANT WITHIN 2 DAYS AFTERSHIPMENT ADVISING NUMBER OF PACKAGES, GROSS & NET WEIGHT, VESSEL NAME, BILL OF LADING NO. AND DATE,CONTRACT NO. ,VALUE.

2020FEB20 Logical Terminal GDPF

MT S700 **Issue of a Documentary Credit** Page 00002

Func JSRVP

Addition Cond. 47 A：

1. 1/3 ORIGINAL B/L MUST BE SENT DIRECTRY TO APPLICANT IN 3 DAYS AFTER B/L DATE AND SENT BY FAX.
2. QUANTITY 3PCT MORE OR LESS ALLOWED.
3. ALL DOCUMENTS MUST BE MADE OUT IN ENGLISH LANGUAGE.
4. ALL DOCUMENTS MUST BEAR OUR LETTER OF CREDIT NUMBER.
5. DISCREPANCY FEE OF USD 80.00(OR EQUIVALENT) WILL BE DEDUCTED FROM THE PROCEEDS OF ANY DRAWING IF DOCUMENTS ARE PRESENTED WITH DISCREPANCY (IES) UNDER THIS DOCUMENTARY CREDIT. NOT WITH STANDING ANY INSTRUCTIONS TO THE CONTRARY, THIS CHARGE SHALL BE FOR THE ACCOUNT OF BENEFICIARY.

Details of Charges 71 B： ALL BANK CHARGES EXCLUDING ISSUING BANKS ARE FOR ACCOUNT OF BENEFICIARY.

Presentation Period 48 ： DOCUMENTS TO BE PRESENTED WITHIN 15 DAYS FROM SHIPMENT DATE.

Confirmation *49 ： WITHOUT

Instructions 78 ：

DISCREPANT DOCUMENTS, IF ACCEPTABLE, WILL BE SUBJECT TO A DISCREPANCY HANDLING FEE OF USD50.00 OR EQUIVALENT WHICH WILL BE FOR ACCOUNT OF BENEFICIARY. ON RECEIPT OF COMPLETE SET OF DOCUMENTS IN CONFORMITY WITH THE TERMS OF THIS CREDIT, WE WILL BE DULY HONOURED ON PRESENTATION IF THE DRAFT(S) ACCEPTED BY APPLICNT.

Send To Rec. Info. 72 ： THIS CREDIT IS ISSUED SUBJECT TO 1993 REVISION, I. C. C. PUBLICATIONS NO. 600

Trailer ： Order is <MAC：><PAC：><ENC：><CHK：><THG：><PDE：>

MAC：AD9A4F07

CHK：E2069EEF189A

二、练习题参考答案

（一）中英文术语、短语互译

1. 中译英

(1) Irrevocable L/C
(2) Date of Issue
(3) T/T Reimbursement
(4) All Banking Charges
(5) Commission
(6) Drawn Under
(7) Original Documents
(8) Advising Bank
(9) Account
(10) Confirming Bank

2. 英译中

(1) 开证人
(2) 受益人
(3) 议付行
(4) 付款人
(5) 有效期
(6) 跟单信用证
(7) 需要的单据
(8) 特别条款
(9) 总金额不超过
(10) 开证人的详细姓名、地址

（二）单项选择题

1. D。理由：在国际贸易中，申请开立信用证的人称为开证人，开证人通常是货物买卖合同中的买方，即进口商。受益人通常是货物买卖合同中的卖方，即出口商。

2. B。理由：议付行就是购买出口商的汇票及信用证规定单据的银行。信用证中表示议付行的常用英文词组是 Negotiation Bank 和 Honouring Bank。

3. C。理由：Negotiation Bank 的中文意思为议付行。其他：Confirming Bank（保兑行），Opening Bank（开证行），Advising Bank（通知行）。

4. A。理由：in duplicate（一式两份），in triplicate（一式三份），in quadruplicate（一式四份），in sextuplicate（一式六份）。

5. A。理由：若信用证没有明示是否可撤销，根据《UCP600》的规定，信用证应该理解为不可撤销信用证。

6. A。理由：根据《UCP600》的规定，若信用证没有注明“Confirmed”字样，都认为该信用证为不保兑信用证。

7. D。理由：根据《UCP600》的规定，不可撤销信用证在信用证的有效期内，未经受益人、开证人以及有关银行的同意，开证行或开证人不得撤销或修改。

8. B。理由：根据《UCP600》的规定，如使用“于或约于”之类词语限定装运日期，银行将视为在所述日期前后各 5 天内装运，起讫日包括在内。

9. C。理由：根据《UCP600》的规定，除非信用证另有规定，允许分批装运、分批支付，也允许转运。

10. A。理由：英文单词 permitted 和 allowed 都是允许的意思，part shipment of each item 意指每个品种的分批运输。

11. A。理由：SWIFT 电文的日期表示为 YYMMDD（年月日），如：2020 年 2 月 3 日应表示为 200203。

12. A。理由：SWIFT 系统的自动功能包括自动收发储存信息、自动加押和核押、自动将文件分类等，但没有自动清关结算的功能。

13. C。理由：SWIFT 常用的货币符号其相应的货币名称是 HKD（港币），EUR（欧元），GBP（英镑），USD（美元）。

14. C。理由：根据《UCP600》的规定，若信用证未注明"Confirmed"字样，即为不保兑信用证。未注明"Transferable"字样或条款，即为不可转让信用证。未注明"Revolving"字样，即为不可循环信用证。未注"sight letter of credit "或"letter of credit at sight"字样，即为即期付款信用证。

15. C。理由：该选项要求信用证在 2020 年 10 月 1 日止在中国议付有效。其他选项的时间都属于相对固定的时间，必须根据交单日期或装运日期才能确定具体的日期。

16. A。理由：该选项的中文意思为"一切银行费用由卖方负担"。其他选项中的 for opener's account、for account of accountee、for buyer's account 都是指买方（开证人）负责。

17. B。理由：该选项的中文意思为"凡按本信用证所列条款开具并提示的汇票，我行保证承兑"。选项 A 意指"书面担保和有不符点的单据均不接受"。选项 C 意指"商业发票和装箱单各一份须在装船前 15 天寄给开证人"。选项 D 意指"汇票按 CIF 总金额减少 5% 佣金开具，发票须表明 CIF 的全部金额 "。

18. D。理由：对于此类进料加工，采用对开信用证，第一张信用证的受益人为外商，我方为开证人，该证用于购买生产加工成品的原材料或配件，第二张信用证的受益人为我方，提供原材料或配件的外商为开证人，用于外商购买我方的产品。

（三）多项选择题

1. ABCDE。理由：在信用证中，Principal、Opener、Applicant、account of …、Accountee 都是开证人的意思。

2. ABD。理由：在信用证中，Beneficiary、in favour of …、in your favour 都是受益人的意思，Opener 是开证人的意思。

3. ACD。理由：开证行的常见单词或词组有 Opening Bank 、Issuing Bank 、Establishing 等，B 项中 Paying Bank 是指"付款行"。

4. ACD。理由：根据《2020 年通则》的规定，FOB、CIF 和 CFR 只适用于海运，选项 B 中 FCA 可适用于任何运输方式。

5. ABC。理由：信用证包含银行信用、单据买卖、自足文件等特点。

6. CD。理由：在信用证付款方式下，根据《UCP600》的规定，开证行承担第一性的付款责任，开证行与保兑行一样也承担第一性的付款责任。通知行和议付行不承担付款责任。

7. ABCD。理由：出口商缮制单据时，一方面是要求各种单据必须做到"三相符"，即单据与信用证相符、单据与单据相符、单据与贸易合同相符；另一方面则要求各种单据必须符合有关国际惯例和进口国的有关法令和规定。

8. ABCDE。理由：本题 5 个选项都是 SWIFT 信用证具有的特点。

9. AD。理由：选项 B 中转让信用证可应受益人的要求全部或部分由另一受益人兑用；根据《UCP600》的规定，选项 C 中信用证中有“可过户”“可转移”的术语不可理解为可转让信用证，只有特别注明“Transferable”字样的信用证才是可转让信用证。

10. BCD。理由：选项 A 中文意思为“装运时如有港口拥挤附加费，应由开证人负担”，其描述的是费用由谁支付的问题，不是佣金条款。

（四）判断题

1. 正确。理由：根据《UCP600》的规定，若信用证没有规定有效期，视为无效信用证。

2. 错误。理由：信用证项下的目的港应该与合同一致，一般情况下只列一个目的港。但是，当信用证项下的货物是分运到几个港口时，可以根据实际分运的若干个港口名称详细列出。

3. 正确。理由：中性装箱单就是在装箱单上不能显示具体受益人的名称和地址。因此，若信用证要求提供中性装箱单，只需要装箱单上不显示受益人名称和地址即可。

4. 错误。理由：信用证项下的目的港为 EMP，EMP 是 European main port（欧洲主要口岸）的简写，实务操作上只需按照合同或买方通知的港口发货即可，不必改证。

5. 错误。理由：SWIFT 电文的日期表示为 YYMMDD（年月日）。2020 年 6 月 18 日应表示为 200618。

6. 正确。理由：在 SWIFT 电文中，数字不使用分格号，小数点用逗号“,”来表示。

7. 错误。理由：根据《UCP600》的规定，信用证不准分批，又没有数量增减条款，则实际装运数量不得少装。但对于散装货而言，即使信用证没有规定数量增减条款，也允许有 5% 的增减幅度。

8. 错误。理由：信用证规定起运港为 CHINA PORTS，意指信用证允许在多个港口装货，若信用证允许分批装运，则每批可以在不同的中国港口装货；若信用证禁止分批，也允许同一条船，在同一航次的不同港口装货；若信用证规定起运港为 CHINA PORT，则只能在一个港口装货。

9. 错误。理由：根据《UCP600》的规定，信用证必须规定有效期，没有有效期的信用证为无效信用证。但信用证可不规定装运期，若没有规定装运期，可理解为双到期，即装运期与信用证的有效期相同。

10. 错误。理由：根据《UCP600》规定，一份信用证修改通知书的内容要么全部接受，要么全部拒绝，不能接受其中一部分而拒绝另一部分。

11. 正确。理由：根据《UCP600》规定，信用证修改通知书必须由原通知行转递或通知，如由开证人或开证行直接寄给出口商的应提请原证通知行证实。

12. 错误。理由：信用证的性质是银行信用，但信用证项下使用的汇票可以是银行汇票，也可以是商业汇票。实务中，跟单信用证项下使用的汇票多数由出口商开具，因此多数是商业汇票。

13. 错误。理由：该表述是指对开信用证。背对背信用证是指转口商收到进口商开来的信用证后，要求该证的通知行或其他银行以该证作为保证，另外开立一张除价格和交货期外，其他条件基本相同的信用证给他的供货人，这张另开的信用证称为背对背信用证。

14. 错误。理由：根据《UCP600》的规定，除非得到信用证所有当事人的一致同意，任何当事人都不得以任何方式改变开证行对该信用证的义务。

15. 正确。理由：海关总署及各省市海关是我国签发普惠制产地证的唯一机构。

（五）案例分析

1. 答：开证行拒绝有理。因为我方 A 公司要求开证行拒付第二份信用证项下的货款，实质为撤销第二份信用证。根据《UCP600》的规定，不可撤销信用证未经有关当事人同意不得撤销。信用证支付方式是一种单据买卖，开证行处理的是单据，不管货物是否与合同相符，只要单证相符，开证行就必须付款。有关货物品质与合同不符的问题，A 公司可以依据《联合国国际货物销售合同公约》直接向 B 公司索赔。

2. 答：（1）保兑行的做法是不正确的。本案是以不可撤销保兑信用证方式结汇的一宗业务。在保兑信用证下，保兑银行与开证银行一样承担第一性的付款责任，其付款依据是只要出口商在信用证有效期内提交符合信用证条款规定的合格单据，保兑行就必须履行付款义务，而不是在开证行不能履行付款义务时才付款，因此，只要我方提交的单据符合信用证的规定，保兑行就应履行付款义务。

（2）在此情况下，我方应责成保兑行履行付款义务，以确保我方的利益不受损害。

（六）阅读理解

（1）开证人：ABC COMPANY LIMITED

（2）受益人：GUANGDONG MACHINERY IMPORT AND EXPORT CO.，LTD，
726，DONGFENG ROAD EAST，GUANGZHOU，CHINA

（3）信用证号码：0042002080041227

（4）开证日期：2008 年 12 月 3 日

（5）信用证有效期及到期地点：2009 年 2 月 22 日，中国

（6）装运港：CHINA

（7）目的港：COLOMBO，SRI LANKA

（8）装运期限：2009 年 2 月 8 日

（9）分批和转船的要求：不允许

（10）商品名称：CYLINDER LINERS

（11）要求提交的单据：①手签的商业发票一式四份。②正本的已装船提单一式三份。③保险单或保险凭证一式两份。④中国原产地证一式三份。⑤装箱单一式三份。⑥受益人证明书。

（12）交单期限：海运提单签发后 14 天内（必须在信用证规定的有效期内）

（13）信用证金额：USD17, 917. 20

（14）贸易术语：CIF COLOMBO，SRI LANKA（INCOTERMS 2000）

（15）信用证特殊条款：①信用证的号码、开证日期和开证行的名称必须在所有单据上呈现，所有单据的日期必须在开证日期之后。②不符点扣费为 60 美元。

（16）单据不符点扣费额：USD60. 00

（17）形式发票号码：N08SL225046

（18）信用证是否可撤销：不可撤销

（19）信用证付款人：PEOPLE'S BANK，CORPORATE BANKING DIVISION
COLOMBO 10，SRI LANKA

（七）信用证审核

1. 信用证审核一

（1）信用证为可撤销信用证不符合合同的要求，应将“REVOCABLE”改为“IRREVOCABLE”。

（2）到期日早于开证日期不妥，一般应为开证日后45天至90天为宜。根据合同，原证应将4月16日改为6月15日。

（3）议付信用证的到期地点在国外不妥，应改为中国。

（4）开证人名称错误，应为“A. B. C. CORP.”，而不是“A. B. C. CO.”。

（5）货款金额大小写均与合同不符，应为“USD36, 480. 00“（SAY U. S. DOLLARS THIRTY SIX THOUSAND FOUR HUNDRED AND EIGHTY ONLY）。

（6）金额增减幅度5%与合同不符，应改为允许增减10%。

（7）汇票的付款期限为见票20天，与合同不符，应删除“20 DAYS'”，改为即期。

（8）信用证不允许分批运输的规定与合同不符，应将“NOT ALLOWED”改为“ALLOWED”。

（9）信用证中的合同号码“98SG468001”错误，应改为“98SGQ468001”。

（10）信用证中的投保险别为“ALL RISKS AND WAR RISKS ”与合同条款不符，应改为“F. P. A.”。

（11）信用证中的商品数量为“960PCS”与合同不符，应改为“9, 600PCS”。

（12）信用证中的商品单价为“USD6. 80”与合同不符，应改为“USD3. 80”。

（13）信用证中的投保加成为“120%”与合同不符，应改为发票金额的“110%”。

（14）信用证中的“CIF HESINKI”目的港拼写错误，应改为“CIF HELSINKI”。

（15）信用证中的交单时间太紧，应把3天改为15天。

（16）不保兑与合同要求不符，应改为保兑。

（17）信用证没有说明采用SWIFT开证，因此，信用证应说明适用的惯例。如SUBJECT TO“UCP600”。

2. 信用证审核二

（1）信用证金额缺货币单位，应改为“Currency USD Amount 3, 600, 000. 00”。

（2）信用证的装运期限为3月30日错误，因第二批货物的装运期在4月，应改为“LATEST APR. 30, 2020”。

（3）因不是近洋运输，信用证要求三份正本提单中的一份直接寄给开证人，增加了受益人的收汇风险，应删除该条款，改为三份正本交银行议付。

（4）信用证数量只有3%的增减，与合同条款不符，应改为5%。

（5）信用证条款“ON RECEIPT OF COMPLETE SET OF DOCUMENTS IN CONFORMITY WITH THE TERMS OF THIS CEDIT，WE WILL BE DULY HONOURED ON PRESENTATION IF THE DRAFT（S）ACCEPTED BY APPLICNT”说明银行付款需以开证人在汇票上的承兑为前提，属于软条款，应删除该条款。

第二章
常用结汇单证

第一节　发　票

一、练习题

（一）中英文术语、短语互译

1. 中译英

（1）商业发票　　（2）海关发票

（3）运费　　（4）保险费

（5）佣金　　（6）折扣

（7）付款方式　　（8）货物原产国

（9）运输路线　　（10）一式三份

2. 英译中

（1）Invoice No.　　（2）Date

（3）Marks & Nos.　　（4）Contract No.

（5）Shipped from ...to...　　（6）Description of Goods

（7）Quantity　　（8）Unit Price

（9）Amount Total　　（10）Currency of Settlement

（二）单项选择题

1. 在国际货物买卖中，商业发票的出票人一般为（　　）。

A. 出口商　　B. 进口商　　C. 出口方银行　　D. 进口方银行

2. 在所有结汇单据中，一般情况下，发票的日期应（　　）。

A. 早于汇票的签发日期　　B. 早于提单的签发日期

C. 是最早签发的日期　　D. 早于保险单额签发日期

3. 信用证的货物名称错把 BLACK TEA（红茶）写作 BLACK TEE，审证时没留意到这个问题，那么缮制商业发票等单据的货物名称时应（　　）。

A. 直接改作“BLACK TEA”

B. 按原文写作“BLACK TEE”

C. 按原文写作“BLACK TEE”，然后在后面加上（BLACK TEA）

D. 把“信用证”改成“托收”收款

4. 根据《UCP600》的规定，商业发票中货物的描述（ ）。

A. 可以使用统称，但不得与信用证中有关货物的描述有所抵触

B. 可以使用统称，并可与信用证中有关货物的描述有所不同

C. 必须完全符合信用证中的描述

D. 必须与合同的描述完全一致

5. 一般情况下，发票金额应与（ ）一致。

A. 合同金额　　B. 信用证金额

C. 保险金额　　D. 汇票金额

6. 在我国的国际贸易实务中，目前佣金支付方式使用最多的是（ ）。

A. 贷记账单　　B. 票扣　　C. 议扣　　D. 汇付

7. 信用证规定有“less 5% Comm.”或者“5% already deducted”，则在发票上应该（ ）。

A. 增加佣金金额　　B. 保持原来含佣金的发票总金额

C. 减除佣金金额　　D. 另外附上佣金发票

8. 如果信用证没有列明开证申请人，而是直接列明汇票付款人，如“WE OPEN CREDIT NO. PS8803 AVAILABLE BY DRAFTS DRAWN ON EEC CO. LTD.”，那么发票的抬头人应做成（ ）。

A. 不填　　B. 开证行

C. DRAWN ON EEC CO. LTD.　　D. EEC CO. LTD

9. 根据《UCP600》的规定，信用证总额前有“大约”“大概”或类似的词语，则卖方交货时允许总值有（ ）的增减幅度。

A. 5%　　B. 3%　　C. 10%　　D. 20%

10. 海关发票的抬头人一般应该是（ ）。

A. 开证申请人　　B. 受益人

C. 进口国海关　　D. 进口地的受货人

11. 海关发票是由（ ）制定的一种特殊发票格式。

A. 出口方　　B. 进口方　　C. 出口国海关　　D. 进口国海关

12. 海关发票中 Not Applicable（N/A）表示（ ）。

A. 不转船　　B. 分批装运　　C. 无唛头　　D. 可转船

13. 来证规定：“COMMERCIAL INVOICE IN TRIPLICATE CERTIFYING THAT THE GOODS HEREIN ARE IN ACCORDANCE WITH THOSE SPECIFIED IN THE S/C NO. 9857”，缮制商业发票时应（ ）。

A. 商业发票一式两份，然后在发票上注明“COMMERCIAL INVOICE IN TRIPLICATE CERTIFYING THAT THE GOODS HEREIN ARE IN ACCORDANCE WITH THOSE SPECIFIED IN THE S/C NO. 9857”

B. 商业发票一式三份，然后在发票上注明“COMMERCIAL INVOICE IN TRIPLICATE CERTIFYING THAT THE GOODS HEREIN ARE IN ACCORDANCE WITH THOSE SPECIFIED IN THE S/C NO. 9857”

C. 商业发票一式三份，然后在发票上注明“WE CERTIFY THAT THE GOODS HEREIN ARE IN ACCORDANCE WITH THOSE SPECIFIED IN THE S/C NO. 9857”

D. 商业发票一式两份，然后在发票上注明“WE CERTIFY THAT THE GOODS HEREIN ARE IN ACCORDANCE WITH THOSE SPECIFIED IN THE S/C NO. 9857”

14. 合同规定按 CIF 价成交，已知总 CIF 价为 USD17, 200，运费为 USD2, 528，保险费为3%，来证要求分别注明 FOB 价、运费、保险费，那么缮制发票时以下表述单证相符的是（　　）。

A. TOTAL FOB VALUE　USD14, 156. 00
　FREIGHT　USD2, 528. 00
　INSURANCE　USD516. 00
　TOTAL CIF VALUE　USD17, 200. 00

B. TOTAL CIF VALUE　USD17, 200. 00

C. TOTAL FOB VALUE　USD13, 956. 00
　FREIGHT　USD2, 528. 00
　INSURANCE　USD716. 00
　TOTAL CIF VALUE　USD17, 200. 00

D. TOTAL FOB VALUE　USD13, 956. 00
　FREIGHT　USD2, 528. 00
　INSURANCE　USD716. 00

15. 如果信用证的价格条款规定，商品的价格为 STG4. 00，CIFC5 London，商品数量为 6, 145PCS，来证的金额为扣除佣金后的净值，那么在发票总值栏中的金额以下表述正确的是（　　）。

A. CIFC5 London　STG24, 580. 00
　– C5　STG1, 229. 00
　CIF London　STG23, 351. 00

B. CIFC5 London　STG24, 580. 00
　– C5　STG2, 229. 00
　CIF London　STG22, 351. 00

C. CIFC5 London　STG24, 580. 00
　– C5　STG1, 299. 00
　CIF London　STG23, 281. 00

D. CIFC5 London　STG24, 580. 00
　– C5　STG1, 339. 00
　CIF London　STG23, 241. 00

（三）多项选择题

1．商业发票的作用主要有（　　）。

A．进出口报关完税必不可少的单据　　B．是全套单据的中心

C．是结算货款的依据　　D．是物权凭证

2．发票的抬头人应是（　　）。

A．托收项下的卖方　　B．托收项下的买方

C．信用证项下的受益人　　D．信用证项下的开证申请人

3．缮制发票时，以下单词或词组可以用来表示发票名称的是（　　）。

A. COMMERCIAL INVOICE　　B. CONTRACT

C. BILL OF EXCHANGE　　D. INVOICE

4．商业发票中商品描述的内容一般要详细列出商品的规格、型号、数量和单价，出口商品完整的单价由（　　）组成。

A．单位金额　　B．价格术语　　C．计量单位　　D．计价货币

5．缮制发票，当信用证或合同允许货物分批装运时，发票中的货物描述（　　）。

A．可以不列明具体货物内容

B．必须列明信用证中全部货物的描述和实际装运货物的描述

C．可以列明信用证中全部货物的描述，并注明实际装运货物

D．只列明实际装运的货物

6．在国际货物买卖中，佣金的主要支付方式是（　　）。

A．贷记账单　　B．议扣　　C．汇付　　D．票扣

7．某来证规定："About 20 MT CITRIC ACID MONO BP80 AT USD1, 180. 00/MT CFR HAIFA PORT"，"PCT credit amount tolerance：10/10"，"CURRENCY CODE AMOUNT: USD23, 600. 00"，卖方根据实际装运数量缮制发票时，以下发票的商品数量和金额表述单证相符的是（　　）。

A. 20 MT，USD23, 600. 00　　B. 25 MT，USD29, 600. 00

C. 22 MT，USD25, 960. 00　　D. 18 MT，USD21, 240. 00

8．海关发票的主要内容包括（　　）。

A．商品的保险金额及保险费　　B．商品的成本价值

C．商品的生产国家　　D．商品的运输方式及运费

9．海关发票的主要作用是（　　）。

A．作为进口货物估价完税的依据　　B．是买卖双方收付货款的依据

C．核定货物原产地的依据　　D．进口国海关统计资料的依据

10．对以下国家的出口，要求提供海关发票的国家包括（　　）。

A．美国　　B．日本　　C．新西兰　　D．澳大利亚

（四）判断题

1. 发票上必须填写信用证号码。(　　)

2. 当采用信用证支付货款时，应该按照信用证上指定的抬头人作为发票的抬头人。(　　)

3. 按惯例，商业发票的日期应早于提单日期。(　　)

4. 商业发票是由买方开给卖方的价目清单，是出口交易中最重要的单据之一。(　　)

5. 发票中显示的单价和币种应该与信用证的要求一致。(　　)

6. 发票中的唛头可以直接填写 N/M。(　　)

7. 实际履行出口合同时，一般情况下，发票的金额可以在信用证金额的基础上有 10% 的增减幅度。(　　)

8. 商业发票的主要内容包括货物名称、规格、数量、单价、总价等。(　　)

9. 按照《UCP600》的规定，无论信用证有无规定，商业发票必须签章才能生效。(　　)

10. 除非信用证另有规定，银行将不接受出单日期早于信用证开立日期的单据。(　　)

11. 除非信用证另有规定，商业发票必须由信用证的受益人开立。(　　)

12. 信用证规定："FROM CHINA PORT TO LONDON"，缮制发票时，为做到单证相符，发票上应严格按照信用证要求填上"FROM CHINA PORT TO LONDON"。(　　)

13. 海关发票是由进口国海关制定并由进口方填制的一种特殊发票格式的书面单据。(　　)

14. 海关发票中"出口国国内价格"一栏，应以出口国货币填写 CIF 价格，同时应注意价格不得低于该出口商品在国内的价格，否则将被进口国视为低价倾销。(　　)

15. 有的来证要求在发票上加注"证明所列内容真实无误"，卖方为避免麻烦应一律拒绝。(　　)

（五）案例分析

1. 有一份信用证对货物的描述如下："7,000PCS OF 100% COTTON SHIRTS AT USD9.60 PER PCS AS PER CONTRACT NO.02AB120 FOB QINGDAO."开证行收到单据后经审核发现商业发票未注明 FOB QINGDAO，因此认为单证不符而拒绝付款。而受益人认为价格术语并不是货物描述的一部分，而且其已经在提单中注明了"FREIGHT COLLECT"，表示价格术语就是 FOB 价，因此单证是相符的。请问哪一方有理？为什么？

2. 某轻工业品进出口公司出口一批商品，于 3 月 4 日收到信用证，信用证中条款规定：“...Amount：USD616, 000. 00...Quantity：400M/T（quantity 5% more or less allowed），Price：@ USD1, 540. 00 per M/T net，CIF Hamburg. Shipments to Hamburg immediately. Partial shipments are not allowed.”（……总金额 616, 000. 00 美元。……某商品 400 公吨，数量允许增减 5%。价格：每公吨净重 1, 540. 00 美元，CIF 汉堡。立即装运至汉堡。不许分批装运。）轻工业品进出口公司根据信用证条款，在接到信用证后立即安排装运出口。该公司于 4 月 7 日将货装运出口，取得 4 月 7 日签发的已装船的提单，并备妥信用证项下所需的其他单据向议付行交单办理议付。议付行经审单发现单证不符，不同意议付，因信用证规定总金额为 USD616, 000. 00，而发票和汇票金额却为 USD634, 480. 00，议付金额比信用证规定总金额超额 USD18, 480. 00。该公司认为其不符点不成立，即向议付行申述：信用证规定 400 公吨货物的数量，又规定装运数量可允许增减 5%。按 400 公吨的增减 5% 计算，即最高可以装 420 公吨，最低可以装 380 公吨。我们实际只装 412 公吨，仅增装了 3%，不超出信用证规定的 5% 范围。信用证规定每公吨单价 USD1, 540. 00，按 412 公吨计算，其总金额即 USD634, 480. 00，是信用证允许的，所以说其不符点不成立。你认为轻工业品进出口公司的理由是否充分？其能否顺利收取货款？最后应如何处理为妥？

（六）阅读理解

1. 阅读理解一

HUIZOU TEA IMPORT & EXPORT CORPORATION

6 NANTAN EAST ROAD, HUIZHOU, GUANGDONG, CHINA

INVOICE

TO MESSRS.:	INVOICE NO.	:	SHE01/7203
YAKAHUCHI CO., LTD.	DATE	:	MAY 27, 2020
NO.689 NADA-KU, KOBE,	L/C NO.	:	COM 8722732
JAPAN	CONTRACT NO.	:	HZT(02)003

TRANSPORT DETAILS:
FROM SHENZHEN TO KOBE VIA HONG KONG
BY VESSEL

TERMS OF PAYMENT
BY SIGHT L/C

MARKS & NOS.	DESCRIPTION	QUANTITY	UNIT PRICE (USD)	AMOUNT (USD)
R. AND D. RIO HAINA R. 10.990 D.	AS PER S/C NO.:HZT(02)003 APPLICANT'S REF NO. 3-1190			
	BLACK TEA	6,000KGS	USD1.22/KG	USD7,320.00
	TOTAL:	6,000KGS	CIF KOBE	USD7,320.00

FOB VALUE: USD6,620.00
FREIGHT CHARGES: USD600.00
INSURANCE PRMIUM: USD100.00

WE CERTIFY THAT THE ABOVE GOODS ARE OF CHINESE ORIGIN.

根据上面的单据找出相应的内容。

（1）出口商名称：

（2）发票抬头人：

（3）发票号码：

（4）发票日期：

（5）合同号码：

（6）付款方式：

（7）装运港：

（8）目的港：

（9）转运港：

（10）运输方式：

（11）货物名称：

（12）价格术语：

（13）单价：

（14）总值：

（15）唛头：

（16）运费：

（17）保险费：

（18）证明文句：

2. 阅读理解二

Issuer GAWEN COMPANY LIMITED, AUSTRALIA	**COMMERCIAL INVOICE**
To JIANGXI JIANGHAI GARMENTS IMPORT AND EXPORT CO., LTD. NO. 25 CHANGDAI ROAD, NANCHANG CITY, JIANGXI, CHINA	No. GA289 Date 20/05/2020
Transport details FROM: SYDNEY, AUSTRALIA W/T: TO: FUZHOU, CHINA VESSEL: Northern WIND	S/C No. J0254 L/C No. ZJJ04LC0300135 Terms of payment BY L/C

Marks and Numbers	Number and kind of packages; Description of goods	Quantity	Unit price	Amount
	LEATHER GARMENTS H. S. CODE:62011210			
GAWEN	ART 1212/100	200 PCS	USD52. 20	USD10,440. 00
SYDNEY	ART 1212/32	500 PCS	USD54. 20	USD27,100. 00
NO. 1 - 160	ART 1213/00	400 PCS	USD56. 40	USD22,560. 00
	ART 1214/00	350 PCS	USD58. 20	USD20,370. 00
	ART 1215/00	500 PCS	USD62. 00	USD31,000. 00
	ART 1216/00	400 PCS	USD65. 20	USD26,000. 00
	TOTAL:	2,350 PCS	CFR FUZHOU	USD137,470. 00

TOTAL: US DOLLARS ONE HUNDRED THIRTY SEVEN THOUSAND FOUR HUNDRED AND SEVENTY ONLY.

WE CERTIFY THAT THE GOODS ARE IN ACCORDANCE WITH PURCHASE ORDER NUMBER 8803.

根据上面的单据找出相应的内容。

(1) 出票人名称：

(2) 发票抬头人：

(3) 发票号码：

(4) 发票日期：

(5) 合同号码：

(6) 信用证号码：

(7) 付款方式：

(8) 装运港：

(9) 目的港：

(10) 转运港：

(11) 运输方式：

(12) 运输工具名称：

(13) 货物名称：

(14) 商品编码：

(15) 价格术语：

(16) 数量：

(17) 总值：

(18) 唛头：

(19) 原产国：

(20) 证明文句：

（七）单据填制

1．单据填制一

根据信用证有关条款和参考资料缮制发票。

A. 信用证有关条款。

Issuing bank：THE SAKURA BANK，LIMITED.
56，NANIWA－CHO，CHUO－KU，KOBE，JAPAN
20/documentary credit number：KUW25847
31c /date of issue：May 15，2020
31d /date and place of expiry：June 30，2020 beneficiaries' country
50/applicant：MOMO CO.，LTD
NO. 215 NADA－KU，KOBE，JAPAN.
59/beneficiary：HUNAN TEA IMPORT & EXPORT CORPORATION
WUYI ROAD，CHANGSHA，HUNAN，CHINA
32/currency code amount：USD26，640. 00
39a /percent credit amt tolerance：05 / 05
41d /available with…. by…：Any bank in china by negotiation
45a /description of goods and/or services：As per S/C no. HNT（04）021
Applicant's Ref no. 3－1190
12，000 kgs Pu-erh tea at USD2. 22 per kg. CIF Kobe
Packed：in 50 kgs per cartons
46a /documents required：+commercial invoice in one original plus 6 copies，showing that the goods exported are of Chinese Origin，all of which must be manually signed.
47a/ additional conditions：+all documents required under this credit must mention this L/C number and the issuing bank name.

B. 参考资料。

2020 年 6 月 12 日装“FENGQING V. 25”从广州出运。

唛头自行设计。

发票号码自行设计。

2．单据填制二

根据信用证有关条款和参考资料缮制发票。

A. 信用证有关条款。

We hereby establish our Irrevocable Documentary Credit No. MNL030850 dated AUG. 25，2020 by order and for account of MRISSINA GARMENTS INC（8/F EXECUTIVE BLDG. CENTER GIL PUYAT COR MAKATI AVE. MAKATI CITY PHILIPPINES）in favor of CHINA TEXTILES IMPORT AND EXPORT CORP.（8 DONGAN ROAD，BEIJING，CHINA）for the amount of USD179，700. 00 available by your manually signed Drafts drawn on us at sight for full invoice value. Covering the following goods：

CIF MANITA，DISCOUNT OF 5% DEDUCTED
54，000 YARDS 100PCT COTTON DARK NAVY DENIM，12 OZ. CTW0945 USD2. 75 PER YARD
12，000 YARDS 100PCT COTTON INDIGO BLACK DENIM，11 OZ. CTW0939 USD2. 60 PER YARD
AS PER PROFORMA INVOICE NOS. PI－187/2020 DATED 08AUG2020

ACCOMPANIED BY THE FOLLOWING DOCUMENTS: + SINGED COMMERCIAL INVOICE IN QUADRUPLICATE INDICATING L/C NUMBER AND TOTAL NUMBER OF PACKAGES.

B. 参考资料。

INVOICE NO. MM024

DATED SEP. 10, 2020

SHIPPING MARKS: M. G. I
MANITA
NO. 1 – 795

TOTAL PACKAGES: DARK NAVY DENIM 466 ROLLS
INDIGO BLACK DENIM 329 ROLLS
TOTAL 795 ROLLS

SHIPPED PER S. S "MAYOR" V. 36 FROM DALIAN TO MANITA ON SEP. 08, 2020

3. 单据填制三

根据信用证有关条款和参考资料缮制发票。

A. 信用证有关条款。

Type of Documentary Credit: IRREVOCABLE

Letter of Credit Number: LC84E0081/99

Date of Issue: 200916

Date and Place of Expiry: 201015 CHINA

Applicant Bank: FIRST SEOUL CITY BANK, LTD.

Applicant: SANGYONG CORPORATION
CPO BOX 110
SEOUL, KOREA

Beneficiary: DALIAN WEIDA TRADING CO., LTD.

Currency Code Amount: about USD12, 400, less 5% commission and 5% allowance (dis.)

Available with...by...: ANY BANK BY NEGOTIATION

Drafts at: 45 DAYS AFTER SIGHT

Drawee: US

Partial Shipments: NOT ALLOWED

Transshipment: NOT ALLOWED

Shipping on Board/Dispatch/Packing in Charge at/ from: DALIAN PORT, P. R. CHINA

Transportation to: RUSSIAN SEA

Latest Date of Shipment: 201013

Description of Goods or Services: RORCELAIN POT AS PER SALES CONTRACT NO. TH99/1689 DATED 13 JUN. 2020
6 – 1/2 "DAIx6 – 1/2" H PORCELAIN FLOWER WHITE POT 4, 000PCS
W/PINK/PURPLE FLOWER PATTERN
EACH/BUBBLE WRAPPED
4PCS/3 – LAYER STRONG INNER
16PCS/5 – LAYER STRONG CARTON
AT USD3. 10 PER PC. CIF RUSSIAN SEA

Documents Required: 1. BENEFICIARY'S MANUALLY SIGNED ORIGINAL COMMERCIAL INVOICES IN DU-

PLICATE CERTIFYING MERCHANDISE OF CHINESE ORIGIN AND SHOWING HAMERNISED CODE 6913. 9000.

B. 其他资料自拟。

（八）单据审核

1. 单据审核一

广东省华联贸易有限公司与加拿大的 EEN 公司成交了一笔出口交易，EEN 公司按期开来信用证，华联贸易有限公司备货出运后收妥提单，立即制作好全套单证并准备交单议付，请根据以下信用证提供的内容审核并修改其中的商业发票。

DOC. CREDIT NUMBER：044/307587

APPLICANT：EEN CO.，VANCOUVER，CANADA

BENEFICIARY：GUANGDONG HUALIAN TRADING CORPORATION
60 HUHAI ROAD GUANGZHOU，CHINA

AMOUNT CURRENCY：USD 5, 256. 00

AVAILABLE WITH/BY：FREELY NEGOTIABLE AT ANY BANK BY NEGOTIATION

LOADING IN CHARGE：CHINA

FOR TRANSPORT TO：VANCOUVER VIA HONG KONG

LATEST DATE OF SHIPMENT：200131

DESCRIPTION OF GOODS：2, 920YDS OF 100PCT COTTON DENIM - 8 OZ - ROPE DYED INDIGO (CT-121) DOUBLE P/SHRUNK RESIDUAL AHRINKAGE NOT MORE THAN 3-4PCT 82 X 50/14S X 14S - WIDTH：58/59 AT USD1. 80/YD AS PER PURCHASE ORDER NO. FAB10-20200087/01-02，CIF VANCOUVER

DOCUMENTS REQUIRED：+SIGNED COMMERCIAL INVOICE IN TRIPLICATE.

GUANGDONG HUALIA TRADING CORPORATION
60 HUHAI ROAD, GUANGZHOU, CHINA

INVOICE

TO MESSRS.:	EEN CO.,	INVOICE NO.	: SHE01/7203
	VANCOUVER, CANADA	DATE	: JAN. 28, 2020
		L/C NO.	: 044/387587
		P. O. NO.	: FAB10 - 20200087/01 - 02

SHIPPED FROM GUANGZHOU TO VANCOUVER

MARKS & NOS.	DESCRIPTION	QUANTITY	UNIT PRICE	AMOUNT
GOLDTRON GARMENTS SDN BHD PO NO. FAB10 - 20200087/01 - 02 COLOR: INDIGO R/NO.: 1 - 4, 6 - 36		2, 928 YARDS	USD1.80/YARD	USD5, 256.00

100PCT COTTON DENIM - 8 OZ - ROPE DYED INDIGO (CT - 121)
DOUBLE P/SHRUNK RESIDUAL AHRINKAGE NOT MORE THAN
3 - 4PCT 82 × 50/14S × 14S - WIDTH: 58/59'
AS PER PURCHASE ORDER NO. FAB10 - 20200087/01 - 02

TOTAL: U. S. DOLLARS FIVE THOUSAND TWO HUNDRED FITY SIX ONLY.

2. 单据审核二

天津体育用品进出口公司向日本的 Tokyo Keyboard Distributer 出口一批足球，该公司在货物出运后立即着手制单结汇，请根据以下的信用证内容审核并修改其制作的商业发票。

Name of Issuing Bank: The Mitsui Bank Ltd., Tokyo, 15 Marunouche 3 – Chome

Place and date of issue: March 3, 2020. Tokyo Japan

To: Tianjin Sporting Goods Imp. & Exp. Corp.

68 Yentai Street, Tianjin, China.

This Credit is advised through Bank of China, 50 Yentai Street, Tianjin, China.

Dear Sirs,

By order and for account of Tokyo Keyboard Distributer, 12 – 14 Monmachi 3 – Chome, Tokyo, Japan. we hereby issue an Irrevocable Documentary Credit No. 901026 for USD5, 600. 00 (say US dollars five thousand six hundred only) to expire on June 30, 2020 in China available with any bank in China by negotiation against beneficiary's draft (s) at sight drawn on us and the documents detailed herein, marked with "X";

☒ Commercial Invoice in triplicate visaed by the chamber of commerce certifying goods origin.

☒ Full set 2/2 originals clean on board marine Bills of Lading made out to order and blank endorsed marked freight prepaid notifying Tokyo Keyboard Distributer, 12 – 14 Monmachi 3 – Chome, Tokyo, Japan.

☒ Packing List in triplicate

☒ Certificate of Origin in China

☒ Insurance Policy or Certificate covering All risks and war risks for 110% of the invoice value stipulating claim, if any, to be payable in currency of the draft.

☒ Certificate of Weight in triplicate

☒ Certificate of Analysis in triplicate Evidencing shipment of 1, 600PCS GBW32P Football USD3. 5/PC CIF Tokyo AS PER S/C NO. TSG0215.

SHIPPING MARKS: TTK/TOKYO/NO. 1 – 520

SHIPMENT from Tianjin port to Tokyo not later than June 16, 2020.

Partial shipment allowed

Transshipment not allowed

Documents to be presented within 15 days after the date of the transport documents but within the validity of the credit.

We hereby engage with drawers and /or bona fide holders that drafts drawn and negotiated in conformity with the terms of Credit will be fully honored on presentation.

Instructions to the advising bank:

Please advise the Credit to the beneficiary:

The number and the date of the Credit must be quoted on all documents required.

Please acknowledge receipt

Reimbursement: The negotiating bank is authorized to claim reimbursement on The Mitsui Bank Ltd., New York by telex. All drafts and documents must be sent to us by airmail.

Yours faithfully

The Mitsui Bank Ltd., Tokyo

Signature (s)

TIANJIN SPORTIN GOODS IMP. & EXP. CORP.
68 YANTAI STREET, TIANJIN, CHINA

TO MESSRS.: TOKYO KEYBOARD DISTRIBUTER, 12 - 14 MONMACHI 3 - CHOME, TOKYO, JAPAN

INVOICE NO. : TS20012
INVOICE DATE: JUN. 12, 2020
L/C NO. : 901026
S/C NO. : TSG0205

TRANSPORT DETAILS:
FROM TIANJIN PORT TO TOKYO
BY VESSEL

MARKS & NOS.	DESCRIPTION	QUANTITY	UNIT PRICE	AMOUNT
TK TOKYO NO. 1 -520	GBW32P FOOTBALL	1,600PCS	USD3.5/PC	USD5,600.00

TOTAL: US DOLLARS FIVE THOUSAND SIX HUNDRED ONLY.

受益人签章

二、练习题参考答案

（一）中英文术语、短语互译

1. 中译英

（1）Commercial Invoice
（2）Customs Invoice
（3）Freight Charge
（4）Insurance Premium
（5）Commission
（6）Discount
（7）Terms of Payment
（8）Country of Origin of Goods
（9）Means of Transportation
（10）in Triplicate

2. 英译中

（1）发票号码
（2）日期
（3）唛头及件号
（4）合同号
（5）装运从……至……
（6）货物内容
（7）数量
（8）单价
（9）总价
（10）结算货币

（二）单项选择题

1. A。理由：在国际货物买卖中，商业发票的出票人一般为卖方，即出口商。

2. C。理由：在所有结汇单据中，发票是签发日期最早的单据，该日期可以早于开证时间，但不得迟于信用证的议付有效期。

3. C。理由：商品名称和规格，原则上保持与信用证完全一致。如有个别字母笔误，可以在错误品名后另注正确词句并加括号。

4. C。理由：《UCP600》中规定，商业发票中货物的描述必须与信用证中的描述相一致。在一切其他单据中，货物描述可使用与信用证中对货物的描述无矛盾的统称。

5. D。理由：因为汇票金额是依据发票金额制作的，所以除非信用证另有规定，一般情况下，发票金额须与汇票金额保持一致。

6. D。理由：在我国的国际贸易实务中，汇付为目前支付佣金使用最多的一种方式。

7. C。理由：如信用证明确规定有“less 5% Comm.”或者“5% already deducted”等扣除佣金字样时，在发票上应相应减除规定比例的佣金，此为佣金“票扣”的支付方式。

8. D。理由：如果信用证没有列明开证申请人，而是直接指明汇票付款人时，按惯例，汇票付款人就是发票抬头人。

9. C。理由：根据《UCP600》的规定，信用证总额前有“大约”“大概”或类似的词语，卖方交货时允许总值有10%的增减幅度。

10. D。理由：商业发票的抬头人一般为合同的买方或信用证项下的开证人，也可根据合同或信用证的要求表述为其他人，但海关发票的抬头人不同于商业发票，一般是货物在进口地的受货人，也就是提单的被通知人。

11. D。理由：海关发票是由进口国海关制定的一种专用于向该国出口的特别的发票格式。其格式不是由出口国海关制定，更不是由进出口企业制定。

12. A。理由：在海运提单（Country of Transhipment）中，如需转船，填写转船地点的名称，如不需转船，填写 N/A（Not Applicable）。

13. C。理由："IN TRIPLICATE" 为一式三份，选项 A 和选项 D 提供商业发票一式两份不符合要求，选项 B 简单照抄信用证的文句不妥，应该在商业发票上的证明文句中加主语 "WE"。

14. A。理由：FOB 与 CIF 的价格转换公式是 CIF = FOB + 运费 + 保险费，选项 A 完整并正确列明了 FOB 价、运费、保险费。选项 B 没有列明 FOB 价、运费、保险费。选项 C 的 FOB 价和保险费数值有错。选项 D 的 FOB 价和保险费数值有错，总 CIF 价的数值也没有列明。

15. A。理由：佣金的计算公式为：佣金 = 含佣价 × 佣金率。选项 B 和选项 D 的佣金总值计算错误，选项 C 的 CIF 净价总值计算错误。

（三）多项选择题

1. ABC。理由：发票是所有单据的中心单据，绝大多数其他单据都是在发票的基础上缮制出来的，因此，发票的作用很大，但其本身没有价值，不能代表货物所有权，不是物权凭证。

2. BD。理由：如属托收付款方式，发票的抬头人一般为合同的买方；如属信用证付款方式，则必须按信用证规定填写发票的抬头人，若信用证没有规定，一般情况下填写开证申请人。

3. AD。理由：发票名称必须用粗体标出 "COMMERCIAL INVOICE" 或 "INVOICE"。CONTRACT 是合同，BILL OF EXCHANGE 是汇票。

4. ABCD。理由：出口商品完整的单价由计价货币、计量单位、单位金额、价格术语四个部分组成。

5. CD。理由：按《ISBP》第 57 条规定，发票可以只列明实际装运的货物，也可列明信用证规定的全部货物描述，然后注明实际装运货物的发票也是可以接受的。

6. ABCD。理由：在国际货物买卖中，佣金的主要支付方式包括汇付，票扣，议扣，部分票扣、部分议扣，贷记账单。

7. ACD。理由：来证的商品数量为大约 20 MT，金额允许有 10% 的增减。根据《UCP600》的规定，信用证数量有"大约"等字样的，可允许在原数量即 20 MT 的基础上有 10% 的增减。选项 B 的商品数量和金额均超过来证的规定，不符合来证的规定。

8. BC。理由：海关发票的内容是证明商品的成本价值和商品的生产国家等。商品的保险金额及保险费、商品的运输方式及运费不是海关发票的主要内容。

9. ACD。理由：商业发票才是买卖双方收付货款的依据。不管是托收方式还是信用证方式，除非合同或信用证特别要求提供海关发票，一般情况下海关发票不必提供，也不是买卖双方收付货款的依据。

10. ACD。理由：目前，要求提供海关发票的国家（地区）主要包括美国、加拿大、澳大利亚、新西兰、牙买加、加勒比共同市场国家、非洲国家等。

（四）判断题

1. 错误。理由：采用信用证支付货款时，一般情况下，发票应该填写信用证号码；若信用证没有要求在发票上标明信用证号码，发票可以不填写信用证号码；当采用其他支付方式时，不存在信用证号码，发票上也不可能出现信用证号码。

2. 正确。理由：当采用信用证支付货款时，如果信用证上有指定抬头人（适用于可转让信用证的情况），则按来证规定制单，发票的抬头人应填写为信用证上指定的抬头人。

3. 正确。理由：提单必须在货物装运后才签发，而货物装运之前的出口托运、出口报检和报关等都需要提供商业发票，因此，商业发票日期在提单日期之前。

4. 错误。理由：商业发票是卖方凭以向买方收款的依据之一，因此，商业发票应是由卖方开给买方的注有出口商品的品名、规格、数量、价格、总金额、支付条件等内容的单据。

5. 正确。理由：发票中显示的单价和币种应该与信用证的要求一致。

6. 错误。理由：发票中的唛头应按照信用证或合同的规定填写，并且与提单、保险单、装箱单、产地证等单据唛头严格保持一致。如果信用证或合同没有规定唛头，一般由出口商自拟唛头，或直接填写 N/M。

7. 错误。理由：除非信用证明确规定允许金额有 10% 的增减幅度，一般情况下，发票的总额不应超过信用证规定的最高金额，否则，开证银行可以单证不符为由拒绝接受结汇单据，拒付货款。

8. 正确。理由：商业发票是卖方开具供国外买方凭以收货、支付货款和报关完税使用，因此，对货物名称、规格、数量、单价、总价等必须有详细的记载。

9. 错误。理由：按照《UCP600》的规定，除非信用证另有规定，商业发票不需要签章。

10. 错误。理由：按照《UCP600》的规定，除非信用证另有规定，银行将接受出单日期早于信用证开立日期的单据。

11. 正确。理由：按照《UCP600》的规定，除非信用证另有规定，商业发票必须由信用证的受益人开立。

12. 错误。理由：发票上应注明出口货物的实际装运港口，而不能笼统写中国港口。

13. 错误。理由：海关发票由进口国海关制定格式，但须由出口方填写内容。

14. 错误。理由：海关发票中“出口国国内价格”一栏，应以出口国货币填写 FOB 价格。

15. 错误。理由：来证要求在发票上加注“证明所列内容真实无误”，不违背我国对外贸易的方针、政策和法规，而且卖方在发票上表述的内容本就应该真实无误，因此，卖方可以酌情办理。

（五）案例分析

1. 答：开证行有理。理由是《UCP600》第 37 条 C 款规定，商业发票的货物描述必须与信用证的描述相符合。FOB QINGDAO 的文字放在货物描述这部分，被视为货物描述的一部分。因此，需要在商业发票上加以说明来满足这个要求。由于提交的商业发票中未注明贸易术语 FOB QINGDAO，因此银行有权把单据看作不符要求而拒绝接受。

2. 答：轻工业品进出口公司的主要纰漏就是在审证时未发现信用证只在数量上规定允许增减装 5%，而信用证金额并未有增加的幅度。该公司没有严格审查和注意这个问题，误认为信用证既然允许数量可以增减装 5%，所以就增装了 3%，结果造成信用证金额不够。一般以重量为计量单位的货物，如果允许有增减装的幅度要求，条款应作类似这样的规定："Amount of credit and quantity of merchandise 5% more or less acceptable."（信用证的金额及货物的数量均可允许 5% 增减。）该条款就明确指出金额及货量均可增减 5%。像本案例的信用证只在数量上允许增减 5%，而金额既没有增减的条款，也未在信用证总金额的数额中含有 5%，这样的信用证在实际装运数量上只能掌握减装 5%，不能增装。如果要增装只能向买方提出修改信用证，增加金额的增减条款。

（六）阅读理解

1. 阅读理解一

（1）出口商名称：HUIZOU TEA IMPORT & EXPORT CORPORATION

（2）发票抬头人：YAKAHUCHI CO.，LTD

（3）发票号码：SHE01/7203

（4）发票日期：MAY 27, 2020

（5）合同号码：HZT（02）003

（6）付款方式：BY SIGHT L/C

（7）装运港：SHENZHEN

（8）目的港：KOBE

（9）转运港：HONG KONG

（10）运输方式：BY VESSEL

（11）货物名称：BLACK TEA

（12）价格术语：CIF KOBE

（13）单价：USD1.22/KG

（14）总值：USD7,320.00

（15）唛头：R. AND D.
RIO HAINA
R. 10.990 D.

（16）运费：USD600.00

（17）保险费：USD100.00

（18）证明文句：WE CERTIFY THAT THE ABOVE GOODS ARE OF CHINESE ORIGIN.

2. 阅读理解二

（1）出票人名称：GAWEN COMPANY LIMITED，AUSTRALIA

（2）发票抬头人：JIANGXI JIANGHAI GARMENTS IMPORT AND EXPORT CO.，LTD.

(3) 发票号码：NO. GA289

(4) 发票日期：20/05/2020

(5) 合同号码：J0254

(6) 信用证号码：ZJJ04LC0300135

(7) 付款方式：BY L/C

(8) 装运港：SYDNEY

(9) 目的港：FUZHOU

(10) 转运港：无转运

(11) 运输方式：BY VESSEL

(12) 运输工具名称：Northern WIND

(13) 货物名称：LEATHER GARMENTS

(14) 商品编码：62011210

(15) 价格术语：CFR FUZHOU

(16) 数量：2, 350 PCS

(17) 总值：USD137, 470. 00

(18) 唛头：GAWEN
SYDNEY
NO. 1 –160

(19) 原产国：AUSTRALIA

(20) 证明文句：WE CERTIFY THAT THE GOODS ARE IN ACCORDANCE WITH PURCHASE ORDER NUMBER 8803.

(七) 单据填制

1. 单据填制一

简要提示：本题是考核按照 SWIFT 标准格式信用证制作商业发票。

注意要点：

①读懂本证英文内容，找出制单资料。

②发票内须注明信用证的证明文句。

③按信用证的附加条款要求注明信用证号码和开证行名称。

④唛头可由卖方自行设计，标准唛头的设计由 4 行组成，每行不超过 17 个英文字母，第一栏为收货人简称，第二栏为目的港，第三栏为参考号（例如合同号等），第四栏为件号。

⑤商业发票的号码由出口企业按习惯编排，一般以企业开头大写字母加年份和序列号编排。

2. 单据填制二

简要提示：本题是考核按照非标准格式信用证制作商业发票。

注意要点：

①读懂本证英文内容，找出制单资料。

②折扣的计算和扣除方法。

③发票内应注明信用证号码和总件数。

3. 单据填制三

简要提示：本题是考核信用证金额既有佣金又有折扣时，应如何制作商业发票金额。

注意要点：

①读懂本证英文内容，找出制单资料。

②发票内须注明货物原产地和商品编码。

③需按照信用证内列出的一系列时间，合理填写发票制作时间，按习惯方法自拟发票号码和唛头。

④发票金额的制作方法：应在总金额（单价×数量）中先扣除5%优惠（折扣）得出一个毛净价，然后在此基础上再扣除5%佣金，得出净价。在既有折扣又有佣金的交易中，我们应掌握先扣除折扣，然后再计扣佣金，因为折扣部分是不应支付佣金的。

具体金额制作如下：

4,000 PCS @ USD 3.10	USD12,400.00
Less 5% allowance:	USD620.00
	USD11,780.00
Less 5% commission:	USD589.00
CIF RUSSIAN SEA net:	USD11,191.00

（八）单据审核

1. 单据审核一

（1）受益人名称漏打“N”，应为“GUANGDONG HUALIAN TRADING CORPORATION”；

（2）信用证号码错了，应为“044/307587”；

（3）运输路线应注明经香港转船到温哥华；

（4）数量应为2,920 YARDS；

（5）单价漏打价格术语：CIF VANCOUVER；

（6）总价应为U.S. DOLLARS FIVE THOUSAND TWO HUNDRED FIFTY SIX ONLY；

（7）最后应按信用证要求签章。

单据修正如下：

GUANGDONG HUALIAN TRADING CORPORATION
60 HUHAI ROAD，GUANGZHOU，CHINA

INVOICE

TO MESSRS.：EEN CO.，
VANCOUVER，CANADA

INVOICE NO.　：SHE01/7203
DATE　：JAN. 28，2020
L/C NO.　：044/307587
P. O. NO.　：FAB10－20200087/01－02

SHIPPED FROM GUANGZHOU　TO　VANCOUVER VIA HONG KONG BY VESSEL

MARKS & NOS.	DESCRIPTION	QUANTITY	UNIT PRICE	AMOUNT
GOLDTRON GARMENTS SDN BHD PO NO. FAB10－20200087/01－02 COLOR：INDIGO R/NO.：1－4，6－36				
		2,920 YARDS	USD1.80/YARD	USD5,256.00

100PCT COTTON DENIM－8 OZ－ROPE DYED INDIGO（CT－121）
DOUBLE P/SHRUNK RESIDUAL AHRINKAGE NOT MORE THAN
3－4PCT 82×50/14S×14S－WIDTH：58/59'
AS PER PURCHASE ORDER NO. FAB10－20200087/01－02
CIF VANCOUVER

TOTAL：U. S. DOLLARS FIVE THOUSAND TWO HUNDRED FIFTY SIX ONLY.

GUANGDONG HUALIAN TRADING CORPORATION
60 HUHAI ROAD，GUANGZHOU，CHINA
（受益人签章）

2．单据审核二

（1）漏打单据名称“COMMERCIAL INVOICE”；
（2）漏打开证日期；DATE OF L/C：March 3，2020；
（3）成交确认书号码错，应为：TSG0215；
（4）唛头错；
（5）单价漏价格术语；
（6）漏货物原产地；
（7）漏商会签章。

单据修正如下：

TIANJIN SPORTING GOODS IMP. & EXP. CORP.
68 YANTAI STREET, TIANJIN, CHINA

COMMERCIAL INVOICE

TO MESSRS: TOKYO KEYBOARD DISTRIBUTER,
12 – 14 MONMACHI 3 – CHOME,
TOKYO, JAPAN

INVOICE NO. : TS20012
INVOICE DATE: JUN. 12, 2020
L/C NO. : 901026
S/C NO. : TSG0215

TRANSPORT DETAILS:
FROM TIANJIN PORT TO YOKYO
BY VESSEL

MARKS & NOS.	DESCRIPTION	QUANTITY	UNIT PRICE	AMOUNT
TTK	GBW32P FOOTBALL	1,600PCS	USD3. 5/PC	USD5, 600. 00
TOKYO			CIF TOKYO	
NO. 1 – 520				

TOTAL: US DOLLARS FIVE THOUSAND SIX HUNDRED ONLY.
DATE OF L/C: MAR. 3, 2020
GOODS ORIGIN: CHINA

TIANJIN SPORTING GOODS IMP. & EXP. CORP.
68 YANTAI STREET, TIANJIN, CHINA
(受益人签章)
商会签章

第二节　汇　票

一、练习题

（一）中英文术语、短语互译

1. 中译英

（1）商业汇票　　（2）银行汇票

（3）即期汇票　　（4）远期汇票

（5）提示　　（6）承兑

（7）背书　　（8）拒付

（9）付款　　（10）跟单汇票

2. 英译中

（1）Drawer　　（2）Drawee

（3）Payee　　（4）Protect

（5）Without Recourse　　（6）Drawn on

（7）Drawn under　　（8）Pay ××× Company Only

（9）Payment at 60 Days after Sight　　（10）Available by Your Drafts on Us at Sight

（二）单项选择题

1. 商业汇票是指汇票的（　　）为商业企业的汇票。

A. 受票人　B. 受款人　C. 付款人　D. 出票人

2. 如信用证对付款人未作规定，根据《UCP600》的规定，该信用证项下汇票的付款人应是（　　）。

A. 开证申请人　B. 受益人　C. 开证行　D. 议付行

3. 在我国外贸单证处理的实务操作中，汇票的号码一般填写（　　）。

A. 汇票号码　B. 商业发票号码　C. 提单号码　D. 银行指定号码

4. 汇票的抬头人是汇票的（　　）。

A. 出票人　B. 受票人　C. 付款人　D. 受款人

5. 下列英文单词分别表示出票人、受票人的是（　　）。

A. Payee，Drawer　B. Drawee，Drawer　C. Payer，Drawee　D. Drawer，Drawee

6. 缮制托收汇票时，一般应在汇票的出票条款栏内加注（　　）。

A. COLLECTNG　B. FOR COLLECTION

C. COLLECTION　D. ON COLLECTION

7. 若汇票的付款期限栏目显示“30 days after date”字样，则表示这张汇票为（　　）。

A. 远期汇票　B. 即期汇票　C. 商业汇票　D. 银行汇票

8. 汇票的付款人为（　　），在国际商务中，通常是指（　　）或其他指定银行。

A. 受款人，出口商　　B. 受款人，进口商

C. 受票人，出口商　　D. 受票人，进口商

9. 汇票按出票时是否附有货运单据可分为（　　）。

A. 即期汇票和远期汇票

B. 商业汇票和银行汇票

C. 光票和跟单汇票

D. 商业承兑汇票和银行承兑汇票

10. 如果汇票的抬头被做成指示样式，说明该汇票（　　）。

A. 不能通过背书转让　　B. 无须通过背书即可转让

C. 仅能由银行转让　　D. 须经过背书方能转让

11. 一张汇票的受款人抬头注明："PAY TO THE ORDER OF ××× CO." 即表示（　　）。

A. 该汇票只能由×××公司收取货款

B. 该汇票不能转让

C. 该汇票可以转让，但只能转让一次

D. 该汇票可以转让，而且可一直转让下去

12. 信用证上关于汇票的条款规定："AVAILABLE BY YOUR DRAFT AT 30 DAYS SIGHT DRAWN ON ABC BANK." 那么汇票的付款期限和付款人应分别填写为（　　）。

A. AT 30 DAYS SIGHT 和 ABC BANK

B. AT 30 DAYS SIGHT 和议付行的名称

C. AT×××SIGHT 和开证行的名称

D. AT 30 DAYS SIGHT 和进口商的名称

13. 当信用证规定"DRAWN ON US"，那么信用证项下的汇票在付款人栏目处应该填写（　　）。

A. US　　B. 议付行名称

C. 开证行名称　　D. 开证申请人名称

14. 在汇票的大写金额填写中，下列大字金额的表述正确的是（　　）。

A. "UNITED STATE DOLLARS TWO HUNDRED AND THIRTY ONE."

B. "U. S. dollars four hundred and ten."

C. "TWO HUNDRED AND THIRTY ONLY."

D. "UNITED STATE DOLLARS TWO HUNDRED AND THIRTY ONE ONLY."

15. 信用证规定："DRAFTS AT 90 DAYS SIGHT DRAWN ON SAKULA BANK LTD. USANCE DRAFTS DRAWN UNDER THIS L/C ARE TO BE NEGOTIATED AT SIGHT BASIS. DISCOUNT CHARGES AND ACCEPTANCE COMMISSION ARE FOR ACCOUNT OF ACCOUNTEE." 汇票的付款期限和付款人栏目应分别填写为（　　）。

A. AT 90 DAYS SIGHT 和 SAKULA BANK LTD.

B. AT 90 DAYS SIGHT 和开证申请人名称

C. AT 90 DAYS SIGHT AND NEGOTIABLE AT SIGHT DAYS 和 SAKULA BANK LTD.

D. AT ××× SIGHT 和开证申请人名称

（三）多项选择题

1. 如果信用证没有规定汇票的出票依据，那么其出票依据一般要填写的内容有（　　）。

A. 开证行名称　　B. 开证申请人名称

C. 信用证号码　　D. 开证日期

2. 汇票的抬头限定“PAY TO ABC CO. ONLY”，表明（　　）。

A. 仅限付给 ABC CO.　　B. 凭 ABC CO. 公司指示

C. 可以转让　　D. 不能转让

3. 在国际票据市场上，汇票抬头人的写法通常有（　　）。

A. 记名式抬头　　B. 受票人抬头　　C. 持票人抬头　　D. 限制性抬头

4. 以下英文表述的汇票为远期汇票的是（　　）。

A. Commercial Acceptance Bill　　B. Sight Draft

C. Banker's Acceptance Bill　　D. Draft and Time Bill

5. 开具远期汇票时，在汇票付款期限的栏目中，可以依据信用证或合同的规定，填写（　　）作为付款期限的起算日期。

A. 交单起算日期　　B. 发票起算日期　　C. 见票起算日期　　D. 装船起算日期

6. 如果提单日期为 2020 年 9 月 15 日，则在汇票付款期限的栏目中，下列表述是根据装船起算日期后 30 天付款的有（　　）。

A. “Draft at 30 days sight”

B. “30 days from invoice date”

C. “15 October 2020”

D. “30 days after B/L date 15 September 2020”

7. 汇票抬头人的表述中，下列属于限制性抬头的是（　　）。

A. Pay to …only

B. Pay to the order of Bank of China

C. Pay to bearer

D. Pay to…only not transferable

8. 当来证规定：“INVOICE MUST SHOW CIF VALUE INCLUDING 5% COMMISSION AT THE TIME OF NEGOTIATION, 5% COMMISSION MUST BE DEDUCTED FROM DRAWINGS UNDER THIS CREDIT.”那么汇票金额应该（　　）。

A. 小于发票金额　　B. 大于发票金额

C. 是不含佣的 CIF 价　　D. 是含佣的 CIF 价

9. 以下情况属于拒付的是（　　）。

A. 付款人破产

B. 付款人虽不拒绝付款，但承诺延缓一个月付款

C. 付款人拒绝付款

D. 付款人虽不拒绝付款，但承诺到期付款，并办理了承兑手续

10. 汇票小写金额为58，673.56港元，那么汇票大写正确的是（　　）。

A. HONG KONG DOLLARS FIFTY EIGHT THOUSAND SIX HUNDRED AND SEVENTY THREE CENTS FIFTY SIX ONLY

B. HONG KONG DOLLARS FIFTY EIGHT THOUSAND SIX HUNDRED AND SEVENTY THREE 56/100 ONLY

C. HONG KONG DOLLARS FIFTY EIGHT THOUSAND SIX HUNDRED AND SEVENTY THREE POINT FIFTY SIX ONLY

D. HONG KONG DOLLARS FIFTY EIGHT THOUSAND SIX HUNDRED AND SEVENTY THREE 56% ONLY

（四）判断题

1. 汇票是出票人承诺在见票时或在未来某一规定的或可以确定的时间，对持票人或其指定人支付一定金额的书面文件。（　　）

2. 持票人将汇票提交付款人要求承兑的行为称为承兑。（　　）

3. 若一张汇票没有明示付款期限，则付款人可以在任意时间付款。（　　）

4. 汇票如有修正和变更，必须在表面看来经出票人证实。（　　）

5. 缮制汇票时，若信用证或合同没有特别规定，汇票上不必注明出票地点。（　　）

6. 除非信用证另有规定，汇票金额所用的货币不须与信用证规定的货币一致，受益人可以根据实际随意选择。（　　）

7. 汇票一般出具两张正本，根据票据法规定，两张正本汇票具有同等效力，都可以同时收取款项。（　　）

8. 国际货物买卖中若采用信用证付款，汇票的出票人应该是信用证项下指定的受益人。（　　）

9. 商业汇票和银行汇票的主要区别在于前者的付款人是商业企业，后者的付款人是银行。（　　）

10. 远期汇票只有经过承兑才能转让。（　　）

11. 出口商开具的汇票，如开证行付款后向进口商提示遭拒付时，开证行有权向出口商行使追索权。（　　）

12. 贴现是指汇票持有人于到期日向付款人索取票款的行为。（　　）

13. 假远期信用证项下的汇票，其利息由卖方负担。（　　）

14. A公司因资金吃紧，把手头上的一张6个月期汇票经背书后转让给B公司，B公司后来又转让给C公司，C公司于汇票到期之日到银行收款，被告之汇票原付款人已破产，无力支付款项，C公司转向B公司要求其付款，B公司认为自己只是中间者，而要求C公司直接向A公司索款。B公司的要求合理。（　　）

15. 信用证条款规定："THIS L/C IS AVAILABLE WITH US BY PAYMENT AT 30 DAYS AFTER RECEIPT OF FULL SET OF DOCUMENTS AT OUR COUNTER." 那么制单时应在汇票付款期限栏目填上："30 DAYS AFTER RECEIPT OF FULL SET OF DOCUMENTS AT OUR COUNTER."（　　）

（五）案例分析

1. 2020 年我方 A 公司向法国 B 公司出口一批医疗用品。对方开来的信用证上有关条款规定：“…Credit available by the beneficiary's draft（s）at sight，pay to The Standard Bank，Ltd. only…”（……由受益人开具的即期汇票，只限付给标准银行……）A 公司在装运后，于 9 月 13 日将信用证所要求的单据向议付行交单议付。9 月 29 日开证行却提出如下单证不符：我信用证规定：“ …The beneficiary's draft（s）at sight，pay to The Standard Bank，Ltd. only…”（……受益人出具的即期汇票，只限付给标准银行……）你方提交的汇票收款人却只表示：“pay to The Standard Bank，Ltd.”（付给标准银行），漏“only”字样，违背了原信用证的规定。对开证行所提的不符点，A 公司经研究认为对方是无理挑剔。于 10 月 4 日即作出如下反驳意见：“汇票抬头人通常有三种填法，即记名式抬头、指示式抬头和来人式抬头。记名式抬头即直接指定某某人为收款人。你信用证所规定和我提交的汇票均属于记名式抬头，抬头人为 Standard Bank，Ltd.（标准银行），有无‘only’，其作用没有很大的差别，均以标准银行为该汇票的收款人。我们认为我汇票的收款人缮制方法已符合你信用证要求，应认为单证一致。”问：开证行是否有理？为什么？

2. 2019 年 3 月 1 日，广州甲公司以广州乙公司为收款人，签发商业汇票一张，汇票金额为 50 万元人民币，汇票到期日为 2020 年 7 月 31 日。乙公司在接到该商业汇票后将该汇票背书转让给江门丙公司。江门丙公司在接到该商业汇票后将该汇票背书转让给佛山丁公司，同年 8 月 1 日，佛山丁公司持该商业汇票向银行提示付款。银行在接到该商业汇票后经查实，确认广州甲公司在银行的存款不足以支付票据款而将商业汇票退回给佛山丁公司。之后，佛山丁公司依法向其前手江门丙公司进行票据追索，江门丙公司在支付款项后又向其前手广州乙公司追偿，但广州乙公司拒绝偿付票据款项。

为此，江门丙公司向人民法院提起诉讼，诉称：被告广州乙公司背书转让给原告（丙公司）商业承兑汇票，被告广州乙公司系汇票出票人和付款人。在丙公司将汇票背书转让给后手后，当最后持票人在汇票到期日提示付款时，因广州甲公司银行存款不足被退票。要求判令广州乙公司支付票据款项及利息，并由广州甲公司承担连带清偿责任。广州乙公司辩称广州甲公司系商业汇票的出票人，应当由广州甲公司独立承担汇票款项的偿付责任。广州甲公司未答辩。请讨论该案例谁将会胜诉。

（六）阅读理解

BILL OF EXCHANGE

NO. SHE01/7203　　DATE JUNE 5，2020

EXCHANGE FOR USD7,320.00

AT ××× DAYS AFTER SIGHT OF THIS FIRST OF EXCHANGE（SECOND OF EXCHANGE BEING UNPAID）

PAY TO THE ORDER OF CONSTRUCTION BANK OF CHINA

THE SUM OF U.S. DOLLARS SEVEN THOUSAND THREE HUNDRED AND TWENTY ONLY.

DRAWN UNDER L/C NO. COM 8722732　　DATED MAY 15, 2020

ISSUED BY THE SAKURA BANK，LIMITED

TO THE SAKURA BANK，LIMITED

56，NANIWA－CHO，CHUO－KU，KOBE，JAPAN

HUIZHOU TEA IMPORT & EXPORT CORPORATION

根据上面的汇票找出相应的内容。

（1）开证行名称：

（2）信用证号码：

（3）开证日期：

（4）出票人：

（5）付款人：

（6）受款人：

（7）付款期限：

（8）汇票金额（小写）：

（9）汇票金额（大写）：

（10）交单议付时间：

（11）汇票号码：

（七）单据填制

1. 单据填制一

根据以下内容，填写一份汇票。

INVOICE NO：TU231

ISSUING BANK：KUWAIT REAL ESTATE BANK

L/C NO.：SP00256 DATED MAR. 21, 2020

INVOICE AMOUNT：USD9, 785. 00

BENEFICIARY：BEIJING NATIONAL NATIVE PRODUCE IMPORT & EXPORT CORPORATION

APPLICANT：HAMEED ALI AL TUHOO CO.，KUWAIT

NEGOTIATING BANK：THE INDUSTRIAL & COMMERCIAL BANK OF CHINA

DATE OF NEGOTIATION：APR. 18, 2020

...AVAILABLE WITH YOUR DRAFT AT SIGHT DRAWN ON US FOR THE FULL INVOICE VALUE. ALL DRAFTS MUST BE MARKED "DRAWN UNDER KUWAIT REAL ESTATE BANK"

BILL OF EXCHANGE

NO. ______________________　　DATE ______________________

EXCHANGE FOR ____________________________

AT ______________________ DAYS AFTER SIGHT OF THIS FIRST OF EXCHANGE (SECOND OF EXCHANGE BEING UNPAID)

PAY TO THE ORDER OF ____

THE SUM OF ____

DRAWN UNDER ____

____

TO ____________________________

　　____________________________

　　　　　　　　　　　　____________________________

　　　　　　　　　　　　____________________________

2. 单据填制二

根据以下内容，填写一份汇票。

WE HEREBY ISSUE OUR IRREVOCABLE DOCUMENTARY LETTER OF CREDIT NO. 45BC123 DATED JAN. 02, 2020 AVAILABLE WITH US BY PAYMENT AT 30 DAYS AFTER RECERPT OF FULL SET OF DOCUMENTS AT OUR COUNTERS FOR ACCOUNT OF STG99, 012. 52.

INVOICE NO：NL0321

ISSUING BANK：THE CHARTERED BANK LONDON，ENGLAND

BENEFICIARY：CHINA NATIONAL LIGHT INDUSTRIAL PRODUCTS IMP. & EXP. CORP. GUANGDONG BRANCH，NO. 87 THE BUND，GUANGHZOU，CHINA.

APPLICANT：LONDON EXPORT CO.，LTD.，P. O. BOX 56387 LONDON，ENGLANG

NEGOTIATING BANK：BANK OF CHINA

DATE OF NEGOTIATION：FEB. 23，2020

F14

凭
Drawn under --

信用证　　　　　第　　　　　号
L/C　　　　　No. ------------------------------

日期　　　　　年　　　　月　　　　日
dated --

按　　　息　　　付　款
Payable with interest @ ----------------- %per annum

号码　　　　汇票金额　　　　　中国　广州　　年　　月　　日
No. --------------- **Exchange** for　　　　Guangzhou,China -----------------

见票　　　　　　　　　　日 后（本 汇 票 之 副 本 未 付）付
At ------------------ sight of this **FIRST** of Exchange (Second of exchange being unpaid)

pay to the order of -- 或其指定人

金　额
the sum of

此致
To: ------------------------------

------------------------------　　　　------------------------------

3. 单据填制三

根据以下内容，制作一份托收项下的汇票。

COVERING 3,000 DOZ OF GARMENTS AT JPY120.2 PER DOZ. UNDER CONTRACT NO.：02PT744. THE BUYERS SHALL DULY ACCEPT THE DOCUMENTARY DRAFT DRAWN BY THE SELLERS AT 90 DAYS SIGHT UPON FIRST PRESENTATION AND MAKE PAYMENT ON ITS MATURITY. THE SHIPPING DOCUMENTS ARE TO BE DELIVERED AGAINST PAYMENT ONLY.

COLLECTING BANK：THE BANK OF TOKYO，LTD.

P. O. BOX 240，NAGOYA－NAKA，NAGOYA，460－91 JAPAN

PRINCIPAL：SHANGHAI FENGHUA TEXTILES I/E CORP.

25，GUANGDONG ROAD，SHANGHAI，CHINA

PAYER：TOYOHANM AND CO.，LTD.

58，NISHIKI 6－CHOME，NAKAKU

INVOICE NO.：YU25868

DATE OF NEGOTIATION：APR. 14，2020

BILL OF EXCHANGE

NO. ____________________　　DATE ____________________

EXCHANGE FOR ________________________

AT ____________________ DAYS AFTER SIGHT OF THIS FIRST OF EXCHANGE

(SECOND OF EXCHANGE BEING UNPAID)

PAY TO THE ORDER OF ________________________________

THE SUM OF ________________________________

DRAWN UNDER ________________________________

____

TO ________________________

____

____

____

(八) 单据审核

1. 单据审核一

广东省华达食品有限公司按期收到香港 ABC 公司的信用证，请根据以下信用证内容审核并修改汇票。

FROM：KWANGTUNG PROVINCIAL BANK，HK
TO：BANK OF CHINA，GUANGZHOU BRANCH
DATE AND PLACE OF ISSUE：NOV. 13，2019，HONG KONG
IRREVOCABLE DOCUMENTARY CREDIT NO.：002－10358
ADVISING BANK：BANK OF CHINA，GUANGZHOU BRANCH
BENEFICIARY：GUANGDONG HUADA FOOD CO.，LTD.
58 BEIJING ROAD，GUANGZHOU，CHINA
APPLICANT：HONG KONG ABC CO.
3/F GUANGTEX BUILDING TAIKOKTSUI KOWLOON，HONG KONG
AMOUNT：USD14，200.00
EXPIRY DATE：JAN. 15，2020
DEAR SIRS，
WE HEREBY ISSUE AN IRREVOCABLE DOCUMENT CREDIT IN YOUR FAVOUR WHICH IS AVAILABLE BY NEGOTIATION OF YOUR DRAFTS AT SIGHT DRAWN ON US，FOR 100% INVOICE VALUE MARKED AS DRAWN UNDER THIS CREDIT ACCOMPANIED BY THE FOLLOWING DOCUMENTS：
SPECIAL CONDITIONS：ALL DOCUMENTS MENTIONING THIS CREDIT NUMBER. DOCUMENTS TO BE PRESENTED WITHIN 15 DAYS AFTER DATE OF ISSUANCE OF TRANSPORT DOCUMENTS BUT WITHIN VALIDITY OF CRECIT.

…

BILL OF EXCHANGE

NO. 002－10358　　　　DATE JAN. 10，2020

EXCHANGE FOR USD14，200.00
AT 15 DAYS AFTER SIGHT OF THIS FIRST OF EXCHANGE（SECOND OF EXCHANGE BEING UNPAID）
PAY TO THE ORDER OF KWANGTUNG PROVINCIAL BANK，HK
THE SUM OF US DOLLARS FOURTEEN THOUSAND TWO HUNDRED.
DRAWN UNDER THIS CREDIT
TO KWANGTUNG PROVINCIAL BANK，HK

HONG KONG ABC CO.
（签名）

2. 单据审核二

广东省五矿进出口公司收到沙特阿拉伯的 MIGHWLLI STEEL PRODUCTS CO. 的信用证后，如期交货并缮制全套单证，请根据以下信用证内容审核并修改汇票。

TO：BANK OF CHINA，GUANGDONG
FM：ARAB NATIONAL BANK
P. O. BOX 18745 JEDDAH SAUDI ARABIA
DEAR SIRS，
KINDLY ADVISE BENEFICIARY'S M/S GUANGDONG METALS AND MINERALS I/E CORP. 5 TIANHE ROAD，GUANGZHOU，CHINA
OF OUR OPENING WITH YOU AN IRREVOCABLE DOCUMENTARY CREDIT DATED 10 MARCH，2020 IN THEIR FAVOUR ON BEHALF OF M/S MIGHWLLI STEEL PRODUCTS CO. P. O. BOX 18741 JEDDAH SAUDI ARABIA
FOR AMOUNT ABOUT USD75683. 00 VALID IN CHINA UNTIL 20 MAY 2020，AVAILABLE WITH YOU BY PAYMENT AGAINST PRESENTATION OF BENEFICIARY'S DRAFT（S）AT 30 DAYS AFTER B/L DATE DRAWN ON OURSELVES AND MARKED "DRAWN UNDER ARAB NATIONAL BANK CREDIT NO. 254LK254".
5% COMMISSION MUST BE DEDUCTED FROM DRAWINGS UNDER THIS CREDIT.

F14

凭
Drawn under ARAB NATIONAL BANK
信用证　第　号
L/C　*No.*
日期　年　月　日
dated MAR.10,2020
按　息　付 款
Payable with interest @ ______ *%per annum*
号码　汇 票 金 额　中国　广州　年　月　日
No. 254LK254 **Exchange** *for* USD75, 683. 00 *Guangzhou,China* 20
见票　日 后（本 汇 票 之 副 本 未 付）付
At 30 DAYS *sight of this* **FIRST** *of Exchange (second of exchange being unpaid)*
pay to the order of ARAB NATIONAL BANK 或 其 指 定 人
金　额
the sum of US DOLLARS SEVENTY FIVE THOUSAND SIX HUNDRED AND EIGHTY THREE

此致
To: MIGHWLLI STEEL PRODUCTS CO.
P. O. BOX 18741 JEDDAH
SAUDI ARABIA

GUANGDONG METALS AND MINERALS I/E CORP.

二、练习题参考答案

（一）中英文术语、短语互译

1. 中译英

（1）Commercial Bill	（2）Bankers' Bill
（3）Sight Bill	（4）Time Bill
（5）Presentation	（6）Acceptance
（7）Endorsement	（8）Dishonor
（9）Payment	（10）Documentary Bill

2. 中译英

（1）出票人	（2）受票人
（3）受款人	（4）拒付证书
（5）不受追索	（6）以……为付款人
（7）出票依据	（8）仅付×××公司
（9）见票60天后付款	（10）凭你方即期汇票付款

（二）单项选择题

1. D。理由：按出票人不同分类，汇票可以分为商业汇票和银行汇票。汇票的出票人是商业企业的汇票称为商业汇票。汇票的出票人是银行的汇票称为银行汇票。

2. C。理由：按《UCP600》的规定，如信用证未作规定，则汇票的付款人就是开证行，在信用证支付条件下，开证行承担第一性的付款责任。

3. B。理由：在我国外贸实务操作中，为了核对方便，汇票的号码一般填写商业发票号码，也可空白不填。

4. D。理由：汇票的抬头人是指汇票的受款人，即汇票“PAY TO THE ORDER OF”栏目处填写的具体收款人（受款人）的名称。

5. D。理由：出票人（Drawer），受票人（Drawee），受款人（Payee），付款人（Payer）。

6. B。理由：出票条款栏内加注“FOR COLLECTION”，其目的是用以区别于信用证项下的汇票。

7. A。理由：汇票根据付款时间的不同可分为即期汇票和远期汇票；根据出票人的不同可分为银行汇票和商业汇票。若汇票的付款期限栏目显示“30 days after date”，表明该汇票为受票人见票后30天内出票人或持票人付款。因此，该汇票为远期汇票。单凭付款期限信息不能确定出票人是银行还是企业，因此，选项C、D不符。

8. D。理由：受票人即汇票的付款人，在进出口业务中，通常是指进口商或其他指定银行。受款人是指可受领汇票金额的人，也称汇票的抬头人。

9. C。理由：汇票按付款时间分为即期汇票和远期汇票，按出票人不同分为商业汇票和银行汇票，按付款人不同分为商业承兑汇票和银行承兑汇票。

10. D。理由：指示样式的汇票可以转让，但汇票转让时必须背书。经过背书后，汇票的收款权利便转移给受让人。

11. D。理由：此属于指示式抬头，按规定，指示式抬头的汇票经背书后可不断转让下去，对于受让人来说，所有在他以前的背书人以及原出票人都是他的“前手”，对于出让人来说，在他出让以后的所有受让人都是他的“后手”。前手对后手负有担保汇票必然会被承兑或付款的责任。

12. A。理由：此条款意思为“以 ABC BANK 为付款人，凭你方 30 天期汇票议付”，所以 A 为正确选项。

13. C。理由：“DRAWN ON US” 意思为 “以我行为付款人”，信用证中提及的我行即为开证行。因此，填制该汇票的付款人栏目时，应填写开证行具体的名称，如只简单填写 “US” 则不能反映出开证行的具体名称。

14. D。理由：选项 A 和选项 B 大写金额后应加 “ONLY”(整)，防止涂改。选项 C 缺 “DOLLARS”。只有选项 D 表述完整正确。

15. C。理由：此条款为假远期信用证，对受益人来说是即期收款，因此期限填写即期样式，付款人应按照 DRAWN ON 后面规定的名称填写。

（三）多项选择题

1. ACD。理由：按惯例，汇票的出票依据一般要包含开证行名称、信用证号码、开证日期三项内容。

2. AD。理由：该条款属于限制性抬头，仅限付给 ABC CO. 公司，该汇票不能转让。如果汇票的抬头为 “PAY TO THE ORDER OF ABC CO.”，则该汇票可以凭 ABC CO. 公司指示付款，凭 ABC CO. 公司的背书转让。

3. ACD。理由：在国际票据市场上，汇票抬头人的写法通常有记名式抬头、持票人抬头、限制性抬头。

4. ACD。理由：银行承兑汇票（Banker's Acceptance Bill）、商业承兑汇票（Commercial Acceptance Bill）、远期汇票（Draft and Time Bill）都属于远期汇票。

5. ABCD。理由：开具远期汇票时，在付款期限的栏目中，可以依据装船起算日期、见票起算日期、交单起算日期、发票起算日期来打印期限。

6. CD。理由：选项 A 是以见票日期为起算日期；选项 B 是以发票日期为起算日期。

7. AD。理由：选项 B 是凭中国银行指示为抬头，中国银行指示谁，谁就可以凭汇票命令受票人付款；选项 C 是持票人抬头，谁持票就可以命令受票人付款。

8. AC。理由：此句意思为：议付时发票表明 CIF 价包含 5% 佣金，而在填写该信用证项下的汇票时，应扣除 5% 的佣金。因此，选项 BD 不符合信用证的规定。

9. ABC。理由：按规定，付款人拒绝付款或不按时付款或付款人破产，都属于拒付的情形。付款人承诺到期付款，说明汇票的付款期限未到，只要付款人到期付款即可，不属于拒付的情形。

10. ABCD。理由：对小数点后的金额表述可以不同，实务中选项 ABCD 都可以。

（四）判断题

1. 错误。理由：汇票是出票人签发给受票人的无条件的书面支付命令，要求受票人见票时或于未来某一规定的或可以确定的时间付款。简单讲，汇票是付款的支付命令，而不是出票人承诺付款给受票人。

2. 错误。理由：持票人将汇票提交付款人要求承兑的行为称为提示。承兑是指付款人对远期汇票表示承担到期付款责任的行为。

3. 错误。理由：根据惯例，一张汇票若没有明示付款期限，应视为即期付款。

4. 正确。理由：根据《ISBP》第 57 条的规定，汇票如有修正和变更，必须在表面看来经出票人证实。《ISBP》第 58 条又规定，即使有出票人的证实，有些国家也不接受带有修正和变更的汇票。这些国家的开证行应在信用证中声明汇票中不得出现修正或变更。

5. 错误。理由：汇票在一个国家出票，在另一个国家付款，不同国家的法律不同，考虑到汇票的法律适用问题，需要确定以哪个国家的法律为依据。因此，汇票上必须注明出票地点。

6. 错误。理由：除非信用证另有规定，汇票金额所用的货币必须与信用证规定和发票所使用的货币一致。

7. 错误。理由：根据票据法的规定，两张正本汇票具有同等效力，但付一不付二，先到先付，后到无效。

8. 正确。理由：在国际货物买卖中，若买卖双方商定采用信用证付款，根据《UCP600》的规定，汇票的出票人应该是信用证项下指定的受益人。

9. 错误。理由：商业汇票和银行汇票是根据出票人的不同进行分类的，其主要区别在于前者的出票人是商业企业，后者的出票人是银行。

10. 错误。理由：远期汇票不一定要办理承兑手续，因此，远期汇票转让时也不一定要经过承兑才能转让。但实务操作中，远期汇票大多数要经过承兑受让人才愿意接受。

11. 错误。理由：根据《UCP600》的规定，议付银行在议付后，因单证不符等原因遭开证行拒付时，可向受益人（出口商）行使追索权。但开证行付款后，即使单证不符，也不能向受益人（出口商）行使追索权，这也是议付和付款的最根本区别。

12. 错误。理由：贴现是指远期汇票的持有人经过背书后将汇票转让给银行，银行扣除一定的利息和手续费后将票款付给持票人。

13. 错误。理由：假远期信用证项下的汇票必须做成远期汇票，但受益人可即期收回票款，其利息由买方承担。

14. 错误。理由：汇票经背书后可不断转让下去，但对受让人来说，所有他之前的背书人都是他的前手，负有担保汇票付款的责任，所以此案件 B 公司应接受 C 公司的索款要求，然后再向 A 公司索款。

15. 错误。理由：信用证中的 OUR COUNTER 是指开证行的柜台，出票时出票人是信用证的受益人，应将 OUR 改为 YOUR。汇票应该填为："30 DAYS AFTER RECEIPT OF FULL SET OF DOCUMENTS AT YOUR COUNTER."

（五）案例分析

1. 答：开证行有理。本案例的信用证规定受益人开具汇票的收款人做成"只限（only）付给标准银行（pay to The Standard Bank，Ltd. only）"，表明该汇票抬头人属于限制记名式，这种限制记名式的汇票要求汇票的付款人只能将票款付给该汇票的抬头人，不得转让，即“Pay to × × × Co. only”相当于“Pay to × × × Co. not transferable”（付给×××公司，不得转让）。

2. 答：本案系一起汇票到期后，因出票人的原因致银行拒绝付款而引起的票据法律纠纷，涉及连续背书的汇票如何行使追索权的问题。追索权，是指持票人行使付款请求权遭到拒绝或有其他法定原因时，向其前手请求偿还票据金额及其他法定款项的权利。通过背书转让的汇票，汇票的收款权利便转移给受让人，对于受让人来说，所有在他以前的背书人以及原出票人都是他的前手，对于出让人来说，所有在他让与以后的受让人都是他的后手，前手对后手负有担保汇票必然被承兑或付款的责任。在本案中丙公司在支付完毕全部款项后，依法取得了对票据权利中的追偿权，即有权向其前手甲公司和乙公司行使偿付票据款项的权利。在丙公司取得追偿权后，其权利范围应是请求汇票债务人支付自己已经清偿的全部金额和该项金额自清偿日至再追索清偿日按照中国人民银行规定的利率计算的利息。由于背书的连续性，其汇票追偿权利的行使直至丙公司向其前手请求追偿为止。因此，甲、乙两公司依法享有票据权利。甲公司系汇票的出票人，为票据的主债务人，在完成票据行为后，即承担保证该汇票承兑和付款的责任。乙公司系汇票的背书人，在以背书方式转让汇票后，即承担保证其后手所持汇票承兑和付款的责任。因此，在丙公司依法履行其偿付款项的义务后，有权向其前手的乙公司行使追偿权，而乙公司也负有向丙公司支付款项的义务。由于甲公司系汇票的出票人也对乙公司的偿付款项的义务承担连带清偿责任，结果是丙公司会胜诉。

（六）阅读理解

（1）开证行名称：THE SAKURA BANK，LIMITED

（2）信用证号码：COM 8722732

（3）开证日期：MAY 15，2020

（4）出票人：HUIZHOU TEA IMPORT & EXPORT CORPORATION

（5）付款人：THE SAKURA BANK，LIMITED
56，NANIWA - CHO，CHUO - KU，KOBE，JAPAN

（6）受款人：CONSTRUCTION BANK OF CHINA

（7）付款期限：见票即付

（8）汇票金额（小写）：USD7,320.00

（9）汇票金额（大写）：U. S. DOLLARS SEVEN THOUSAND THREE HUNDRED AND TWENTY ONLY.

（10）交单议付时间：JUNE 5，2020

（11）汇票号码：SHE01/7203

（七）单据填制

1. 单据填制一

BILL OF EXCHANGE

NO. TU231　　　　　　　　　　　　DATE APR. 18, 2020

EXCHANGE FOR USD9,785.00

AT × × × DAYS AFTER SIGHT OF THIS FIRST OF EXCHANGE (SECOND OF EXCHANGE BEING UNPAID)

PAY TO THE ORDER OF THE INDUSTRIAL & COMMERCIAL BANK OF CHINA

THE SUM OF US DOLLARS NINE THOUSAND SEVEN HUNDRED EIGHTY FIVE ONLY.

DRAWN UNDER L/C NO.: SP00256 DATED MAR. 21,2020

ISSUED BY KUWAIT REAL ESTATE BANK

TO KUWAIT REAL ESTATE BANK

BEIJING NATIONAL NATIVE PRODUCE

IMP. & EXP. CORPORATION

（签名）

2. 单据填制二

F14

1

凭
Drawn under　THE CHARTERED BANK LONDON, ENGLAND

信用证　第　号
L/C　No.　45BC123

日期　年　月　日
dated　JAN.02,2020

按　息　付款
Payable with interest @ ______ % per annum

号码　汇票金额　中国．广州　年　月　日
No.　NL0321　**Exchange** for　STG99, 012. 52　Guangzhou,China　FEB.23,2020

见票　日后（本汇票之副本未付）付
At　30 DAYS AFTER RECEIPT OF FULL SET OF DOCUMENTS AT YOUR COUNTERS　sight of this

FIRST of Exchange (Second of exchange being unpaid)

pay to the order of　BANK OF CHINA　或其指定人

金额
the sum of　STG NINETY NINE THOUSAND AND TWELVE POINT FIFTY TWO ONLY.

此致
To:　THE CHARTERED BANK
LONDON、ENGLAND

CHNA NATIONAL LIGHT INDUSTRIAL PRODUCTS
IMP.& EXP.CORP.GUANGDONG BRANCH,
NO.87 THE BUND,GUANGZHOU,CHINA

3. 单据填制三

BILL OF EXCHANGE

NO.　YU25868　　DATE　APR. 14, 2020

EXCHANGE FOR　JPY60, 600. 00

AT　D/P 90　DAYS AFTER SIGHT OF THIS FIRST OF EXCHANGE（SECOND OF EXCHANGE BEING UNPAID）

PAY TO THE ORDER OF　THE BANK OF TOKYO, LTD.

THE SUM OF　JAPAN YEN SIXTY THOUSAND SIX HUNDRED ONLY.

DRAWN UNDER　COVERING 3, 000 DOZ OF GARMENTS UNDER CONTRACT
NO.: 02PT744 FOR COLLECTION

TO　TOYOHANM AND CO., LTD.
58, NISHIKI 6 - CHOME, NAKAKU

SHANGHAI FENGHUA TEXTILES I/E CORP.
25, GUANGDONG ROAD, SHANGHAI, CHINA

（八）单据审核

1. 单据审核一

（1）汇票号码错，不是填信用证号码，按惯例应该填写商业发票号码或空白不填；

（2）汇票付款期限错，信用证规定“DRAFTS AT SIGHT（即期汇票）”，汇票付款期限栏目处填写×××或 AT SIGHT；

（3）汇票抬头人错，不是开证行，应是信用证受益人拟交单议付的议付行或通知行，可以填写“BANK OF CHINA，GUANGZHOU BRANCH”；

（4）汇票大写金额错，大写金额后面应加“ONLY”；

（5）出票根据错，不能只是表述为“THIS CREDIT”，应填写该开证行银行的名称、信用证的号码和开证日期三项信息；

（6）出票人错，应填该信用证受益人名称和地址。

单据修正如下：

BILL OF EXCHANGE

NO. ____________　　　　DATE JAN. 10，2020

EXCHANGE FOR USD14，200. 00

AT ××× DAYS AFTER SIGHT OF THIS FIRST OF EXCHANGE（SECOND OF EXCHANGE BEING UNPAID）

PAY TO THE ORDER OF BANK OF CHINA，GUANGZHOU BRANCH

THE SUM OF US DOLLARS FOURTEEN THOUSAND TWO HUNDRED ONLY.

DRAWN UNDER THIS CREDIT NO.：002－10358　DATED NOV. 13，2019

ISSUED BY KWANGTUNG PROVINCIAL BANK，HK

TO KWANGTUNG PROVINCIAL BANK，HK

GUANGDONG HUADA FOOD CO.，LTD.

58 BEIJING ROAD，GUANGZHOU，CHINA

2. 单据审核二

（1）出票条款漏填信用证号码；

（2）汇票号码错，按惯例应填写发票号码或留空不填，但不能填写为信用证号码；

（3）汇票小写金额错，应是扣除 5% 佣金后的金额；

（4）汇票付款期限错，应为“提单后 30 天”，而不是“见票后 30 天”；

（5）汇票抬头人错，应填写受益人或受益人拟交单议付的银行，不能填开证行；

（6）汇票大写金额表述错，应是扣除 5% 佣金后的金额，且在最后加上“ONLY”；

（7）付款人填写错，应为开证行而不是开证申请人（进口商）。

汇票修正如下：

F14

1

凭
Drawn under ARAB NATIONAL BANK

信用证 第 号
L/C No. 254LK254

日期 年 月 日
dated MAR.10 ,2020

按 息 付 款
Payable with interest @ ______ %per annum

号码 汇票金额 中国 广州 年 月 日
No. ______ **Exchange** for USD71, 898. 85 Guangzhou,China 20 ______

见票 日后（本汇票之副本未付）付
At 30 DAYS AFTER B/L DATE sight of this **FIRST** of Exchange (second of exchange being unpaid)

pay to the order of BANK OF CHINA, GUANGDONG 或其指定人

金额
the sum of US DOLLARS SEVENTY ONE THOUSAND EIGHTY HUNDRED AND NINETY EIGHT CENTS EIGHTY FIVE ONLY.

此致
To: ARAB NATIONAL BANK
P. O. BOX 18745 JEDDAH
SAUDI ARABIA

GUANGDONG METALS AND MINERALS I/E CORP.

第三节　海运提单

一、练习题

（一）中英文术语、短语互译

1. 中译英

（1）全套清洁已装船提单
（2）指示提单
（3）多式联运提单
（4）托运人
（5）装运港
（6）收货人
（7）卸货港
（8）交货地点
（9）集装箱货运站
（10）集装箱堆场

2. 英译中

（1）Freight Prepaid
（2）Freight Collect
（3）THC
（4）ORC
（5）GP
（6）S. T. C.
（7）Consignor
（8）Shipper's Load and Count
（9）Made out to Order
（10）Blank Endorsed

（二）单项选择题

1. 在国际货物买卖中，委托货物运输的人称为（　　），其通常是货物买卖合同中的（　　）。

A. 承运人，买方　B. 承运人，卖方　C. 托运人，卖方　D. 托运人，买方

2. 下列提单中，只有经过背书才能转让的提单是（　　）。

A. 指示提单　B. 不记名提单　C. 记名提单　D. 清洁提单

3. 根据货物表明状况有无不良批准，海运提单分为（　　）。

A. 已装船提单和备运提单　B. 清洁提单和不清洁提单
C. 记名提单和不记名提单　D. 直达提单和不直达提单

4. 我方某公司与 ABC Co. 达成一笔出口交易，若国外开证行 CCY Bank 开来的信用证要求“Full set of B/L made out to our order”，则提单“收货人”栏目应填写（　　）。

A. “Consigned to ABC Co.”　B. “To order of CCY Bank”
C. “To order”　D. “To order of shipper”

5. 根据《UCP600》的解释，若信用证条款中未明确规定是否“允许分批装运”“允许转运”，则应视为（　　）。

A. 可允许分批装运，但不允许转运　B. 可允许分批装运和转运
C. 可允许转运，但不允许分批装运　D. 不允许分批装运和转运

6. 在海运提单的装运港栏目中，“GUANGZHOU/SINGAPORE”表示（　　）。
A. 装运港为广州或者新加坡　　B. 装运港为新加坡
C. 装运港为新加坡，中转港为广州　　D. 装运港为广州，中转港为新加坡

7. 在海运提单的卸货港栏目中，“LONDON W/T SINGAPORE”表示（　　）。
A. 目的地为伦敦或者新加坡　　B. 中转港为伦敦和新加坡
C. 目的港为新加坡，中转港为伦敦　　D. 目的港为伦敦，中转港为新加坡

8. 海运提单的签发日期是指（　　）。
A. 货物实际装船完毕的日期　　B. 托运人填写托运单的日期
C. 货物开始装船的日期　　D. 托运人办理报关的日期

9. 信用证有关提单条款规定：“2/3 set of clean on board ocean bills of lading made out of to order of shipper and blank endorsed and marked ‘freight prepaid’ and notify ABC CO.” 则该信用证项下的海运提单的类型为（　　），运费的缴付方式是（　　）。
A. 清洁已装船提单，运费已付　　B. 记名提单，运费待付
C. 清洁已装船提单，运费预付　　D. 不记名提单，运费到付

10. 我某公司与外商签订一份 CIF 出口合同，以信用证为支付方式。国外银行开来的信用证中规定：“信用证有效期为 2020 年 8 月 8 日，最迟装运期为 2020 年 7 月 31 日。”我方积极备货出运，并取得提单日为 2020 年 7 月 21 日的清洁已装船提单。我方应不迟于 2020 年(　　)向银行提交单据。
A. 7 月 21 日　　B. 7 月 31 日　　C. 8 月 8 日　　D. 8 月 11 日

11. 2019 年，出口商与外商达成一笔出口交易，以信用证方式付款，来证的到期日为 12 月 31 日，最迟装运期为 12 月 16 日，最迟交单日期为运输单据出单日后 15 天，货物出口实际装运完毕的日期为 12 月 10 日，则出口商最迟应于（　　）向银行交单议付。
A. 12 月 16 日　　B. 12 月 25 日　　C. 12 月 28 日　　D. 12 月 31 日

12. 信用证条款：
APPLICANT：ABC CO.
BENEFICIARY：GD TRADING CO., LTD.
DOCUMENTS REQUIRED：FULL SET OF CLEAN ON BOARD OCEAN BILL OF LADING CONSIGNED TO THE ORDER OF APPLICANT，MARKED FREIGHT PREPAID，NOTIFY APPLICANT.
信用证未对提单做任何其他规定，则提单由收货人应为（　　）。
A. TO THE ORDER OF APPLICANT
B. TO ORDER
C. TO THE ORDER OF ABC CO.
D. CONSIGNED TO THE ORDER OF APPLICANT

13. 信用证条款：
FROM：VOLKSBANK SCHORNDORF，GERMANY
TO：DG - BANK，HONG KONG/HONG KONG
APPLICANT：ABC CO.
BENEFICIARY：GD TRADING CO., LTD.
DOCUMENTS REQUIRED：FULL SET OF CLEAN ON BOARD OCEAN BILL OF LADING

MADE OUT TO OUR ORDER，MARKED FREIGHT PREPAID，NOTIFY APPLICANT.

信用证未对提单做任何其他规定，则提单的收货人应为（　　）。

A. TO OUR ORDER

B. TO ORDER OF VOLKSBANK SCHORNDORF，GERMANY

C. TO ORDER OF ABC CO.

D. TO ORDER OF GD TRADING CO.，LTD.

14. 信用证条款：

FROM：VOLKSBANK SCHORNDORF，GERMANY

TO：DG－BANK，HONG KONG/HONG KONG

APPLICANT：ABC CO.

BENEFICIARY：GD TRADING CO.，LTD.

PARTIAL SHIPMENTS：ALLOWED

TRANSSHIPMENT：ALLOWED

LOADING IN CHARGE：CHINA PORTS

FOR TRANSPORT TO：ROTTERDAM PORT BY SEAFREIGHT

LATEST DATE OF SHIPMENT：JANUARY 3，2020

DOCUMENTS REQUIRED：FULL SET OF CLEAN ON BOARD MARINE BILL OF LADING，MADE OUT TO ORDER OF WIM BOSMAN BV，P. O. BOX 54064，NL－3008 JB ROTTERDAM，NETHERLANDS.

若信用证未对提单做任何其他规定，提单签发日期为 JANUARY 2，2020，实际装船日期为 JANUARY 3，2020，则收妥备运提单的装船批注应为（　　）。

A. JANUARY 2，2020

B. JANUARY 3，2020

C. ON BOARD DATE：JANUARY 2，2020

D. ON BOARD DATE：JANUARY 3，2020

15. 信用证条款：

DOCUMENTS REQUIRED：FULL SET OF CLEAN ON BOARD OCEAN BILL OF LADING MADE OUT TO THE ORDER OF SHIPPER，MARKED FREIGHT PREPAID，NOTIFY APPLICANT.

假定：货物的承运人为 COSCO，船长为 MARK TOE，承运人的代理人为 ABC SHIPPING CO.，提单由承运人的代理签发，签发人为张三，如果提单表面未标明承运人的身份，则提单的签发应为（　　）。

A. ABC SHIPPING CO.
MARK TOE AS THE CARRIER

B. ABC SHIPPING CO.
张三 AS AGENT FOR THE CARRIER：COSCO

C. COSCO
张三 AS CARRIER

D. COSCO

MARK TOE AS MASTER

16. 信用证条款：

DOCUMENTS REQUIRED：FULL SET OF CLEAN ON BOARD CHARTER PARTY BILL OF LADING MADE OUT TO ORDER，MARKED FREIGHT PAYABLE AS PER CHARTER PARTY.

假定：船东为 XYZ SHIPPING CO.，货运代理人 ABC SHIPPING CO. 作为船东的代理人，签发租船提单，签发人为张三，如果租船提单表面未标明船东及货运代理人的名称和身份，则提单的签发应为（　　）。

A. ABC SHIPPING CO.
张三 AS THE CARRIER

B. ABC SHIPPING CO.
张三 AS AGENT FOR THE CARRIER：XYZ SHIPPING CO.

C. ABC SHIPPING CO.
张三 AS AGENT FOR THE OWNER：XYZ SHIPPING CO.

D. XYZ SHIPPING CO.
张三 AS THE OWNER

（三）多项选择题

1. 下列关于海运提单说法正确的是（　　）。

A. 海运提单是由贸易中卖方或出口国银行签发的

B. 海运提单是承运人签发的货物收据

C. 海运提单可作为向保险公司索赔的依据

D. 海运提单可以作为收取运费的证明

2. 海运提单的作用主要有（　　）。

A. Receipt for the Goods　　B. Documents of Title

C. Evidence of Contract of Carrier　　D. Commercial Bill

3. 根据货物是否装船，提单分为（　　）。

A. Direct B/L　　B. Long Form B/L

C. Alongside Bills　　D. Shipping B/L

4. 下列提单中，只要提单持有人向船公司提示，船公司就必须向其交付货物的是（　　）。

A. Blank B/L　　B. Open B/L　　C. Straight B/L　　D. Bearer B/L

5. 海运提单中，常用来表示“被通知人”的英文单词或词组的有（　　）。

A. Notify Party　　B. Consignor　　C. Addressed to　　D. Consignee

6. 如果货物运输的装运港为 GUANGZHOU，目的港为 LONDON，转运港为 HONG KONG，且合同和信用证没有对转运港有特别要求，那么，海运提单对转运港的标示方式可以采用（　　）。

A. 在装运港栏目填写 GUANGZHOU/HONG KONG

B. 在目的港栏目填写 LONDON W/T HONG KONG

C. 在目的港栏目填写 LONDON VIA HONG KONG

D. 在海运提单上注明 FROM GUANGZHOU TO LONGDON VIA HONG KONG

7. 采用集装箱运输货物，若使用联运提单，则除了要列明装货港和卸货港以外，还需要列明（　　）。

A. 收货地　　B. 交货地

C. 第一程运输工具　　D. 海运船名和航次

8. 对于包装货物的国际海洋运输，下列海运提单中的商品总包装数表述正确的是（　　）。

A. 230DRUMS　　B. 13BALES　　C. 55CNTS　　D. TWO PLANES

9. 海运提单中运费缴付方式填写为“FREIGHT PREPAID”，如果信用证没有特别要求，那么此缴付方式一般适用于（　　）。

A. FOB　　B. CFR　　C. CIP　　D. CIF

10. 信用证有关提单条款：

DOCUMENTS REQUIRED：FULL SET OF CLEAN ON BOARD MARINE BILL OF LADING，MADE OUT TO ORDER OF WIM BOSMAN BV，P. O. BOX 54064，NL－3008 JB ROTTERDAM，NETHERLANDS.

若该信用证未对提单做任何其他规定，提单正本的签发份数［NO. OF ORIGINAL B（S）/L］应为（　　）。

A. 1 份　　B. 2 份

C. 3 份　　D. 选项 A 和 B 错误

11. 对集装箱运输，由托运人装箱的整箱货，只要海关已对集装箱封箱，承运人对箱内的内容和数量不负责，因此，提单在填写装运数量时应加注（　　）。

A. SHIPPER'S LOAD AND COUNT

B. SAID TO CONTAIN

C. SHIPPER'S LOAD AND COUNT AND SEAL

D. SAID BY SHIPPER

12. 信用证有关条款：

ISSUING BANK：XYZ BANK

APPLICANT：ABC CO.

BENEFICIARY：GD TRADING CO.，LTD.

DOCUMENTS REQUIRED：FULL SET OF CLEAN ON BOARD BILL OF LADING MADE OUT TO ORDER OR TO OUR ORDER，MARKED FREIGHT PREPAID NOTIFY APPLICANT.

若该信用证未对提单做任何其他规定，则提单的收货人应为（　　）。

A. TO ORDER

B. TO ORDER OF XYZ BANK

C. TO ORDER OF ABC CO.

D. TO ORDER OF GD TRADING CO.，LTD.

13. 已知货物承运人为 XYZ SHIPPING CO.，承运人提单签发人为张三，承运人的代理人为 ABC SHIPPING CO.，承运人的代理人提单签发人为李四，如果提单表面未表明承运人及代理人的名称和身份，则提单的签发应为（　　）。

A. ABC SHIPPING CO.
李四 AS THE CARRIER

B. ABC SHIPPING CO.
张三 AS AGENT FOR THE CARRIER：XYZ SHIPPING CO.

C. ABC SHIPPING CO.
李四 AS AGENT FOR THE CARRIER：XYZ SHIPPING CO.

D. XYZ SHIPPING CO.
张三 AS THE CARRIER

（四）判断题

1. Straight B/L 是指直达（直运）提单。（　　）

2. 在填写海运提单 Shipper 栏目时，若信用证没有规定，一般情况下应该填写货物买卖合同中买方的名称。（　　）

3. 海运提单的记名背书，是指在海运提单中既书写背书人的名称、地址，又书写被背书人的名称与地址。（　　）

4. 若海运提单收货人一栏填写为“To shipper's order”，则出口商交单时该提单必须由银行背书。（　　）

5. 海运提单中的商品描述必须用英文，不得用其他文字填写。（　　）

6. 海运提单只有签发日期而没有已装船日期，按惯例，提单的签发日期可视为装船日期。（　　）

7. 如果海运提单上批注有已装船日期，则该批注的日期不得早于海运提单的签发日期。（　　）

8. 信用证的有关条款表明“FULL SET OF CLEAN ON BOARD BILL OF LADING MADE OUT TO OUR ORDER, MARKED FREIGHT PREPAID NOTIFY APPLICANT”，则出具的正本提单必须由托运人背书。（　　）

9. 来证对提单没有特殊要求，有关提单的信用证条款如下：“FULL SET OF CLEAN ON BOARD BILL OF LADING MADE OUT TO OUR ORDER, MARKED FREIGHT PREPAID NOTIFY APPLICANT”，如果正本提单上没有特别标明开证人的名称和地址，则正本提单的被通知人应填写“APPLICANT”。（　　）

10. 对于集装箱运输，TEU 是标准吨的缩语。（　　）

11. 在国际货物运输中，若办理的是整箱货托运，海运提单上常批注有 CFS/CFS。（　　）

12. 海运提单中的“海运船只、航次”栏目填写“INTENDED：DONGFENGHONG V. 001”，如果实际装运船只也是 DONGFENGHONG V. 001，则海运提单不必另行批注。（　　）

13. 国外开来信用证规定的装运期限表述为“after 12th May 2020”，则正本提单的装运日期应理解为在 2020 年 5 月 12 日或以后。（　　）

14. 正本海运提单上批注有“TOTAL FIVE HUNDRED CARTONS ONLY. BUT TEN BROKEN CARTONS”，若来证对提单没有特别要求，银行将不接受该提单。（　　）

15. 在规定装运期条文时，如使用了“迅速”“立即”“尽速”或类似词句者，按《UCP600》规定，银行将不予置理。(　　)

16. 来证对提单没有特殊要求，正本提单上有如下批注“FREIGHT CHARGES: USD2, 700.00; ORC: USD600.00; DOCUMENTATION FEE: USD100.00”，银行将接受该提单。(　　)

(五) 案例分析

1. 我 A 公司向国外 B 公司出口一批花生仁，A 公司在合同规定的期限内收到信用证，证中的装运条款规定：“Shipment from Chinese ports to Singapore in May, Partial shipment prohibited.”A 公司按证中规定，于 5 月 15 日将 200 公吨花生仁在福州港装上“嘉陵”号轮，又由同轮在厦门港续装 300 公吨花生仁。5 月 20 日 A 公司同时取得了福州港和厦门港签发的两套提单，并在信用证有效期内备齐全套单证到银行交单议付，但银行以 A 公司货物分批装运，造成单证不符为由拒付货款。问：银行的拒付是否有理？为什么？

2. 国外开来不可撤销信用证，证中规定最迟装运期为 2019 年 12 月 31 日，议付有效期为 2020 年 1 月 15 日。我方按证中规定的装运期完成装运，并取得签发日为 2019 年 12 月 10 日的提单，当我方备齐议付单据于 2020 年 1 月 4 日向银行议付交单时，银行以我方单据已过期为由拒付货款。问：银行的拒付是否有理？为什么？

（六）阅读理解

Ref. No.

B/L.No. OOLU26296910

广東鵬程國際貨運代理有限公司
PAN TRANS INTERNATIONAL LOGISTICS CO.,LTD.
www.gzlogistics.com.cn
Port-to-Port or Combined Transport

BILL OF LADING

RECEIVED in external apparent good order and condition. Except otherwise noted, the total number of containers or other packages or units shown in this Bill of Lading receipt, said by the shipper to contain the goods described above. Which description the carrier has no reasonable means of checking and is not part of the bill of lading. One original Bill of Lading should be surrendered,except clause22 paragraph 5, in exchange for delivery of the shipment.Signed by the consigned or duly endorsed by the holder in due course. Whereupon the other original(s) issued shall be void. In accepting this Bill of Lading. The Merchants agree to be bound by all the terms on the face and back hereof as if each had Personally signed this Bill of Lading.

WHEN the Place of Receipt of the Goods an inland point and is so named herein, any notation of "ON BOARD" "SHIPPED ON BOARD" or words to like effect on this Bill of Lading shall be deemed to mean on board the truck, trail car, air craft or other inland conveyance (as the case may be), performing carriage from the Place of Receipt of the Goods to the Port of Loading.

SEE clause 4 on the back of this Bill of Lading(Terms continued on the back hereof Read Carefully)

1.Shipper
HOYA INTERNATIONAL GROUP LTD
RM513,BUILDING NO.1,XINGHENG PLAAZ
NANSHA DISTRICT,GUANGZHOU

2.Consignee
ABCD UNI LOGISTICS JSC#
TAX CODE#0102911111#
ROOM 601, 6 FL, YEN PHU, NGUYEN
TRUNG , DINH, HA ABC,VIETNAM#

3.Notify Party(Carrier not be responsible for failure to notify)
SAME AS CONSIGNEE

4.Pre-carriage by*
******

5.Place of Receipt*
HUANGPU, CHINA

6.Ocean Vessel Voy.No.
JIN LONG 32 V.191028000000

7.Port of Loading
HUANGPU, CHINA

8.Port of Discharge
HAIPHONG,VIETNAM

9.Place of Delivery*
HAIPHONG,VIETNAM

10.Final Destination(of the goods-not the ship)

Particulars Furnished by the Merchants

11.Marks & Nos. Container seal No.	12.No.of containers or P'kgs	13.kind of Packages:Description of Goods	14.Gross Weight kgs	15.Measurement
		SHIPPER'S LOAD&COUNT&SEAL S.T.C.		
N/M	900BAGS	WHITE CARBON# HS CODE:2811#	18180.00KGS	67.00CBM
CY/CY FCL OOCU7203818/40HQ/OOLEUF6467				
			SHIPPED ON BOARD DATE:OCT.,30, 2019	

ORIGINAL

16.Description of Contents for Shipper's Use Only (CARRIER NOT RESPONSIBLE)

17.TOTAL NO.CONTAINERS OR PACKAGES (IN WORDS): SAY ONE CONTAINER (1X40HQ) ONLY.

18.Freight and charges
FREIGHT COLLECT

19. IN WITNESS where of the number of original Bills of Lading stated above have been signed, one of which being accomplished, the other(s)to be void.

20.For delivery of goods please apply to
ABC FREIGHT LOGISTICS LTD.
NO. 4&5, LOT 20A, LE HONG PHONG
STREET, HAI PHONG CITY, VIETNAM
TEL:123321

21. Place and date of issue
GUANGZHOU OCT.,30, 2019

22. Signed for or on behalf of the Carrier
For and on behalf of
广东鹏程国际货运代理有限公司
PAN TRANS INTERNATIONAL LOGISTICS CO.,LTD.
Authorized Signature(s)

23. Number of original B(s)/L: THREE(3)

SUBJECT TO THE TERMS AND CONDITIONS ON BACK

根据上面的单据找出相应的内容并回答问题。

（1）托运人：

（2）收货人：

（3）被通知人：

（4）提单号码：

（5）船名：

（6）装货港：

（7）目的港：

（8）唛头：

（9）件数和包装：

（10）总毛重：

（11）总尺码：

（12）货物名称：

（13）运费缴付方式：

（14）提单标明的“HS CODE：2811#”是何意思？

（15）正本提单件数：

（16）提单日期及签发地点：

（17）货物已装船的日期：

（18）提单的承运人是哪个公司？

（19）按运输过程中是否转船分类，提单属于何种提单？

（20）按提单收货人抬头分类，提单属于何种提单？

（21）提单是否需要托运人背书？

（22）提单中批注有“SHIPPER'S LOAD & COUNT & SEAL S. T. C.”，该批注是何意思？

（23）提单中批注有“CY/CY FCL”，该批注是何意思？

（24）提单标明的“OOCU7203818/40HQ/OOLEU6467”是何意思？

（七）单据填制

1．单据填制一

根据以下信用证条款和其他资料缮制提单。

A. 信用证条款。

Issuing Bank：METITA BANK LTD FIN－00020 METITA，FINLAND

Term of Doc. Credit：IRREVOCABLE

Credit Number：KHL02－22457

Date of Issue：200505

Expiry：Date 200716 Place CHINA

Applicant：FFK CORP. AKEKSANTERINK AUTO
P. O. BOX 9，FINLAND

Beneficiary：GUANGDONG RONGHUA TRADE CO. LTD.
168，DEZHENG ROAD SOUTH，GUANGZHOU，CHINA

Amount：Currency USD Amount 38,400.00

Pos. / Neg. Tol.（%）：5/5

Available with/by：ANY BANK IN ADVISING COUNTRY BY NEGOTIATION

Partial Shipments：Not Allowed

Transhipment：Allowed

Loading in Charge：GUANGZHOU

For Transport to：HELSINKI

Shipment Period：AT THE LATEST JULY 16，2020

Description of Goods：9,600PCS OF WOMEN'S SWEATERS
UNIT PRICE：USD4.00/PC，CFR HELSINKI
PACKING：12PCS/CTN

Documents required：FULL SET OF CLEAN ON BOARD MARINE BILLS OF LADING，MADE OUT TO ORDER OF METITA BANK LTD，FINLAND，MARKED "FREIGHT PREPAID" AND NOTIFY APPLICANT

B. 其他资料。

提单号码：KTT0245678

货物总毛重：6,600KGS

货物总尺码：25CBMS

船名：MAKIS V.002

唛头：ABC/ HELSINKI/ NO. 1－800

集装箱号码：SIHU365487－2（20'）SEAL NO. 123456 CY/CY

提单签发日期：2020年7月10日

提单签发地点：广州

承运人：ABC SHIPPING CO.

提单签发人：张三

货物由托运人负责装箱及计数。

2. 单据填制二

根据以下信用证条款和其他资料缮制提单。

A. 信用证条款。

Issuing Bank：METITA BANK LTD FIN－00020 METITA，FINLAND

Term of Doc. Credit：IRREVOCABLE

Credit Number：KHL02－22457

Date of Issue：200505

Expiry：Date 200716 Place CHINA

Applicant：FFK CORP. AKEKSANTERINK AUTO
P. O. BOX 9，FINLAND

Beneficiary：GUANGDONG RONGHUA TRADE CO. LTD.
168，DEZHENG ROAD SOUTH，GUANGZHOU，CHINA

Amount：Currency USD Amount 38，400.00

Pos. / Neg. Tol.（%）：5/5

Available with/by：ANY BANK IN ADVISING COUNTRY BY NEGOTIATION

Partial Shipments：Not Allowed

Transhipment：Allowed

Loading in Charge：GUANGZHOU

For Transport to：HELSINKI

Shipment Period：AT THE LATEST JULY 16，2020

Description of Goods：9，600PCS OF WOMEN'S SWEATERS
UNIT PRICE：USD4.00/PC，
OTHER DETAILS AS PER S/C NO. 98SGQ468001
PACKING：12PCS/CTN CFR HELSINKI（INCOTERMS 2020）

Documents required：FULL SET OF CLEAN ON BOARD MARINE BILLS OF LADING，
MADE OUT TO THE ORDER OF ISSUING BANK，
MARKED FREIGHT PREPAID AND DDC COLLECT，
SHOWING INSURANCE PREMIUM，SURCHARGE AND TRADE TERMS
NOTIFY APPLICANT.

Additional Cond.：1. T. T. REIMBURSEMENT IS PROHIBITED.
2. ALL DOCUMENTS MUST BE MARKED THE S/C NO. AND L/C NO.

B. 其他资料。

提单号码：KTT0245678	货物总毛重：6，600KGS
货物总尺码：25CBMS	唛头：ABC/ HELSINKI/ NO. 1－800
转运港：香港	船名：第一程 DONGFANG 第二程 MAKIS V.002
集装箱号码：SIHU365487－2（20'）SEAL NO. 123456	
保险费：USD100.00	附加费：USD300.00
提单签发地点：广州	提单签发日期：2020 年 7 月 10 日
承运人：ABC SHIPPING CO.	承运人代理人：XYZ SHIPPING CO.
提单签发人：李四	提单装船批注日期：2020 年 7 月 11 日

货物由托运人负责装箱、计数和封箱，整箱装，由集装箱堆场至集装箱堆场。

（八）单据审核

1. 单据审核一

广东省荣华贸易有限公司与芬兰 ABC 公司成交一笔出口交易。ABC 公司按期开来信用证，荣华公司按期出运，并填制好海运提单，请根据下面信用证提供的内容审核海运提单编号①至⑧的内容，对单证不符的内容进行修改。

Issuing Bank: METITA BANK LTD
FIN - 00020 METITA, FINLAND
Term of Doc. Credit: IRREVOCABLE
Credit Number: LRT9802457
Date of Issue: 200505
Expiry: Date 200716 Place CHINA
Applicant: ABC CORP. AKEKSANTERINK AUTO
P. O. BOX 9, FINLAND
Beneficiary: GUANGDONG RONGHUA TRADE CO. LTD.
168, DEZHENG ROAD SOUTH, GUANGZHOU, CHINA
Amount: Currency USD Amount 36, 480. 00 (SAY U. S. DOLLARS THIRTY SIX THOUSAND FOUR HUNDRED AND EIGHTY ONLY)
Pos. / Neg. Tol. (%): 5/5
Available with/by: ANY BANK IN ADVISING COUNTRY
BY NEGOTIATION
Partial Shipments: Not Allowed
Transhipment: Allowed
Loading in Charge: GUANGZHOU
For Transport to: HELSINKI
Shipment Period: AT THE LATEST JULY 16, 2020
Description of Goods: 9, 600PCS OF WOMEN'S SWEATERS
UNIT PRICE: USD3. 80/PC
PACKING: 12PCS/CTN TOTAL 800CTNS
OTHER DETAILS AS PER S/C NO. 98SGQ468001
CFR HELSINKI
Documents required: FULL SET OF CLEAN ON BOARD MARINE BILLS OF LADING, MADE OUT TO ORDER OF METITA BANK LTD, FINLAND, MARKED "FREIGHT PREPAID" AND NOTIFY APPLICANT (AS INDICATE ABOVE)
Additional Cond.: 1. T. T. REIMBURSEMENT IS PROHIBITED.
2. ALL DOCUMENTS MUST BE MARKED THE S/C NO.
3. SHIPPING MARKS: ABC/HELSINKI/ NO. 1 - 800

BILL OF LADING

Shipper

GUANGDONG RONGHUA TRADE CO., LTD.
168 DEZHENG ROAD SOUTH, GUANGZHOU, CHINA
①

B/L No.　KEN－98－25401

Combined Transport BILL OF LADING

RECEIVED in apparent good order and condition except as otherwise noted the total number of containers or other packages or units enumerated below for transportation from the place of receipt to the place of delivery subject to the terms and conditions hereof. One of the Bills of Lading must be surrendered duly endorsed to the Carrier by or on behalf of the Holder of the Bill of Lading, the rights and liabilities arising in accordance with the terms and conditions hereof shall, without prejudice to any rule of common law or statute rendering them binding on the Merchant, become binding in all respects between the Carrier and the Holder of the Bill of Lading as though the contract evidenced hereby had been made between them. IN WITNESS whereof the number of original Bills of Lading stated under have been signed. All of this tenor and date, one of which being accomplished, the other (s) to be void.

Consignee

ABC CORP. AKEDSANTERINK AUTO
P. O. BOX 9, FINLAND
②

Notify Address

METITA BANK LTD.,
FIN－00020 METITA, FINLAND
③

For delivery of goods please apply to:

Pre-carriage by DONGFANGHONG	Place of Receipt	
Ocean Vessel　Voy. No. SUISUN 103	Port of Loading GUANGZHOU	
Port of Discharge HELSINKI VIA HONG KONG	Place of Delivery	Final Destination for the Merchant's Reference only

Container, Seal No. & Marks & Nos.	No. of Package & Description of Goods	Gross Weight Kgs	Measurement m^3
N/M ④	9, 600PCS WOMEN'S SWEATERS ⑤ TOTAL: EIGHT HUNDRED CARTONS ONLY. ⑥ S/C NO.: LRT9802457 ⑦	13, 600. 00KGS FREIGHT COLLECT ⑧	25CBMS

FREIGHT & CHARGES	Revenue Tons.	Rate　Per	Prepaid	Collect

Prepaid at	Payable at	Place and Date of Issue GUANGZHOU　MAY 20, 2020
Total Prepaid	No. of Original B (s) /L THREE (3)	Stamp & Signature ABC SHIPPING CO. 刘五 AS MASTER

LADEN ON BOARD THE VESSEL
Date

By................................
(TERMS CONTINUED ON BACK HEREOF)

2. 单据审核二

广东省荣华贸易有限公司与芬兰 ABC 公司成交一笔出口交易。ABC 公司按期开来信用证，荣华公司按期出运，并填制好海运提单，请根据下面信用证提供的内容审核海运提单编号①至⑧的内容，对单证不符的内容进行修改。

Issuing Bank: METITA BANK LTD
FIN - 00020 METITA, FINLAND
Term of Doc. Credit: IRREVOCABLE
Credit Number: LRT9802457
Date of Issue: 200505
Expiry: Date 200716 Place CHINA
Applicant: ABC CORP. AKEKSANTERINK AUTO
P. O. BOX 9, FINLAND
Beneficiary: GUANGDONG RONGHUA TRADE CO. LTD.
168, DEZHENG ROAD SOUTH, GUANGZHOU, CHINA
Amount: Currency USD Amount 36, 480. 00 (SAY U. S. DOLLARS THIRTY SIX THOUSAND FOUR HUNDRED AND EIGHTY ONLY)
Pos. / Neg. Tol. (%): 5/5
Available with/by: ANY BANK IN ADVISING COUNTRY
BY NEGOTIATION
Partial Shipments: Not Allowed
Transhipment: Allowed
Loading in Charge: GUANGZHOU
For Transport to: HELSINKI
Shipment Period: AT THE LATEST JULY 16, 2020
Description of Goods: 9, 600PCS OF WOMEN'S SWEATERS
UNIT PRICE: USD3. 80/PC
PACKING: 12PCS/CTN
OTHER DETAILS AS PER S/C NO. 98SGQ468001
CFR HELSINKI
Documents required: FULL SET OF CLEAN ON BOARD MARINE BILLS OF LADING, MADE OUT TO THE ORDER OF ISSUING BANK, MARKED "FREIGHT PREPAID"
AND NOTIFY APPLICANT (AS INDICATE ABOVE)
Additional Cond.: 1. T. T. REIMBURSEMENT IS PROHIBITED.
2. ALL DOCUMENTS MUST BE MARKED THE S/C NO. AND THE L/C NO.
3. SHIPPING MARKS: ABC/HELSINKI/NO. 1 - UP

BILL OF LADING

Shipper GUANGDONG RONGHUA TRADE CO. ,LTD. 168 DEZHENG ROAD SOUTH, GUANGZHOU,CHINA	B/L No.　　KEN－98－25401
Consignee TO THE ORDER OF ISSUING BANK ①	Combined Transport BILL OF LADING RECEIVED in apparent good order and condition except as otherwise noted the total number of containers or other packages or units enumerated below for transportation from the place of receipt to the place of delivery subject to the terms and conditions hereof. One of the Bills of Lading must be surrendered duly endorsed to the Carrier by or on behalf of the Holder of the Bill of Lading, the rights and liabilities arising in accordance with the terms and conditions hereof shall, without prejudice to any rule of common law or statute rendering them binding on the Merchant, become binding in all respects between the Carrier and the Holder of the Bill of Lading as though the contract evidenced hereby had been made between them. IN WITNESS whereof the number of original Bills of Lading stated under have been signed. All of this tenor and date,one of which being accomplished, the other(s) to be void.
Notify Address ABC CORP. AKEKSANTERINK AUTO P. O. BOX 9,FINLAND	For delivery of goods please apply to :

Pre-carriage by	Place of Receipt	
Ocean Vessel　Voy. No. DONGFANGHONG/SUISUN 103 ②	Port of Loading HELSINKI VIA HONG KONG ③	
Port of Discharge GUANGZHOU ④	Place of Delivery	Final Destination for the Merchant's Reference only

Container,Seal No. & Marks & Nos.	No. of Package & Description of Goods	Gross Weight Kgs	Measurement m^3
ABC/HELSINKI/NO.1－UP 1×20'DHSU3654872 SEAL NO. 123456 CY/CY FCL	SHIPPER'S LOAD & COUNT & SEAL S. T. C. 9,720PCS WOMEN'S SWEATERS ⑤ TOTAL:EIGHT HUNDRED AND TEN CARTONS ONLY. ⑥ SHIPPED ON BOARD DATE:MAY 22,2020 ⑦ S/C NO. :98SGQ468001 L/C NO. :LRT9802457	13,600.00KGS	25CBMS

FREIGHT & CHARGES	Revenue Tons.	Rate　Per	Prepaid	Collect
FREIGHT PREPAID				

Prepaid at GUANGZHOU	Payable at	Place and Date of Issue GUANGZHOU　MAY 20,2020
Total Prepaid	No. of Original B(s)/L THREE(3)	Stamp & Signature XYZ SHIPPING CO. 刘五　⑧ AS AGENT FOR THE CARRIER: ABC SHIPPING CO.

LADEN ON BOARD THE VESSEL
Date

By.................................
(TERMS CONTINUED ON BACK HEREOF)

二、练习题参考答案

（一）中英文术语、短语互译

1. 中译英

（1）Full Sets of Clean Shipped on Board B/L
（2）Order B/L
（3）Combined Transport B/L
（4）Shipper
（5）Port of Loading
（6）Consignee
（7）Port of Discharge
（8）Place of Delivery
（9）Container Freight Station
（10）Container Yard

2. 英译中

（1）运费预付
（2）运费待付
（3）码头作业费
（4）原产地接货费
（5）通用集装箱
（6）据称包括
（7）托运人
（8）托运人装货并计数
（9）做成空白抬头
（10）空白背书

（二）单项选择题

1. C。理由：托运人是指委托货物运输的人，一般为货物买卖合同中的卖方。

2. A。理由：提单根据收货人抬头不同可分为记名提单、不记名提单和指示提单三种。其中记名提单只能由提单上指定的收货人提货，不能背书转让；不记名提单在收货人栏内没有指明具体的收货人，该提单不必背书就可以转让，谁取得提单，谁就可以提货；指示提单必须经过背书才能转让，在国际贸易中被广泛使用。清洁提单既可以是记名提单、不记名提单，也可以是指示提单。

3. B。理由：根据是否装船，提单分为已装船提单和备运提单；根据收货人抬头，提单分为记名提单和不记名提单；根据运输过程是否转船，提单分为直达提单和不直达提单；根据货物表明状况有无不良批准，提单分为清洁提单和不清洁提单。

4. B。理由："Full set of B/L made out to our order"是记名指示，"收货人"栏目应填写"To order of CCY Bank"。

5. B。理由：根据《UCP600》第 31 条的规定，除非信用证另有规定，允许分批装运。因而，若信用证条款中未明确规定是否"允许分批""允许转运"，则应视为允许分批装运和转运。

6. D。理由：海运提单装运港栏目表述为"GUANGZHOU/SINGAPORE"，其意思是货物在广州港装运，需在新加坡港转船。

7. D。理由："W/T SINGAPORE"是"WITH TRANSHIPMENT AT SINGAPORE"的简写。

8. A。理由：海运提单的签发日期是指货物实际装船完毕的日期或已经接受船方或船代理监管的日期。选项 B、C、D 与提单签发日期的规定不符。

9. C。理由："clean on board ocean bills of lading"是指清洁已装船提单；"freight prepaid"是指运费预付。

10. C。理由：信用证中未规定具体的交单期，根据《UCP600》第14条c款的规定，凡要求提交运输单据的信用证，尚须规定一个在装运日后按信用证规定必须交单的特定期限。如未规定该期限，银行将不予接受迟于装运日期后21天提交的单据。但无论如何，提交单据不得迟于信用证的到期日。依题意，卖方应考虑在信用证规定的有效期内交单，即最迟在2020年8月8日交单。

11. B。理由：信用证中规定了最迟交单日期为运输单据出单日后15天，实际出单日为12月10日，根据《UCP600》的解释，日期“后”应理解为不包括当天，则从12月11日开始起算的15天就是12月25日。

12. C。理由：提单中收货人一栏填写APPLICANT不能明确具体的收货人。应列明具体的开证人名称，因此，选项C正确，其他选项与信用证的要求不符或不具体。

13. B。理由：信用证中的OUR意指开证行本身，而不是开证人或受益人，选项A中的OUR不明确，应选择B项。

14. D。理由：提单为收妥备运提单，而信用证要求已装船提单，本提单必须进行装船批注，方符合信用证的要求，且批注的日期应为实际装船完毕的日期。选项B虽是实际装船完毕的日期，但没有表明“ON BOARD”，正确选项应为D。

15. B。理由：依题意，选项A没有标明签发人张三的身份。选项B符合题意要求。选项C把张三当成承运人签发提单。选项D没有标明代理及其签发人张三。

16. C。理由：选项A把货运代理人ABC SHIPPING CO. 当成承运人错误，选项B把货运代理人ABC SHIPPING CO. 当成承运人的代理人错误，选项D错把张三当成船东的提单签发人。正确选项应为C，货运代理人ABC SHIPPING CO. 作为船东的代理人，由张三签发提单。

（三）多项选择题

1. BC。理由：海运提单是承运人或其代理人签发的货物收据；海运提单是向船公司或保险公司索赔的重要依据。

2. ABC。理由：海运提单的作用主要有货物收据（Receipt for the Goods），货物所有权的凭证（Documents of Title）和运输契约的证明（Evidence of Contract of Carrier）。选项D的内容Commercial Bill是商业汇票的意思。

3. CD。理由：根据货物是否装船，提单分为已装船提单和备运提单。Direct B/L表示直达提单；Long Form B/L表示全式提单；Stale B/L表示过期提单；Shipping B/L表示已装船提单；Alongside Bills表示备运提单。

4. ABD。理由：选项C为记名提单，只有提单持有人为提单上填明的收货人，船公司才须向其交付货物。选项ABD均称为不记名提单，提单的持有人可凭该提单向船公司提货。

5. AC。理由：Consignor表示托运人；Consignee表示收货人；其余选项均为被通知人的英语表达。

6. ABCD。理由：四个选项都符合海运提单对转运港的标示规范。

7. ABCD。理由：联运提单指需经两种或两种以上的运输方式的提单，因此，以上四个选项均为提单中必须填写的内容。

8. ABC。理由：D项为裸装货物的数量表达。DRUM为桶；BALE为包；CNT为箱。

9. BCD。理由：根据《2020 年通则》的规定，选项 BCD 的卖方负责签订运输合同并支付运费，如信用证无特别规定，一般采用运费预付（FREIGHT PREPAID）的缴费方式；选项 A 由买方负责租船订舱，支付运费，如信用证没有特别规定，一般采用运费待付（FREIGHT COLLECT）的缴费方式。

10. ABC。理由：按惯例，承运人通常签发两份或三份正本提单，但根据《UCP600》第 26 条 a 款Ⅳ的规定，开立全套正本提单可以是仅有一份正本提单或者是一份以上正本提单，因此，承运人签发一份正本提单也行。

11. ABCD。理由："SHIPPER'S LOAD AND COUNT" 意思是"托运人装货和计数"，常缩写为"SLAC "；"SAID TO CONTAIN" 意思是"据称包括"，常缩写为"STC"；"SHIPPER'S LOAD AND COUNT AND SEAL" 意思是"托运人装货、计数和加封"，常缩写为"SLACS"；"SAID BY SHIPPER" 意思是"托运人申报"，常缩写为"SBS"。

12. AB。理由：选项 A、B 符合信用证的要求，选项 C 和选项 D 分别做成开证人指示和受益人指示，不符合信用证的要求，造成单证不符。

13. CD。理由：根据《UCP600》的规定，如信用证要求港至港运输提单，除非信用证另有规定，银行将接受下述单据，不论其称谓如何：表面注明承运人的名称，并由下列人员签字或以其他方式证实：承运人或作为承运人的具名代理或代表，船长或作为部长的具名代理或代表。承运人或船长的任何签字或证实，必须表明"承运人"或"船长"的身份。代理人代表承运人或船长签字或证实时，也必须表明所代表的委托人的名称和身份。即注明代理人是代表承运人或船长签字或证实的。

选项 A 把李四作为承运人的提单签发人错误，选项 B 把张三作为代理人的提单签发人错误，选项 C、D 分别以代理人和承运人签发提单。

（四）判断题

1. 错误。理由：Straight B/L 是指记名提单。

2. 错误。理由：在国际货物买卖中，卖方交货，买方付款，填写海运提单 Shipper 栏目时，若信用证没有规定，一般情况下应该填写货物买卖合同中卖方的名称。

3. 正确。理由：海运提单记名背书，必须在海运提单的背面既书写背书人的名称、地址，又书写被背书人的名称与地址。

4. 错误。理由：当收货人一栏填写"To shipper's order"，则表示该提单的收货人由托运人指示，因此，该提单交单时必须由托运人背书。

5. 错误。理由：在没有特别说明时，海运提单中的商品描述全部使用英文，若合同或信用证要求使用中文或其他文字填写时，应使用遵守合同或信用证规定的文字填写。

6. 正确。理由：根据《UCP600》的规定，海运提单只有签发日期而没有已装船日期，则提单的签发日期可视为装船日期。

7. 错误。理由：根据《UCP600》的规定，如果海运提单上批注有已装船日期，则该批注的日期可以早于或迟于海运提单的签发日期，且该批注的装船日期被视为装运日期。

8. 错误。理由：依据本信用证有关条款的规定，"MADE OUT TO OUR ORDER" 意指提单由开证行指示，因此，该信用证项下的正本提单必须由该信用证的开证银行背书，而非由托运人背书。

9. 错误。理由：如果正本提单上没有特别标明开证人的名称和地址，则正本提单的被通知人应填写“APPLICANT”时，不能清楚知道开证人是谁。因此，该海运提单的被通知人应填写具体的开证人名称和地址。

10. 错误。理由：TEU 的全称为“twenty – foot equivalent unit”，中文意思为 20 英尺标准集装箱。

11. 错误。理由：对于托运人托运整箱货，一般采用堆场（CY）到堆场（CY）的交接方式，海运提单上常批注为 CY/CY；对于托运人托运散货，一般采用货运站（CFS）到货运站（CFS）的交接方式，海运提单上常批注为 CFS/CFS。

12. 错误。理由：海运提单中的“海运船只、航次”栏目标记有“INTENDED”，意思是“预期船”。根据《UCP600》第 20 条 a 款的规定，当提单含有“预期船”字样或类似有关限定船只的词语时，装上具名船只必须由提单上的装船批注来证实。该项装船批注除批注货物已装船的日期外，还应包括实际装货的船名，即使实际装货船只的名称为“预期船”，亦是如此。

13. 错误。理由：根据《UCP600》第 3 条的规定，诸如“止”“至”“直到”“从”及类似意义的词语用于限定信用证中有关装运的日期或期限时，应理解为包括所述日期。而“after”应理解为“在……之后装运”，即不包括所述日 2020 年 5 月 12 日。

14. 正确。理由：“TEN BROKEN CARTONS”意思是有十个破损纸箱，该批注使提单变成不清洁提单，不清洁提单是指承运人加注了货物包装不良或存在缺陷等批语的提单。对于不清洁提单，银行将不予接受。

15. 正确。理由：根据《UCP600》第 3 条的规定，不应使用诸如“迅速”“立即”“尽可能快”或类似词语，如使用这类词语，银行将不予置理。

16. 正确。理由：根据《UCP600》第 26 条 c 款的规定，银行将接受以戳记或其他方式提及运费以外的附加费用，诸如有关装卸或其他类似作业所引起的费用或开支的运输单据，除非信用证条款明确禁止接受此类运输单据。本题因信用证对提单没有特殊规定，故正本提单上批注有运费、ORC 费用和单证费等内容银行也可接受。

（五）案例分析

1. 答：银行的拒付是无理的。信用证中的装运条款规定：“Shipment from Chinese port to Singapore in May，Partial shipment prohibited.”即规定不允许分批装运。而我方的 500 公吨货物分别在福州和厦门装运，且同为“嘉陵”号，因此，本案的主要问题是要确定运往同一目的地的货物在不同的时间和地点分别装上同一航次、同一艘载货船只属不属于分批装运的问题。根据《UCP600》第 31 条 b 款的规定：“运输单据表面注明货物系使用同一运输工具并经同一路线运输的，即使每套运输单据注明的装运日期不同及/或装货港、接受监管地、发运地不同，只要运输单据注明的目的地相同，也不视为分批装运。”由此可见，本案中我方的做法是不属于分批装运的，银行的拒付无理。

2. 答：银行的拒付是有理的。因为本案中我方取得了签发日期为 2019 年 12 月 10 日的提单，于 2020 年 1 月 4 日到银行交单议付。尽管我方未超过信用证规定的有效期到银行议付，但我方提交的提单已构成了过期提单。根据《UCP600》第 14 条 c 款的规定：“除规定一个交单到期日外，凡要求提交运输单据的信用证，还须规定一个装运日后按信用证规定必须交单的特定期限。如未规定该期限，银行将不予接受迟于装运日期后 21 天提交的单据……”因此，银行的拒付有理。

（六）阅读理解

（1）托运人：HOYA INTERNATIONAL GROUP LTD
RM513，BUILDING NO. 1 XINGHENG PLAAZ
NANSHA DISTRICT，GUANGZHOU

（2）收货人：ABCD UNI LOGISTICS JSC#
TAX CODE# 0102911111#
ROOM 601，6 FL，YEN PHU，NGUYEN
TRUNG，DINH，HA ABC，VIETNAM#

（3）被通知人：ABCD UNI LOGISTICS JSC#
TAX CODE# 0102911111#
ROOM 601，6 FL，YEN PHU，NGUYEN
TRUNG，DINH，HA ABC，VIETNAM#

（4）提单号码：OOLU26296910

（5）船名：JIN LONG 32 V. 191029000000

（6）装货港：HUANGPU，CHINA

（7）目的港：HAIPHONG，VIETNAM

（8）唛头：N/M

（9）件数和包装：900BAGS

（10）总毛重：18,180.00KGS

（11）总尺码：67.00CBM

（12）货物名称：WHITE CARBON#

（13）运费缴付方式：FREIGHT COLLECT

（14）“HS CODE：2811#”的意思是“商品税则号：2811#”。

（15）正本提单件数：THREE（3）

（16）提单日期及签发地点：GUANGZHOU OCT. 30，2019

（17）货物已装船的日期：OCT. 30，2019

（18）提单的承运人：广东鹏程国际货运代理有限公司

（19）按运输过程中是否转船分类，该提单为直运提单。

（20）按提单收货人抬头分类，该提单为记名提单。

（21）提单不需要托运人背书。

（22）提单中批注有“SHIPPER'S LOAD & COUNT & SEAL S. T. C.”，该批注的意思是“托运人装货、计数和封箱，据称包括”。

（23）提单中批注有“CY/CY FCL”，该批注的意思是整箱货，集装箱的交接方式是由集装箱堆场至集装箱堆场。

（24）提单标明的“OOCU7203818/40HQ/OOLEU6467”，其意思是一个 40 英尺高的集装箱，号码为“OOCU7203818”，封箱号为“OOLEU6467”。

（七）单据填制

1. 单据填制一

BILL OF LADING

Shipper GUANGDONG RONGHUA TRADE CO. , LTD. 168 DEZHENG ROAD SOUTH, GUANGZHOU, CHINA	B/L No. KTT0245678
Consignee TO ORDER OF METITA BANK LTD. , FINLAND	Combined Transport BILL OF LADING RECEIVED in apparent good order and condition except as otherwise noted the total number of containers or other packages or units enumerated below for transportation from the place of receipt to the place of delivery subject to the terms and conditions hereof. One of the Bills of Lading must be surrendered duly endorsed to the Carrier by or on behalf of the Holder of the Bill of Lading, the rights and liabilities arising in accordance with the terms and conditions hereof shall, without prejudice to any rule of common law or statute rendering them binding on the Merchant, become binding in all respects between the Carrier and the Holder of the Bill of Lading as though the contract evidenced hereby had been made between them. IN WITNESS whereof the number of original Bills of Lading stated under have been signed. All of this tenor and date, one of which being accomplished, the other(s) to be void. Consignee
Notify Address FFK CORP. AKEKSANTERINK AUTO P. O. BOX 9, FINLAND	For delivery of goods please apply to:

Pre-carriage by	Place of Receipt	
Ocean Vessel Voy. No. MAKIS V. 002	Port of Loading GUANGZHOU	
Port of Discharge HELSINKI	Place of Delivery	Final Destination for the Merchant's Reference only

Container, Seal No. & Marks & Nos.	No. of Package & Description of Goods	Gross Weight Kgs	Measurement m^3
ABC HELSINKI NO. 1 – 800 SIHU365487 – 2 (20') SEAL NO. 123456 CY/CY FCL	SHIPPER'S LOAD & COUNT & SEAL S. T. C. 800CARTONS WOMEN'S SWEATERS TOTAL: EIGHT HUNDRED CARTONS ONLY. SHIPPED ON BOARD DATE: JULY 10, 2020 "FREIGHT PREPAID"	6,600KGS	25CBMS

FREIGHT & CHARGES	Revenue Tons.	Rate Per	Prepaid	Collect

Prepaid at	Payable at	Place and Date of Issue GUANGZHOU JULY 10, 2020
Total Prepaid	No. of Original B(s)/L THREE (3)	Stamp & Signature ABC SHIPPING CO. 张三 AS THE CARRIER

LADEN ON BOARD THE VESSEL
Date

By ______________

(TERMS CONTINUED ON BACK HEREOF)

2. 单据填制二

BILL OF LADING

<table>
<tr><td colspan="2">Shipper
GUANGDONG RONGHUA TRADE CO. , LTD.
168 DEZHENG ROAD SOUTH, GUANGZHOU, CHINA</td><td rowspan="2">B/L No.　　KTT0245678

Combined Transport BILL OF LADING
RECEIVED in apparent good order and condition except as otherwise noted the total number of containers or other packages or units enumerated below for transportation from the place of receipt to the place of delivery subject to the terms and conditions hereof. One of the Bills of Lading must be surrendered duly endorsed to the Carrier by or on behalf of the Holder of the Bill of Lading, the rights and liabilities arising in accordance with the terms and conditions hereof shall, without prejudice to any rule of common law or statute rendering them binding on the Merchant, become binding in all respects between the Carrier and the Holder of the Bill of Lading as though the contract evidenced hereby had been made between them. IN WITNESS whereof the number of original Bills of Lading stated under have been signed. All of this tenor and date, one of which being accomplished, the other (s) to be void. Cosignee</td></tr>
<tr><td colspan="2">Consignee
TO ORDER OF METITA BANK LTD. , FIN - 00020
METITA, FINLAND</td></tr>
<tr><td colspan="2">Notify Address
FFK CORP. AKEKSANTERINK AUTO
P. O. BOX 9, FINLAND</td><td rowspan="3">For delivery of goods please apply to:</td></tr>
<tr><td>Pre-carriage by
DONGFANG</td><td>Place of Receipt</td></tr>
<tr><td>Ocean Vessel　Voy. No.
MAKIS V. 002</td><td>Port of Loading
GUANGZHOU</td></tr>
<tr><td>Port of Discharge
HELSINKI VIA HONG KONG</td><td>Place of Delivery</td><td>Final Destination for the Merchant's Reference only</td></tr>
</table>

<table>
<tr><td>Container, Seal No. & Marks & Nos.</td><td>No. of Package & Description of Goods
SHIPPER'S LOAD & COUNT & SEAL S. T. C.</td><td>Gross Weight Kgs</td><td>Measurement m^3</td></tr>
<tr><td>ABC
HELSINKI
NO. 1 - 800

SIHU365487 - 2 (20')
SEAL NO. 123456
CY/CY FCL</td><td>800CARTONS WOMEN'S SWEATERS
TOTAL: EIGHT HUNDRED CARTONS ONLY.
FREIGHT PREPAID AND DDC COLLECT
SHIPPED ON BOARD DATE: 2020/7/11
INSURANCE PREMIUM: USD100. 00
SURC HARGE: USD300. 00
TRADE TERMS: CFR HELSINKI (INCOTERMS 2020)
S/C NO. : 98SGQ468001
L/C NO. : KHL02 - 22457</td><td>6,600KGS</td><td>25CBMS</td></tr>
</table>

FREIGHT & CHARGES	Revenue Tons.	Rate　Per	Prepaid	Collect

<table>
<tr><td rowspan="2"></td><td>Prepaid at</td><td>Payable at</td><td>Place and Date of Issue
GUANGZHOU JULY 10, 2020</td></tr>
<tr><td>Total Prepaid</td><td>No. of Original B (s) /L
THREE (3)</td><td>Stamp & Signature
XYZ SHIPPING CO.
李四
AS AGENT FOR THE CARRIER:
ABC SHIPPING CO.</td></tr>
</table>

LADEN ON BOARD THE VESSEL
Date

By..................................
(TERMS CONTINUED ON BACK HEREOF)

（八）单据审核

1. 单据审核一

依据信用证审核，提单存在如下主要问题：

（1）编号②收货人“ABC CORP. AKEDSANTERINK AUTO P. O. BOX 9, FINLAND”与信用证条款“FULL SET OF CLEAN ON BOARD MARINE BILLS OF LADING, MADE OUT TO ORDER OF METITA BANK LTD, FINLAND, MARKER”要求不符，应改为“TO ORDER OF METITA BANK LTD, FINLAND”；

（2）编号③通知人“METITA BANK LTD., FIN－00020 METITA, FINLAND”与信用证条款“NOTIFY APPLICANT（AS INDICATE ABOVE）”要求不符，应改为“ABC CORP. AKEDSANTERINK AUTO P. O. BOX 9, FINLAND”；

（3）编号④唛头“N/M”应改为“ABC/ HELSINKI/NO. 1－800”；

（4）编号⑤“9, 600PCS WOMEN'S SWEATERS”错误，应改为“800CTNS WOMEN'S SWEATERS”；

（5）编号⑦“S/C NO.：LRT9802457”错误，应改为“S/C NO.：98SGQ468001”；

（6）编号⑧运费支付方式“FREIGHT COLLECT”与信用证条款“MARKED FREIGHT PREPAID”不符，应改为“FREIGHT PREPAID”。

2. 单据审核二

依据信用证审核，提单存在如下主要问题：

（1）编号①收货人“TO THE ORDER OF ISSUING BANK”不明确，应改为“TO ORDER OF METITA BANK LTD FIN－00020 METITA, FINLAND”；

（2）编号③装运港“HELSINKI VIA HONG KONG ”错误，应改为“GUANGZHOU”；

（3）编号④目的港“GUANGZHOU”错误，应改为“HELSINKI VIA HONG KONG”；

（4）编号⑤“9, 720PCS WOMEN'S SWEATERS”错误，应改为“9, 600PCS WOMEN'S SWEATERS”。

第四节　保险单

一、练习题

（一）中英文术语、短语互译

1. 中译英

（1）保险单　（2）被保险人

（3）保险金额　（4）保费

（5）平安险　（6）罢工险

（7）承保险别　（8）赔款偿付地点

（9）仓至仓条款　（10）保险凭证

2. 英译中

（1）Particular Average　（2）General Average

（3）Covering all Risks and War Risks　（4）Fresh and/or Water Damage

（5）Institute Cargo Clauses　（6）Combined Insurance Certificate

（7）Policy No.　（8）Irrespective of Percentage

（9）Open Policy　（10）Air Transportation Risk

（二）单项选择题

1. 下列英文词组中，其意思为保险单的是（　　）。

A. Insurance Card　B. Insurance Policy

C. Open Policy　D. Insurance Certificate

2. 信用证规定，保单为空白抬头（TO ORDER），则保险单的被保险人名称应该填写"TO ORDER"，并由（　　）来空白背书。

A. 出口银行　B. 出口商　C. 进口银行　D. 进口商

3. 以 CIF 贸易术语达成的交易，如合同或信用证没有特别规定，保险单的被保险人一栏一般填写（　　）。

A. 进口商或开证申请人的名称　B. 出口商或受益人的名称

C. TO ORDER　D. TO WHOM IT MAY CONCERN

4. 按 CIF 贸易术语成交的合同，如果货物在装运港装船后的运输途中因火灾被烧毁，应该由（　　）。

A. 卖方承担损失　B. 承担运费的一方承担损失

C. 买方负责请求保险公司赔偿　D. 卖方负责请求保险公司赔偿

5. 如信用证或合同没有特别规定，按国际保险市场惯例，保险金额一般在发票金额的基础上（　　）。

A. 加一成　B. 加两成　C. 加三成　D. 加四成

6. 如信用证项下的保险单条款规定“COVERING MARINE RISKS OF OCEAN MARINE CARGO CLAUSES（2009）OF PICC PROPERTY AND CASUALTY COMPANY LIMITED”，则出口公司（ ）。

A. 必须在2009年投保

B. 必须投保水渍险

C. 必须投保一切险

D. 可投保平安险、水渍险及一切险中的任一种

7. 信用证项下的保险单条款规定“COVERING RISKS AS PER ‘INSTITUTE CARGO CLAUSES（A）’, INCLUDING WAREHOUSE TO WAREHOUSE CLAUSE”，其中的“WAREHOUSE TO WAREHOUSE CLAUSE”是指（ ）。

A. 出口方负责的交货责任起讫条款　　B. 被保险人负责的保险责任起讫条款

C. 承运人负责的运输责任起讫条款　　D. 保险人负责的保险责任起讫条款

8. 信用证中规定“ALL DOCUMENTS SHOULD INDICATE THE SHIPPING MARK”，出口公司在保单的“Marks & Nos.”一栏必须填写（ ）。

A. 实际唛头

B. AS PER INVOICE NO. ×××

C. AS PER B/L NO. ×××

D. 既可按实际唛头填写，也可按“AS PER INVOICE NO. ×××”填写

9. 若合同或信用证没有特别规定，保险单中的“保险赔付地点”栏目一般填写（ ）。

A. 起运港（地）　　B. 目的港（地）

C. 投保人所在地　　D. 保险公司所在地

10. 我方A公司以CIF条件出口一批医疗器械，在广州港装上“DONGFENG”号船只运往中国香港，在香港装上第二程船“NATA”号后运往旧金山，该公司在保单的载运输工具栏（Per conveyance S. S.）应填写为（ ）。

A. DONGFENG　　B. NATA

C. DONGFENG/NATA　　D. DONGFENG/NATA W/T HONG KONG

11. 我方按CIF条件出口一批陶瓷制品，由于信用证中没有规定具体的投保险别，我方在办理投保手续时，一般可按（ ）投保。

A. 一切险 + 碰损破碎险　　B. 平安险 + 水渍险

C. 平安险 + 碰损破碎险　　D. 一切险 + 水渍险

12. Negotiation insurance policy/certificate in duplicate by People's Insurance Co. of China incorporating their ocean marine cargo clauses（all risks）and war risks from China to Waterloo Ontario for 120% invoice value, plus 23% for duty...

该信用证条款中，要求出具保险单或保险凭证的份数和应投的险别是（ ）。

A. 一式三份；平安险、水渍险　　B. 一式三份；一切险、渗漏险

C. 一式两份；平安险、水渍险　　D. 一式两份；一切险、战争险

13. 在国际货物运输中，若从装运港运至目的港的过程中，需要转船运输，由一程船March转到二程船FuXing。在保单“载运输工具”一栏应填写（ ）。

A. March　　B. FuXing
C. March and FuXing　　D. March/FuXing

14. 假设提单的签发日期为“MARCH 24, 2020”，那么以下保单的开航日期中，（　　）的填写是错误的。

A. MARCH 24, 2020　　B. AS PER B/L
C. MARCH 30, 2020　　D. MARCH 23, 2020

15. 预约保险是指根据预约保险合同，投保人以（　　）替代投保单，保险公司负自动承保的责任。

A. 大副收据　　B. 买卖合同
C. 海运提单　　D. 国外寄来的装运通知

（三）多项选择题

1. 根据中国人民财产保险股份有限公司1982年1月1日修订的《海洋运输货物保险条款》，我国海洋运输货物保险的基本险别有（　　）。

A. 一切险　　B. 平安险　　C. 罢工险　　D. 水渍险

2. 根据《2020年通则》的规定，买卖双方若以下面的贸易术语成交，则进口商应该自行投保的贸易术语是（　　）。

A. FOB　　B. CIF　　C. CIP　　D. CFR

3. 根据中国人民财产保险股份有限公司《海洋运输货物保险条款（2009版）》，以下属于一般附加险的是（　　）。

A. Shortage Risk　　B. Leakage Risk　　C. All Risks　　D. W. A.

4. 若我方A公司以CIF贸易术语对外成交，合同或信用证中的投保险别表述为“Usual Risk”，则A公司可以投保的险别有（　　）。

A. All Risks　　B. War Risks　　C. 水渍险　　D. FPA

5. 我方A公司按CIF条件出口一批罐头食物，若合同或信用证没有特别规定，A公司投保时险别的选择，以下选项合适的是（　　）。

A. 平安险＋水渍险　　B. 生锈险＋偷窃提货不着险
C. 平安险＋短量险　　D. 水渍险＋偷窃提货不着险

6. 按照中国人民财产保险股份有限公司《海洋运输货物保险条款（2009版）》，以下险别属于我国海洋运输货物保险中的基本险的是（　　）。

A. FPA　　B. ICC（A）　　C. WPA　　D. WAR RISKS

7. 根据伦敦保险协会制定的《海运货物保险条款》（*Institute Cargo Clauses*），以下保险险别能单独投保的有（　　）。

A. ICC（A）　　B. ICC（B）　　C. 战争险　　D. 恶意损害险

8. 共同海损的牺牲和费用都是为了使船舶、货物和运费免于遭受损失而支出的，因此，共同海损的分摊包括（　　）。

A. 船方　　B. 货方　　C. 救助方　　D. 运费方

9. 按照中国人民财产保险股份有限公司《海洋运输货物保险条款（2009版）》的规定，以下险别属于特殊附加险的是（　　）。

A. 偷窃提货不着险　　B. 交货不到险

C. 淡水雨淋险　　D. 舱面险

10. 信用证中规定“MARINE INSURANCE POLICY OF CERTIFICATE IN DUPLICATE, COVERING FPA AS PER OCEAN MARINE CARGO CLAUSE（2009）OF PICC PROPERTY AND CASUALTY COMPANY LIMITED, INCLUDING T. P. N. D. LOSS AND DAMAGE CAUSED BY HEAT, SHIP'S SWEAT AND ODOUR, BREAKAGE OF PACKING”，按此规定，应投保的一般附加险有（　　）。

A. 淡水雨淋险　　B. 偷窃提货不着险

C. 受潮受热险　　D. 破碎险

（四）判断题

1. 水渍险属于特殊附加险。（　　）

2. 保险的投保地点一般填写装运港（地）的名称。（　　）

3. 我国海运货物基本险的保险期限一般采用“港到港”的原则。（　　）

4. 保险单俗称“大保单”，保险凭证俗称“小保单”，由于保险凭证背面没有列入保险条款，因而“大保单”与“小保单”不具有同等的法律效力。（　　）

5. 保险单的签发日期应该早于海运提单的签发日期。（　　）

6. 我某外贸公司以 CIF 条件达成一笔出口交易，投保一切险。该笔出口货物从装运港运往目的港途中任何外来原因造成的损失，客户均可向保险公司索赔。（　　）

7. 如信用证规定按伦敦保险协会海运货物保险条款（ICC）投保，根据中国人民财产保险股份有限公司的现行做法是不能接受的，应要求对方修改信用证。（　　）

8. 在保险单“包装及数量”一栏，即使是有包装的货物，也应该详细填写货物本身的计价数量，不能只填写货物包装的总件数。（　　）

9. 若合同或信用证要求提交的保险单份数为“IN TWO COPIES”时，我方应提交两份副本保险单。（　　）

10. 按照中国人民财产保险股份有限公司《海洋运输货物保险条款（2009 版）》，保险公司对于海运战争险的保险责任起讫不采用仓至仓条款，而是仅负责水上风险。（　　）

11. 某出口公司按 CIF 条件出口服装一批，我方按信用证要求投保水渍险，运输途中由于食用水管破裂，造成部分服装被浸泡，该损失保险公司将予以赔偿。（　　）

12. 按照中国人民财产保险股份有限公司《海洋运输货物保险条款（2009 版）》的规定，战争险与罢工险均能单独投保。（　　）

13. 保险公司按伦敦保险协会制定的《协会货物条款》中的 ICC（A）、ICC（B）和 ICC（C）三种险别承保的责任范围与按我国《海洋运输货物保险条款（2009 版）》中 ALL RISKS、WPA 和 FPA 承保的责任范围大致相同。（　　）

14. 联合保险凭证是指商业发票上面加盖保险章，注明保险编号、险别、金额、装载船名、开船日期等，作为保险凭证，与保险单有同等效力，但不能转让。（　　）

15. 我某公司以 CFR 术语进口钢材一批，我方在收到国外发来的装船通知后，按事先签订的预约保险合同，将该通知交保险公司，保险公司对我方的承保责任起讫应该为“仓至仓”。（　　）

（五）案例分析

1. 我某外贸公司以 CFR 条件出口货物一批，应买方要求，我方在装船前代为投保了一切险，保单的被保险人为买方。货物用驳船从广州乌冲码头运往盐田港装船时，由于触礁而全部灭失，卖方认为保险公司的保险责任范围为“仓至仓”，而该损失又在一切险的承保范围以内，因此持相关保险单向保险公司索赔。问：保险公司对该损失应不应该赔偿？为什么？

2. 我某公司以 CIF 条件出口一批冷冻羊肉到中东某国，信用证规定投保平安险加战争险、罢工险。货到目的港后由于码头工人罢工而致无人卸货，一个星期后由于无法补充燃料，货轮上的冷冻设备停止运转，等到罢工结束，该批羊肉已变质，无法食用。问：保险公司对于该损失是否应赔偿？为什么？

（六）阅读理解

PICC 中国人民财产保险股份有限公司 PICC Property and Casualty Company Limited　　ORIGINAL

总公司设于北京　　一九四九年创立　　保险单号(Policy No.) PYIE202044942300E02780
Head Office Beijing　　Established in 1949

货运运输保险 保险单 CARGO TRANSPORTATION INSURANCE POLICY

发票号(Invoice No.) ZSW20200326　　提单号(B/L NO.) 322945866ZHN
合同号(Contract No.) ZSW20200326　　信用证号(L/C No.)
被保险人(Insured): ××× New Materials Tech Co., Ltd

中国人民财产保险股份有限公司(以下简称本公司)根据被保险人要求，以 被保险人向本公司缴付约定的保险费为对价，按照本保险单列明条款承保下述货物运输 保险，特订立本保险单。
THIS POLICY OF INSURANCE WITNESSES THAT PICC PROPERTY AND CASUALTY COMPANY LIMITED (HEREINAFTER CALLED "THE COMPANY") AT THE REQUEST OF THE INSURED AND IN CONSIDERATION OF THE AGREED PREMIUM PAID TO THE COMPANY BY THE INSURED, UNDERTAKES TO INSURE THE UNDERMENTIONED GOODS IN TRANSPORTATION SUBJECT TO THE CONDITIONS OF THIS POLICY AS PER THE CLAUSES PRINTED BELOW.

标 记(MARKS & NOS)	包装及数量(PACKAGE &QUANTITY)	保险货物项目(GOODS)	保险金额(AMOUNT INSURED)
EGHU9590894 EMCGLA0180 N/M	16PKG	WPC DECKING (CHOCOLATE COLOR) WPC DECKING (REDWOOD COLOR)	USD20,833.82

总保险金额(TOTALAMOUNT INSURED): USD TWENTY THOUSAND EIGHT HUNDRED AND THIRTY THREE AND EIGHTY TWO CENTS ONLY
保费(PREMIUM): AS ARRANGED　　启运日期(DATE OF COMMENCEMENT): May 11, 2020
装载运输工具(PER CONVEYANCE): BAL PEACE N005
自(FROM): ZHONGSHAN, CN　　经(VIA): HONG KONG, HK　　至(TO): TAICHUNG, TW
承保险别(CONDITIONS):
COVERING ALL RISKS AS PER OCEAN MARINE CARGO CLAUSES (2009) OF THE PICC PROPERTY AND CASUALTY COMPANY LIMITED.

USD200 OR 10% OF THE LOSS AMOUNT, WHICHEVER IS HIGHER.
裸装货物锈损、刮擦、凹瘪属于保单除外责任

所保货物如发生保险单项下可能引起索赔的 损失，应立即通知本公司或下述代理人查勘。如有索赔，应向本公司提交正本保险单(本保险单共有贰份正本)及有关文件。如一份 正本已用于索赔，其余正本自动失效。
IN THE EVENT OF LOSS OR DAMAGE WHICH MAY RESULT IN A CLAIM UNDER THIS POLICY, IMMEDIATE NOTICE MUST BE GIVEN TO THE COMPANY OR AGENT AS MENTIONED. CLAIMS, IF ANY, ONE OF THE ORIGINAL POLICY WHICH HAS BEEN ISSUED IN TWO ORIGINAL(S) TOGETHER WITH THE RELEVANT DOCUMENTS SHALL BE SURRENDERED TO THE COMPANY. IF ONE OF THE ORIGINAL POLICY HAS BEEN ACCOMPLISHED, THE OTHERS TO BE VOID.

宝岛海事检定有限公司 / TMS Global Survey Services Co., Ltd.
地址：435台中县梧栖镇四维中路246号4楼之7
电话：+886-(0) 4-26583761
传真：+886-(0) 4-26584209
联络人：林韦志、翁世孟
手机：+886-(0) 982-809277，+886-(0)918-099239
邮箱：tms@tms.net.tw; freekite99@tms.net.tw

保险服务请联系：
CONTACT INFORMATION OF INSURANCE SERVICE:
中国人民财产保险股份有限公司广东省分公司
PICC Property and Casualty Company Limited, GUANGDONG Branch
电话(TEL): 020-95518
传真(FAX):
EMAIL:
地址(ADD): 广东省广州市广州大道中303号3楼

赔款偿付地点(CLAIM PAYABLE AT) TAICHUNG, TW IN USD
签单日期(Issuing DATE) May 9, 2020

保险人:
UNDERWRITER: PICC PROPERTY AND CASUALTY COMPANY LIMITED GUANGDONG BRANCH
AUTHORIZED SIGNATORY

根据上面的保险单找出相应的内容并回答问题。

（1）保险人：

（2）被保险人：

（3）保单号：

（4）发票号：

（5）合同号：

（6）提单号：

（7）保险货物的名称：

（8）保险金额：

（9）包装及数量：

（10）唛头：

（11）装载运输工具名称：

（12）正本保单份数：

（13）赔款偿付地点：

（14）赔款偿付货币：

（15）对被保险人来说，该笔交易是进口贸易还是出口贸易？

（16）该保单投保什么险别？采用什么保险条款？

（17）保险货物在运输过程中是否发生了转运？相关的港口名称是什么？

（18）请列出货物的启运日期和保单的签发日期，为何货物的启运日期在保单的签发日期之后？

（19）若合同或信用证没有特别规定，出口商到银行办理议付时，是否需要对该保单进行背书？

（七）单据填制

1．单据填制一

请根据以下材料填制一份保险单。

A. 信用证条款。

Applicant	*50 :	ZELLERS INC.，ATTN. IMPORT DEPT. 401 BAY STREET，10/FL. TORONTO ON MJH. 2Y4，CANADA
Beneficiary	*59 :	G. M. G. HARDWEAR & TOOLS IMP. & EXP. COMPANY LTD. 726，DONG FENG ROAD EAST，GUANGZHOU，CHINA
Loading in Charge	44 A :	GUANGZHOU，CHINA
For Transport to…	44 B :	VANCOUVER，CANADA
Description of Goods	45 A :	HANDLE TOOLS

ITEM NO.	QUANTITY	UNTI PRICE
A 0214	2,000 DOZ	USD 10.50
A 0012	1,000 DOZ	USD 11.50
M 0102	600 DOZ	USD 28.00

AS PER SALES CONFIRMATION NO. 02GP520471
DD JAN. 03，2020
CIF VANCOUVER CANADA

Documents required　46　A : +MARINE INSURANCE POLICY OR CERTIFICATE IN DUPLICATE，ENDORSED IN BLANK，FOR FULL INVOICE VALUE PLUS 10 PERCENT，STATING CLAIM PAYABLE IN CANADA COVERING INSTITUTE CARGO CLAUSES（A）AND WAR RISKS.

B. 其他资料。

发票号码：KW－030419

发票日期：2020年4月10日

发票金额：USD46,600.00

提单日期：2020年4月19日

船名：CHAO HE /ZIM CANADA V. 44E（在香港转运）

保险单号码：KC03－85362

唛头：ZELLERS CANADA/VANCOUVER

包装总数量：350PACKAGES

货物装箱情况：10DOZ/PACKAGE

2. 单据填制二

请根据以下材料填制一份保险单。

A. 信用证条款。

Applicant	*50	:	INTERCONTOR, ZENTRALEINKAUF UND HANDELS SIGMUND STR. 220 90431 NUERNBERG
Beneficiary	*59	:	GUANGDONG TEXTILES IMPORT & EXPORT COTTON MANUFACTURED GOODS COMPANY LTD. 14/F., GUANGDONG TEXTILES MANSION NO168 XIAO BEI ROAD, GUANGZHOU
Loading in Charge	44 A	:	GUANGZHOU
For Transport to…	44 B	:	HAMBURG
Description of Goods	45 A	:	GUITAR ITEM NO. QUANTITY UNIT PRICE 948 1,700 PCS USD 7.42 AS PER SALES CONFIRMATION NO. 2002MCGS02007 DD 8.3.2020 TOTAL AMOUNT USD 12, 614.00 CIF HAMBURG
Documents required	46 A	:	MARINE INSURANCE POLICY OR CERTIFICATE IN DUPLICATE, ENDORSED IN BLANK, FOR FULL INVOICE VALUE PLUS 10 PERCENT, STATING CLAIM PAYABLE IN HAMBURG COVERING INSTITUTE CARGO CLAUSES (A) AND WAR RISKS, MARKED PREMIUM PAID.

B. 其他资料。

发票号码：020603GTB　　发票日期：2020 年 6 月 20 日

发票金额：USD12,614.00　　提单日期：2020 年 6 月 25 日

保险单号码：KC53696265　　唛头：KCHCSB /HAMBURG

船名：NANTU V.832　　货物装箱情况：10PCS/CTN

（八）单据审核

1. 单据审核一

请根据以下材料修改一份保险单。

THE SAKURA BANK, LTD.
INT'L OPERATIONS CENTER
P. O. BOX 166, TOKYO, JAPAN

CREDIT NO.: 645-3000511
DATE OF ISSUE: OCTOBER 23, 2019　　　　EXPIRY DATE: DECEMBER 15, 2019

APPLICANT: SHITAYA KINSOKU CO., LTD. 6-11 7-CHONE UENO TAITO-KU TOKYO, JAPAN	BENEFICIARY: GUANGDONG MACHINERY IMP. & EXP. CORP. (GROUP) 720 DONGFENG ROAD EAST GUANGZHOU, CHINA
ADVISING BANK: BANK OF CHINA, GUANGDONG BRANCH GUANGZHOU	AMOUNT: USD15,880.00 US DOLLARS FIFTEEN THOUSAND EIGHT HUNDRED AND EIGHTY ONLY.
PARTIAL SHIPMENTS ARE NOT ALLOWED TRANSSHIPMENT IS ALLOWED FROM: CHINESE PORTS TO: YOKOHAMA, JAPAN NOT LATER THAN NOVEMBER 30, 2019	CREDIT AVAILABLE WITH ANY BANK BY NEGOTIATION AGAINST PRESENTATION OF DOCUMENTS DETAILED HEREIN AND BENEFICIARY'S DRAFT(S) AT SIGHT DRAWN ON THE SAKURA BANK LTD., TOKYO FOR FULL INVOICE VALUE

LIST OF DOCUMENTS TO BE PRESENTED:
(1) SIGNED COMMERCIAL INVOICES IN 2 COPIES.
(2) FULL SET OF CLEAN ON BOARD OCEAN BILLS OF LADING MADE OUT TO ORDER OF SHIPPER AND BLANK ENDORSED, MARKED "FREIGHT PREPAID" AND NOTIFY APPLICANT.
(3) INSURANCE POLICY OR CERTIFICATE IN DUPLICATE, ENDORSED IN BLANK FOR 110% OF THE CIF INVOICE VALUE COVERING OCEAN MARINE CARGO CLAUSES (ALL RISKS) AND OCEAN MARINE CARGO WAR RISK CLAUSES OF THE PICC PROPERTY AND CASUALTY LIMITED. CLAIMS PAYABLE IN JAPAN IN CURRENCY OF DRAFT(S).
(4) PACKING LIST IN 2 COPIES.
(5) G. S. P. CERTIFICATE OF ORIGIN FORM A IN 2 COPIES.

COVERING SHIPMENT:
"RABBIT" BRAND SHOVEL WITH METAL HANDLE
S501MH 210 DOZ @ USD38.00/DOZ
S503MH 200 DOZ @ USD39.50/DOZ
AS PER S/C NO. A97JP19900247　　CIF YOKOHAMA

OTHER MATERIALS:
INV. NO.: 97GD003511　　INV. DATE: NOV. 2, 2019
B/L DATE: NOV. 25, 2019　　POLICY NO.: AA3546897
NAME OF STEAMER: NEDLLOYD HONSHU V.3165　　PACKING: 1DOZ/CTN
SHIPPING MARK: SK/YOKOHAMA/NOS. 1-410

PICC PROPERTY

中保财产保险有限公司
The People's Insurance (Property) Company of China, Ltd.

发票号码
Invoice No. 97GD003511

保险单号次
Policy No. AA3546891

海 洋 货 物 运 输 保 险 单
MARINE CARGO TRANSPORTATION INSURANCE POLICY

被保险人:
Insured: GUANGDONG MACHINERY IMP. & EXP. CORP. (GPOUP)

中保财产保险有限公司(以下简称本公司)根据被保险人的要求，及其所缴付约定的保险费，按照本保险单承担险别和背面所载条款与下列特别条款承保下列货物运输保险，特签发本保险单。

This policy of Insurance witnesses that the People's Insurance (Property) Company of China, Ltd. (hereinafter called "the Company"), at the request of the Insured and in consideration of the agreed premium paid by the Insured, undertakes to insure the undermentioned goods in transportation subject to the conditions of this Policy as per the Clauses printed overleaf and other special clauses attached hereon.

保险货物项目 Descriptions of Goods	包装 单位 数量 Packing Unit Quantity	保险金额 Amount Insured
"RABBIT" BRAND SHOVEL WITH METAL HANDLE TOTAL: 410CTNS	410CTNS	USD17,468.00

承保险别
Conditions

COVERING OCEAN MARINE CARGO CLAUSES (ALL RISKS) AND OCEAN MARINE CARGO WAR RISK CLAUSES OF THE PICC PROPERTY AND CASUALTY LIMITED.

货物标记
Marks of Goods

SK
TOKYO
NOS. 1 - 410

总保险金额:
Total Amount Insured: US DOLLARS SEVENTEEN THOUSAND FOUR HUNDRED AND SIXTY EIGHT ONLY.

保费
Premium as arranged

载运输工具
Per conveyance S. S. HEDLLOYD HONSHU V. 3165

开航日期
Slg. on or abt NOV. 25, 2019

起运港
From GUANGZHOU

目的港
to YOKOHAMA

所保货物，如发生本保险单项下可能引起索赔的损失或损坏，应立即通知本公司下述代理人查勘。如有索赔，应向本公司提交保险单正本(本保险单共有 份正本)及有关文件。如一份正本已用于索赔，其余正本则自动失效。

In the event of loss or damage which may result in a claim under this Policy, immediate notice must be given to the Company's Agent as mentioned hereunder. Claims, if any, one of the Original Policy which has been issued in ONE Original(s) together with the relevant documents shall be surrendered to the Company. If one of the Original Policy has been accomplished, the others to be void.

中保财产保险有限公司
THE PEOPLE'S INSURANCE (PROPERTY) COMPANY OF CHINA, LTD.

赔款偿付地点
Claim payable at TOKYO

日期
Date NOV. 24, 2019

在
at GUANGZHOU

地址:
Address:

2. 单据审核二

请根据以下材料修改一份保险单。

A. 信用证条款。

APPLICANT	: HALSSEN & LYON GMBH PICKHUBEN 9, 20457 HAMBURG
BENEFICIARY	: CHINA TUHSU GUANGDONG TEA IMP. & EXP. CORP. 26 – 30 FLOOR, GUANGDONG FOREIGN ECONOMICS & TRADE BUILDING 351 TIAN HE ROAD, GUANGZHOU, CHINA
AMOUNT	: EUR31, 428. OO (EUROPEAN DOLLARS THIRTY ONE THOUSAND FOUR HUNDRED AND TWENTY EIGHT ONLY.)
PARTIAL SHIPMENTS	: NOT PERMITTED
TRANSSHIPMENT	: PERMITTED
LOADING IN CHARGE	: GUANGZHOU/HUANGPU, CHINA
FOR TRANSPORT TO	: HAMBURG
DESCRIPT. OF GOODS	: 4439 CHINA BLACK TEA ABT. 8, 000 KGS @ EUR4. 05/KG CIFC3% HAMBURG (1X20'FCL/200 PAPERSACKS) PACKED IN PAPERSACKS, PALLETIZED AND CONTAINERIZED AS PER THE SALES CONFIRMATION NO. BT7095 THE PRICE IS TO BE UNDERSTOOD PER KILO NET SHIPPED WEIGHT CIF HAMBURG LESS 3 PERCENT COMMISSION, INCLUDING PACKING.
DOCUMENTS REQUIRED	: MARINE INSURANCE POLICY/CERTIFICATE, COVERING ALL RISKS AND WAR RISK, ISSUED FOR 110 PERCENT OF THE CIF INVOICE VALUE

B. 其他资料。

INVOICE NO.: TA7149

INV. DATE: AUGUST 11, 2020

B/L NO.: GSG97 – 723

B/L DATE: AUGUST 23, 2020

PACKING: 200 PAPERSACKS

NAME OF STEAMER: PUDONG SENATOR WN743

SHIPPING MARKSS: H&L/HAMBURG/6580

POLICY NO.: 2020A512

PICC PROPERTY

中保财产保险有限公司

The People's Insurance (Property) Company of China, Ltd.

发票号码　　　　　　　　　　　　　　　　保险单号次

Invoice No. TA7149　　　　　　　　　　　Policy No. 2020A511

海洋货物运输保险单

MARINE CARGO TRANSPORTATION INSURANCE POLICY

被保险人：

Insured: CHINA TUSHU GUANGDONG TEA IMPORT & EXPORT CORP.

中保财产保险有限公司(以下简称本公司)根据被保险人的要求,及其所缴付约定的保险费,按照本保险单承担险别和背面所载条款与下列特别条款承保下列货物运输保险,特签发本保险单。

This policy of Insurance witnesses that the People's Insurance(Property)Company of China, Ltd. (hereinafter called "the Company"), at the request of the Insured and in consideration of the agreed premium paid by the Insured, undertakes to insure the undermentioned goods in transportation subject to the conditions of this Policy as per the Clauses printed overleaf and other special clauses attached hereon.

保险货物项目 Descriptions of Goods	包装　单位　数量 Packing　Unit　Quantity	保险金额 Amount Insured
4439 CHINA BLACK TEA TOTAL:200 PAPERSACKS	200 PAPERSACKS	DEM34,571.00

承保险别　　　　　　　　　　　　　　　　货物标记

Conditions　　　　　　　　　　　　　　　Marks of Goods

COVERING ALL RISKS AND WAR RISKS AS PER OCEAN MARINE CARGO CLAUSES(2009)(WAREHOUSE TO WAREHOUSE CLAUSE IS INCLUDED)

H&L
HAMBURG
65805

总保险金额：

Total Amount Insured: DEUTSCHE MARK THIRTY ONE THOUSAND FOUR HUNDRED AND TWENTY EIGHT ONLY.

保费　　　　　　载运输工具　　　　　　　　　　　　开航日期

Premium as arranged　Per conveyance S. S. PUDONG SENATOR WN743　Slg. on or abt. SEP. 23,2020

起运港　　　　　　　　　　　目的港

From GUANGZHOU　to HAMBURG

所保货物,如发生本保险单项下可能引起索赔的损失或损坏,应立即通知本公司下述代理人查勘。如有索赔,应向本公司提交保险单正本(本保险单共有　份正本)及有关文件。如一份正本已用于索赔,其余正本则自动失效。

In the event of loss or damage which may result in a claim under this Policy, immediate notice must be given to the Company's Agent as mentioned hereunder. Claims, if any, one of the Original Policy which has been issued in ONE Original(s) together with the relevant documents shall be surrendered to the Company. If one of the Original Policy has been accomplished, the others to be void.

中保财产保险有限公司

THE PEOPLE'S INSURANCE(PROPERTY) COMPANY OF CHINA,LTD.

赔款偿付地点

Claim payable at HAMBURG

日期　　　　　　　　　在

Date SEP. 22,2020　at GUANGZHOU

地址：

Address:

二、练习题参考答案

（一）中英文术语、短语互译

1. 中译英

（1）Insurance Policy
（2）Insured
（3）Amount Insured
（4）Premium
（5）Free from Particular Average
（6）Strike Risks
（7）Conditions
（8）Claim Payable at
（9）Warehouse to Warehouse Clause
（10）Insurance Certificate

2. 英译中

（1）单独海损
（2）共同海损
（3）投保一切险和战争险
（4）淡水雨淋险
（5）协会货物条款
（6）联合保险凭证
（7）保险单号
（8）不计免赔率
（9）预约保险单
（10）航空运输险

（二）单项选择题

1. B。理由：选项 A Insurance Card 没有这种表达；选项 C Open Policy 表示预约保险单；选项 D Insurance Certificate 表示保险凭证。

2. B。理由：信用证规定，保单为空白抬头（TO ORDER），则被保险人名称应该填写“TO ORDER”，并由出口商来空白背书。

3. B。理由：以 CIF 贸易术语成交，装船前由出口商（受益人）向保险公司投保，保险单的被保险人一栏一般填写出口商的名称，只有这样，保险公司的保险责任才是真正体现为“仓至仓”。如果被保险人一栏填写开证申请人（进口商）的名称，货物在出口装船前发生承保范围内的损失，保险公司可以被保险人不是出口商为由不予赔偿，进口商由于装船前没有保险利益（可保利益）也不能向保险公司索赔。

4. C。理由：根据《2020 年通则》的规定，以 CIF 贸易术语成交的合同，虽然卖方负责购买保险，但是卖方风险仅限于货物在装运港装上船之前的风险。因此，货物装船后在运输途中的风险应由买方负责。

5. A。理由：如信用证或合同没有规定投保加成，按国际保险市场惯例，出口商一般按加一成投保。当发生承保范围内的损失时，所加的一成保险金额可作为进口方的经营管理费用和预期利润的补偿。

6. D。理由：由于信用证项下的保险单条款只规定按 CIC 条款投保海洋运输险，没有明确投保哪个保险险别，按惯例，出口公司投保平安险、水渍险及一切险中的任一种险别都符合信用证条款的规定。*OCEAN MARINE CARGO CLAUSES*（2009）*OF PICC PROPERTY AND CASUALTY COMPANY LIMITED* 是指中国人民财产保险股份有限公司《海洋运输货物保险条款（2009 版）》。

7. D。理由：“WAREHOUSE TO WAREHOUSE CLAUSE ”中文意思为“仓至仓条款”。信用证项下的保险单条款描述的仓至仓条款，是指保险人负责的保险责任起讫条款。简单讲，就是保险人承担货物从运离卖方仓库至运抵买方仓库的保险责任。

8. A。理由：信用证条款规定“所有单据都应该显示唛头”，出口公司在保单的“Marks & Nos.”一栏必须直接填写实际唛头。

9. B。理由：在进出口贸易中，货物的运输风险主要在装运港（地）至目的港（地）的运输期间发生，而常用的贸易术语有 FOB、CFR、CIF、FCA、CPT、CIP 等，根据《2020 年通则》的规定，这些术语在此期间的风险由进口商承担。因此，除非合同或信用证有特别规定，保险单中的“保险赔付地点”栏目一般填写目的港（地），以方便进口商向保险公司办理索赔手续。

10. C。理由：由于运输由两程运输完成，所以该栏必须同时填写第一程船和第二程船的船名，表述方式为“第一程船名/第二程船名”。选项 D 多了中转港口的名称，该中转港的名称不是在此栏目填写。

11. C。理由：由于信用证中没有规定具体的投保险别，根据《2020 年通则》的规定，我方只需投保最低险别（平安险）即可，又由于出口商品是陶瓷制品，我方附加投保碰损破碎险也可以。选项 A、B、D 的投保不符合逻辑关系，一切险已包含水渍险，水渍险已包含平安险，一般附加险更是包含在一切险之中。

12. D。理由：根据信用证条款规定，duplicate 意思为一式两份；all risks、war risk 意思为一切险和战争险。信用证条款规定保单一式两份，投保一切险和战争险，只有选项 D 符合要求。

13. D。理由：当运输由两程运输完成时，应分别填写一程船和二程船的名称，填写方式为：一程船名/二程船名，例如：March/FuXing。

14. C。理由：按惯例，保单的开航日期可填写提单签发日，或填写“AS PER B/L”，也可填写提单签发日前后各五天之内的任一天，选项 C 超出了这一范围。

15. D。理由：由于进口时通常采取的是“预约保险”的做法，进口方与保险公司签订有预约保险合同，合同中规定以国外寄来的装运通知替代投保单，保险公司在收到进口方交来的装运通知后，就负自动承保的责任。

（三）多项选择题

1. ABD。理由：我国海洋运输货物保险的基本险别有平安险、水渍险和一切险。

2. AD。理由：根据《2020 年通则》的规定，FOB 和 CRF 卖方不承担投保的责任，进口商必须自行投保或委托卖方投保，并支付保险费。

3. AB。理由：根据中国人民财产保险股份有限公司《海洋运输货物保险条款（2009 版）》，All Risks 是一切险；W. A. 是水渍险；这两种险都属于基本险别，应排除。Shortage Risk 是短量险；Leakage Risk 是渗漏险；这两种险都属于一般附加险。

4. ACD。理由：根据《2020 年通则》的规定，以 CIF 贸易术语成交，合同或信用证中没有规定具体险别，或只规定“Marine Risk”“Transport Rick”“Usual Risk”，则卖方可以投保一切险、水渍险、平安险中的任何一种。

5. CD。理由：选项 A 重复，水渍险已包含平安险；选项 B 都是一般附加险，不能单独投保。

6. AC。理由：按照中国人民财产保险股份有限公司《海洋运输货物保险条款（2009版)》的规定，属于我国海洋运输货物保险中的基本险有 FPA（平安险）、WPA（水渍险）和 ALL RISKS（一切险）。选项 B 属于伦敦保险协会条款中的险别，选项 D 战争险是特殊附加险。

7. ABC。理由：伦敦保险协会制定的《海运货物保险条款》(*Institute Cargo Clauses*)有六种保险险别，分别是 ICC（A）、ICC（B）、ICC（C）、协会战争险、协会罢工险、恶意损害险。六种险别中只有恶意损害险不能单独投保，其余五种险别都可以单独投保。

8. ABD。理由：按规定，共同海损分摊时，应由船方、货方和运费方按最后获救的价值共同按比例分摊。

9. BD。理由：按照中国人民财产保险股份有限公司《海洋运输货物保险条款（2009版)》的规定，一般附加险主要有偷窃提货不着险、淡水雨淋险等 11 种，特殊附加险有战争险、罢工险、舱面险、交货不到险等 8 种。

10. ABCD。理由：T. P. N. D. LOSS 是指偷窃提货不着险，DAMAGE CAUSED BY HEAT，SHIP'S SWEAT 是指受潮受热险，ODOUR 是指串味险，BREAKAGE OF PACKING 是指破碎险。

（四）判断题

1. 错误。理由：水渍险属于基本险别。

2. 正确。理由：保险的投保地点一般填写装运港（地）的名称。

3. 错误。理由：我国海运货物基本险的保险期限一般采用“仓到仓”的原则。

4. 错误。理由：按规定，保险单（大保单）和保险凭证（小保单）具有同等的法律效力。

5. 正确。理由：在国际货物运输中，先投保后装运可以使承保范围内的货物运输风险转移给保险人承担。因此，保险单的签发日期应该早于海运提单的签发日期。否则，根据《UCP600》的规定，银行有权拒付。

6. 错误。理由：按照我国《海洋运输货物保险条款（2009 版)》的规定，一切险不包含特殊附加险，即一切险的承保范围不包括特殊外来原因造成的损失。

7. 错误。理由：如信用证规定按 ICC 条款投保，实务中，我保险公司可以根据信用证的规定和客户的要求，按 ICC 条款的有关规定承保。

8. 错误。理由：保险单“包装及数量”一栏应该填写最大包装的总件数，不必详细填写货物本身的计价数量。裸装货物填写货物本身件数，散装货物填写货物净重，有包装但以重量计量的应同时填写总件数和计价总数量。

9. 错误。理由：根据《UCP600》的规定，单据要求提交份数为“IN TWO COPIES”时应提交一正一副两份保单。

10. 正确。理由：按照中国人民财产保险股份有限公司《海洋运输货物保险条款(2009 版)》，保险公司对于海运战争险的保险责任起讫是仅负责水上风险。

11. 错误。理由：按照我国现行的《海洋货物运输保险条款（2009 版)》的规定，投保水渍险时，保险公司仅负责由于海水造成的损失。如果投保了一般附加险淡水雨淋险，则该损失保险公司将予以赔偿。

12. 错误。理由：按照我国《海洋运输货物保险条款（2009 版）》的规定，战争险与罢工险作为特殊附加险，均不能单独投保。

13. 正确。理由：保险公司按伦敦保险协会制定的《协会货物条款》中的 ICC（A）、ICC（B）和 ICC（C）三种险别承保的责任范围与按我国《海洋运输货物保险条款（2009 版）》中 ALL RISKS、WPA 和 FPA 承保的责任范围大致相同。

14. 正确。理由：联合保险凭证是指商业发票上面加盖保险章，注明保险编号、险别、金额、装载船名、开船日期等，作为保险凭证，与保险单有同等效力，但不能转让。

15. 错误。理由：以 CFR 术语进口钢材，我方公司承担货物在装运港装上船之后的风险，我方也只有在装运港货物装上船后才有可保利益，所以保险公司对我方的承保责任范围实质为“船至仓”。

（五）案例分析

1. 答：保险公司对于该损失不应该赔偿。因为保单的被保险人为买方，而以 CFR 条件成交，根据《2020 年通则》的规定，买方承担货物自在装运港装上船之后的风险，所以保险公司的保险责任范围实质上已不再是“仓至仓”，其仅对被保险人投保的货物，在承保范围内，承担货物自在装运港装上船之后损失的赔偿责任。

本案，货物是用驳船从广州乌冲码头运往盐田港装船时，由于触礁而全部灭失，虽然属于保险公司的保险责任范围内，但保险单记载的被保险人为买方，不是卖方，保险公司不会向卖方赔偿。对于买方来说，由于货损发生时货物仍然是卖方所有，只有在装运港装上船之后，买方才承担风险责任，才对货物具有可保利益。在买方没有可保利益的情况下，即使是买方投保，货损也属于承保范围，保险公司也不承担向买方赔偿的责任。

2. 答：保险公司对于该损失不予赔偿。因为投保罢工险，保险公司只对罢工造成的直接损失进行赔偿，而对于间接损失不予赔偿。本案，羊肉变质是码头工人罢工而致无人卸货，一个星期后由于无法补充燃料，货轮上的冷冻设备停止运转而造成的，属于间接损失，所以保险公司不予赔偿。

（六）阅读理解

（1）保险人：PICC PROPERTY AND CASUALTY COMPANY LIMITED GUANGDONG BRANCH

（2）被保险人：××× New Materials Tech Co.，Ltd

（3）保单号：PYIE202044942300E02780

（4）发票号：ZSW20200326

（5）合同号：ZSW20200326

（6）提单号：322945866ZHN

（7）保险货物的名称：WPC DECKING（CHOCOLATE COLOR）
WPC DECKING（REDWOOD COLOR）

（8）保险金额：USD20, 833. 82

（9）包装及数量：16PKG

（10）唛头：EGHU9590894

EMCGLA0180

N/M

（11）装载运输工具名称：BAL PEACE N005

（12）正本保单份数：TWO

（13）赔款偿付地点：TAICHUNG，TW

（14）赔款偿付货币：IN USD

（15）对被保险人来说，该笔交易是出口贸易。

（16）该保单投保一切险。采用中国人民财产保险股份有限公司《海洋运输货物保险条款（2009 版）》。

（17）保险货物在运输过程中发生了转运。装运港为 ZHONGSHAN，CN；目的港为 TAICHUNG，TW；中转港口为 HONG KONG，HK。

（18）货物的启运日期为 May 11，2020，保单的签发日期为 May 9，2020。货物的启运日期在保单的签发日期之后，可以确保运输过程中发生承保范围内的损失时，可以得到保险公司的赔偿。如果启运后再投保，则启运日到投保日之间的货损，保险公司不予赔偿。因此，《UCP600》也规定，银行不接受投保日期在启运日期之后的单据。

（19）若合同或信用证没有特别规定，出口商到银行办理议付时，需要对该保单进行空白背书。

（七）单据填制

1. 单据填制一

PICC PROPERTY

中保财产保险有限公司

The People's Insurance (Property) Company of China, Ltd.

发票号码　　　　　　　　　　保险单号次

Invoice No. KW－030419　　　　Policy No. KC03－85362

海 洋 货 物 运 输 保 险 单

MARINE CARGO TRANSPORTATION INSURANCE POLICY

被保险人：

Insured: G. M. G. HARDWEAR & TOOLS IMP. & EXP. COMPANY LTD.（被保险人背面进行空白背书）

中保财产保险有限公司（以下简称本公司）根据被保险人的要求，及其所缴付约定的保险费，按照本保险单承担险别和背面所载条款与下列特别条款承保下列货物运输保险，特签发本保险单。

This policy of Insurance witnesses that the People's Insurance (Property) Company of China, Ltd. (hereinafter called "the Company"), at the request of the Insured and in consideration of the agreed premium paid by the Insured, undertakes to insure the undermentioned goods in transportation subject to the conditions of this Policy as per the Clauses printed overleaf and other special clauses attached hereon.

保险货物项目 Descriptions of Goods	包装 单位 数量 Packing Unit Quantity	保险金额 Amount Insured
HANDLE TOOLS TOTAL: 350 PACKAGES	350 PACKAGES	USD51,150.00

承保险别
Conditions

COVERING INSTITUTE CARGO CLAUSES(A)
AND WAR RISKS

货物标记
Marks of Goods

ZELLERS CANADA
VANCOUVER

总保险金额：

Total Amount Insured: US DOLLARS FIFTY-ONE THOUSAND ONE HUNDRED AND FIFTY ONLY.

保费　　载运输工具　　开航日期

Premium as arranged　Per conveyance S. S. CHAO HE/ZIM CANADA V. 44E　Slg. on or abt. APR. 19, 2020

起运港　　目的港

From GUANGZHOU　to VANCOUVER W/T HONG KONG

所保货物，如发生本保险单项下可能引起索赔的损失或损坏，应立即通知本公司下述代理人查勘。如有索赔，应向本公司提交保险单正本（本保险单共有　份正本）及有关文件。如一份正本已用于索赔，其余正本则自动失效。

In the event of loss or damage which may result in a claim under this Policy, immediate notice must be given to the Company's Agent as mentioned hereunder. Claims, if any, one of the Original Policy which has been issued in ONE Original(s) together with the relevant documents shall be surrendered to the Company. If one of the Original Policy has been accomplished, the others to be void.

中保财产保险有限公司

THE PEOPLE'S INSURANCE (PROPERTY) COMPANY OF CHINA, LTD.

赔款偿付地点

Claim payable at CANADA

日期　　在

Date APR. 19, 2020　at GUANGZHOU

地址：

Address:

2. 单据填制二

中保财产保险有限公司

The People's Insurance (Property) Company of China, Ltd.

PICC PROPERTY

发票号码　　　　　　　　　　　　　　保险单号次

Invoice No. 020603GTB　　　　　　　　Policy No. KC53696265

海　洋　货　物　运　输　保　险　单

MARINE CARGO TRANSPORTATION INSURANCE POLICY

被保险人：

Insured: GUANGDONG TEXTILES IMP. & EXP. COTTON MANUFACTURED GOODS COMPANY LTD.

中保财产保险有限公司（以下简称本公司）根据被保险人的要求，及其所缴付约定的保险费，按照本保险单承担险别和背面所载条款与下列特别条款承保下列货物运输保险，特签发本保险单。

This policy of Insurance witnesses that the People's Insurance (Property) Company of China, Ltd. (hereinafter called "the Company"), at the request of the Insured and in consideration of the agreed premium paid by the Insured, undertakes to insure the undermentioned goods in transportation subject to the conditions of this Policy as per the Clauses printed overleaf and other special clauses attached hereon.

保险货物项目 Descriptions of Goods	包装 单位 数量 Packing Unit Quantity	保险金额 Amount Insured
GUITAR ITEM NO. 948	170CTNS	USD13,875.00

承保险别　　　　　　　　　　　　　　货物标记

Conditions　　　　　　　　　　　　　Marks of Goods

COVERING INSTITUTE CARGO CLAUSES (A)　　KCHCSB

AND WAR RISKS　　　　　　　　　　　　HAMBURG

总保险金额：

Total Amount Insured: US DOLLARS THIRTEEN THOUSAND EIGHT HUNDRED AND SEVENTY-FIVE ONLY.

保费　　　　　　载运输工具　　　　　　　　开航日期

Premium PAID　　Per conveyance S. S. NANTU V. 832　　Slg. on or abt. JUN. 25, 2020

起运港　　　　　　　　目的港

From GUANGZHOU　　to HAMBURG

所保货物，如发生本保险单项下可能引起索赔的损失或损坏，应立即通知本公司下述代理人查勘。如有索赔，应向本公司提交保险单正本（本保险单共有　　份正本）及有关文件。如一份正本已用于索赔，其余正本则自动失效。

In the event of loss or damage which may result in a claim under this Policy, immediate notice must be given to the Company's Agent as mentioned hereunder. Claims, if any, one of the Original Policy which has been issued in ONE Original (s) together with the relevant documents shall be surrendered to the Company. If one of the Original Policy has been accomplished, the others to be void.

中保财产保险有限公司

THE PEOPLE'S INSURANCE (PROPERTY) COMPANY OF CHINA, LTD.

赔款偿付地点

Claim payable at HAMBURG

日期　　　　　　　　在

Date JUN. 25, 2020　at GUANGZHOU

地址：

Address:

注：被保险人在保险单背面空白背书。

（八）单据审核

1. 单据审核一

该保险单存在如下问题：

（1）保险单号次错，修正为 Policy No：AA3546897；

（2）被保险人须在保险单背面进行空白背书；

（3）保险单唛头中的目的港错，修正为 Mark of Goods：SK/ YOKOHAMA /NOS. 1 –410；

（4）船名错，修正为 Per conveyance S. S. ：NEDLLOYD HONSHU V. 3165；

（5）赔款偿付地点错，修正为 Claim payable at：YOKOHAMA。

2. 单据审核二

该保险单存在如下问题：

（1）保险单号次错，修正为 Policy No. ：2020A512；

（2）保险单唛头中的参考号错，修正为 Marks of Goods：H&L/HAMBURG/ 6580；

（3）Total Amount Insured：EUROPEAN DOLLAR THIRTY FOUR THOUSAND FIVE HUNDRED AND SEVENTY – ONE ONLY. ；

（4）Slg. on or abt. ：AUG. 23，2020；

（5）Date：AUG. 22，2020；

（6）被保险人须在保险单背面进行空白背书。

第五节　原产地证明书

一、练习题

（一）中英文术语、短语互译

1. 中译英

（1）原产地证　（2）普惠制

（3）出口方（出口商）　（4）收货方（收货人）

（5）签证机构　（6）商品编码

（7）原产地标准　（8）目的地地区

（9）影印本　（10）出口商声明

2. 英译中

（1）Original　（2）Certificate of Origin form A

（3）Means of Transport and Route　（4）Number and Kind of Packages

（5）Competent Authorities　（6）for Official Use

（7）Marks and Numbers　（8）Description of Goods

（9）Country of Destination　（10）Chamber of Commerce

（二）单项选择题

1. 根据我国的规定，出口企业最迟于货物报关出运前（　　）向签证机构申请办理原产地证。

A. 7 天　B. 3 天　C. 10 天　D. 5 天

2. “GSP 原产地证”表示（　　）。

A. 一般原产地证书　B. 普惠制原产地证书

C. 欧盟体纺织品专用产地证　D. 对美国出口纺织品声明书

3. 普惠制是（　　）对发展中国家出口产品给予的一种关税优惠制度。

A. 发达国家　B. 发展中国家　C. 美国　D. 欧盟

4. 下列不属于普惠制原则的是（　　）。

A. 普遍原则　B. 非互惠原则　C. 严格符合原则　D. 非歧视原则

5. 下列不属于普惠制原产地规则的是（　　）。

A. 原产地标准　B. 直接运输规则　C. 书面证明　D. 单边优惠规则

6. 原产地证明书中“FROM SHENZHEN TO HAMBURG BY VESSEL VIA HONG KONG”，表示（　　）。

A. 由深圳经香港转运至汉堡　B. 由香港经深圳转运至汉堡

C. 由汉堡经香港转运至深圳　D. 由深圳经汉堡转运至香港

7. 欧洲联盟十五国、瑞士政府规定，普惠制原产地证明书的有效期为自进口之日起（　　）内。

A. 5 个月　　B. 5 天　　C. 10 个月　　D. 10 天

8. 在原产地证明书格式 A 有关“商品名称、数量及包装种类”的填制中，“2 000 朵塑料玫瑰花”的规范填法是（　　）。

A. TWO THOUSAND ROSES

B. 2000 Pieces ROSES

C. TWO THOUSAND（2000）PIECES OF ARTIFICIAL FLOWERS

D. TWO THOUSAND PIECES ARTIFICIAL FLOWERS

9. 在原产地证明书格式 A 的填制中，下列发票日期填写正确的是（　　）。

A. 12. 09. 2015　　B. SEP. 12，2015　　C. 20150912　　D. SEP. 12，15

10. 根据我国的规定，我国签发普惠制原产地证 FORM A 的机构是（　　）。

A. 中国国际商会　　B. 中国海关总署及各省市检验检疫机构

C. 中国商务部及各省市经贸厅　　D. 各省市国际贸易促进会

11. 普惠制原产地证明书 FORM A “Origin criterion（原产地标准）”栏目，如果出口商品完全是出口国自产的，不含有进口成分的商品，出口到所有给惠国，则该栏目填写（　　）。

A. “P”　　B. “W”　　C. “Y”　　D. “F”

12. 信用证条款：GSP Certificate of Origin，Form A，certifying goods of origin in China，issued by competent authorities. 根据该信用证条款的规定，该批出口商品的 FORM A 单据签发机构为（　　）。

A. 贸促会　　B. 中国海关总署及各省市检验检疫机构

C. 公证处　　D. 法院

13. 信用证条款：Certificate of Origin in two fold indicating that goods are of Chinese origin issued by Chamber of Commerce，根据该信用证条款的规定，该批出口商品的原产地证的签发机构为（　　）。

A. 商会　　B. 出入境检验检疫局

C. 公证处　　D. 海关

（三）多项选择题

1. 产地证明书一般可以分为（　　）。

A. 普通产地证　　B. 普惠制产地证

C. 欧洲纺织品产地证　　D. 原产地证

2. 在我国，签发原产地证的机构包括（　　）。

A. 法院　　B. 中国海关总署及各省市检验检疫机构

C. 商务部及各省市经贸厅　　D. 各省市贸促会

3. 出口企业在办理原产地证时，必须提交的单证有（　　）。

A. 《中华人民共和国出口货物原产地证书/加工装配证明申请书》

B. 《中华人民共和国出口货物原产地证书》一式四份

C. 出口货物商业发票

D. 签证机构认为必要的其他证明文件

4. 普惠制原产地规则包括（　　）。

A. 原产地标准　　B. 直接运输规则　　C. 产品标准　　D. 书面规则

5. 普惠制原产地证明书 FORM A 的申报日期，可以（　　）。

A. 早于发票日期　　B. 不得早于发票日期

C. 与发票日期同日　　D. 与提单日期同日

6. 一般原产地证“数量（Quantity）”栏目，以下数量的填写符合规范的是（　　）。

A. 100 KGS　　B. 10 M/T　　C. N. W. 23 M/T　　D. 34 SETS

7. 普惠制原产地证明书 FORM A 原产地标准栏目，如果出口商品完全是出口国自产的，不含有进口成分的商品，出口到澳大利亚、新西兰，该栏目可填写（　　）。

A. “P”　　B. “W”　　C. “Y”　　D. 留空

（四）判断题

1. 普惠制原产地证明书 FORM A 一般使用英文填制，应进口商的要求，也可使用法文，除此之外，证书不得使用其他文种。（　　）

2. 普惠制原产地证明书 FORM A 的收货人应填写最终收货人的名称。如果信用证未明确最终收货人，可以填写商业发票的抬头人，也可填写中间商的名称。（　　）

3. 含有进口成分的产品，出口到加拿大，普惠制原产地证明书 FORM A 的原产地标准栏目填“W”。（　　）

4. 根据日本政府的规定，普惠制原产地证明书 FORM A 的有效期为自商品进口入境之日起 4 个月内。（　　）

5. 普惠制的原则有非普遍原则、非互惠原则和非歧视原则。（　　）

6. 非互惠原则是指非对等的，发达国家应单方面给予发展中国家优惠关税待遇，而不要求发展中国家给予同等待遇。（　　）

7. 非歧视原则是指应对所有的发展中国家都给予优惠待遇，不应区别对待，不应有例外。（　　）

8. 填写原产地证明书的“运输标志”栏目时，可以简化填写为“AS PER INVOICE NO”或者“AS PER B/L NO”。（　　）

9. 对于一般原产地证，若同一证书里包括几种产品，则应将相应的商品编码在证书中的“H. S. Code”栏目逐一全部填写，不得漏缺。（　　）

10. 在填写 FORM A 的时候，商品的商标、品牌等信息必须填写，否则无效。（　　）

（五）阅读理解

1. 阅读理解一

ORIGINAL

1. Exporter GUANGDONG METALS AND MINERALS IMP AND EXP GROUP CORP. NO. 774 DONG FENG ROAD (E.), GUANGZHOU, CHINA ***	Serial No. CCPIT620 1903924445 Certificate No. 19C4401A0005/00780 CERTIFICATE OF ORIGIN OF THE PEOPLE'S REPUBLIC OF CHINA
2. Consignee ABC COMPANY LTD., KICT	
3. Means of transport and route FROM HUANGPU CHINA TO KICT PAKISTAN BY SEA	5. For certifying authority use only CHINA COUNCIL FOR THE PROMOTION OF INTERNATIONAL TRADE IS CHINA CHAMBER OF INTERNATIONAL COMMERCE VERIFY URL:HTTP://CHECK.CCPITECO.NET/
4. Country / region of destination PAKISTAN	

6. Marks and numbers	7. Number and kind of packages; description of goods	8. H.S.Code	9. Quantity	10. Number and date of invoices
KHAS KARACHI	THREE THOUSAND TWO HUNDRED AND THIRTY EIGHT (3238) CARTONS OF XYZ GOODS ***	73239900	29968KGS	GMBLH2019340 NOV.09,2019

11. Declaration by the exporter The undersigned hereby declares that the above details and statements are correct, that all the goods were produced in China and that they comply with the Rules of Origin of the People's Republic of China. GUANGDONG METALS & MINERALS IMP. & EXP. (GROUP) CORP. 廣東省五金礦產進出口集團有限公司 GUANGZHOU,CHINA NOV.14,2019 Place and date, signature and stamp of authorized signatory	12. Certification It is hereby certified that the declaration by the exporter is correct. 中国国际贸易促进委员会单据证明专用章（粤）CHINA COUNCIL FOR THE PROMOTION OF INTERNATIONAL TRADE (GUANG DONG) ADDRESS:FIRST FLOOR GOCTIC CENTRE, NO.450, HUANSHIDONGLU,GUANGZHOU 510075 FAX:86-20-87616497 TEL:020-87618827 GUANGZHOU,CHINA NOV.14,2019 Place and date, signature and stamp of certifying authority

page 1 of 1

根据上面的原产地证找出相应的内容。
（1）出口商：
（2）收货人：
（3）运输方式和路线：
（4）目的地国家（地区）：
（5）运输标志：
（6）商品名称：
（7）包装数量：
（8）商品编码：
（9）发票号码：
（10）发票日期：
（11）申请日期：
（12）签发日期：
（13）签证机构：

2. 阅读理解二

根据下面的 FORM A 找出相应的内容。
（1）出口商：
（2）收货人：
（3）运输方式和路线：
（4）FORM A 号码：
（5）商品名称及包装数量：
（6）原产地标准：
（7）发票号码：
（8）发票日期：
（9）申请日期：
（10）签发日期：
（11）签证机构：

ORIGINAL

1. Goods consigned from (Exporter's business name, address, country)

GUANGDONG MACHINERY IMPORT AND EXPORT COMPANY LIMITED
726 DONGFENG ROAD EAST, GUANGZHOU, CHINA

Reference No. G202311126320132　　(PAGE 1 OF 2)

GENERALIZED SYSTEM OF PREFERENCES
CERTIFICATE OF ORIGIN
(Combined declaration and certificate)
FORM A

Issued in THE PEOPLE'S REPUBLIC OF CHINA
(Country)

See notes overleaf

2. Goods consigned to (Consignee's name, address, country)

ABCD COMPANY LTD.,

3. Means of transport and route (as far as known)

ON/AFTER MAR. 26, 2020
FROM HUANGPU, CHINA TO GERMANY THROUGH ROTTERDAM, NETHERLANDS BY VESSEL

4. For official use

ISSUED RETROSPECTIVELY

Verification: origin.customs.gov.cn

5. Item number	6. Marks and numbers of packages	7. Number and kind of packages, description of goods	8. Origin criterion (see notes overleaf)	9. Gross weight or other quantity	10. Number and date of invoices
1		TWO HUNDRED AND FIFTY (250) CTNS OF X GOODS LUX ITEM NO.: 116239	"P"	1000PCS	20INV020 MAR. 26, 2020
2		TWO HUNDRED AND FIFTY (250) CTNS OF Y GOODS LUX ITEM NO.: 116243 *** *** *** *** *** ORDER NO.: 381811	"P"	1000PCS	
	4 X 116239 (SCAN-ABLE BARCODE STICKER) LUX / EUROMATE / ROTTERDAM GROSS WEIGHT: KG NET WEIGHT: KG MEASUREMENT: X X CM ORDER NO.: 381811 CARTON NO.: OF				

11. Certification

It is hereby certified, on the basis of control carried out, that the declaration by the exporter is correct.

Guangzhou, China, MAR. 27, 2020

Place and date, signature and stamp of certifying authority　000082920195

12. Declaration by the exporter

The undersigned hereby declares that the above details and statements are correct; that all the goods were produced in

CHINA
(country)

and that they comply with the origin requirements specified for those goods in the Generalized System of Preferences for goods exported to

GERMANY
(Importing country)

Guangzhou, China, MAR. 27, 2020

Place and date, signature of authorized signatory

191035467

（六）单据填制

1. 单据填制一

广东省纺织品进出口针织品有限公司向希腊某商出口一批塑胶玩具，该出口公司产地证申报员张强拟于 2020 年 10 月 7 日向广州检验检疫局申报，公司电话：78787878。请你根据下面的商业发票帮张强填制“一般原产地证明书”。

广东省纺织品进出口针织品有限公司

GUANGDONG TEXTILES IMP. & EXP. KNITWEARS COMPANY LIMITED 15/F.,
GUANGDONG TEXTILES MANSION 168 XIAOBEI ROAD, GUANGZHOU, CHINA

商业发票
COMMERCIAL INVOICE

Messrs:
JOHNSON
KREONTOS 30 STR.
GREECE

INVOICE NO. : YSM1999B
INVOICE DATE : OCT. 05, 2020
L/C NO. : KDTT524250
L/C DATE : AUG. 20, 2020
S/C NO. : GD – 98TX2509

Exporter:
GUANGDONG TEXTILES IMP. & EXP.
KNITWEARS COMPANY LIMTIED
15/F., GUANGDONG TEXTILES MANSION
168 XIAOBEI ROAD, GUANGZHOU, CHINA

Transport details:
FROM GUANGZHOU TO PIRAEUS GREECE
BY VESSEL SAILING DATE: OCT. 15, 2020

Terms of Payment:
BY L/C

MARKS AND NUMBERS	DESCRIP. OF GOODS	QUANTITY	UNIT PRICE	AMOUNT
JOHNSON 97KCS05111 NO. 1 – 500 MADE IN CHINA	H. S. NO.: 9503. 90 PLASTIC TOYS	10, 000PCS	USD1. 60/PC	USD16, 000. 00

FOB GUANGZHOU USD16, 000. 00

TOTAL QUANTITY: 10, 000PCS PACKING: 500CARTONS
TOTAL: US DOLLARS SIX THOUSAND ONLY.

广东省纺织品进出口针织品有限公司
GUANGDONG TEXTILES IMP. & EXP.
KNITWEARS COMPANY LIMITED
（签章）

2. 单据填制二

广东省轻工家电有限公司出口一批产品到比利时，该产品完全为我国江西浪花毛织厂自产，不含任何进口成分，请你根据下面的商业发票帮该公司产地证申报员张强（2020年3月18日申报，预定出口装运日期为2020年3月22日）填制“普惠制产地证明书FORM A”。

广 东 省 轻 工 家 电 有 限 公 司

GUANGDONG LIGHT ELECTRICAL APPLIANCES COMPANY LIMITED

52 DEZHENG ROAD SOUTH, GUANGZHOU, CHINA

商 业 发 票

COMMERCIAL INVOICE

MESSRS.:
BRUSSELSLACES AND GIFTS SERV. SA
RUE DE LUSAMBO. 21/23
1190 BRUXELLES, BE

INVOICE NO. : GD05753
IINVOICE DATE : FEB. 28, 2020
IL/C NO. : 21036414276424
IS/C NO. : D/269/97

EXPORTER:
GUANGDONG LIGHT ELECTRICAL
APPLIANCES COMPANY LIMITED

TRANSPORT DETAILS:
FROM GUANGZHOU TO ANTWERP BELGIUM
W/T HONG KONG BY VESSEL

ITERMS OF PAYMENT:
BY L/C

MARKS & NO.	DESCRIP. OF GOODS	QUANTITY	UNIT PRICE	AMOUNT
AL SHAMALI ANTWERP	COTTON PRINTED VELVET TOWELS H. S. CODE: 6302. 5900	3,936PCS	@ USD3. 64/	USD14,327. 04
			CIF ANTWERP	USD14,327. 04

TOTAL QUANTITY: 3,936PCS PACKING: 160CTNS

TOTAL: US DOLLARS FOURTEEN THOUSAND AND THREE HUNDRED TWENTY-SEVEN POINT FOUR ONLY.

GUANGDONG LIGHT ELECTRICAL
APPLIANCES COMPANY LIMITED
（签章）

（七）单据审核

广东省东风进出口公司（GUANGDONG DONGFENG IMPORT AND EXPORT CORP. 122 DONGFENG ROAD EAST，GUANGZHOU.）与 SANYEI HONG KONG 14/F.，KAISER ESTATE 1，MANYUE STREET，HUNG HOM，SYDNEY，AUSTRALIA 达成一笔交易，内容主要有：2 400 件不锈钢铲头（STAINLESS STEEL SPADE HEAD），每 12 件扎成 1 捆，2019 年 12 月 1 日出运，该公司填制好如下"FORM A"，请审核并修改。

ORIGINAL

1. Goods consigned from (Exporter's business name, address, country)
GUANGDONG DONGFENG IMPORT AND
EXPORT CORP.
122 DONGFENG ROAD EAST, GUANGZHOU

Reference No.
GZ9/12078/6311

GENERALIZED SYSTEM OF PREFERENCES
CERTIFICATE OF ORIGIN
(Combined declaration and certificate)
FORM A

Issued in THE PEOPLE'S REPUBLIC OF CHINA
(country)
See Notes overleaf

2. Goods consigned to (Consignee's name, address, country)
SANYEI HONG KONG
14/F., KAISER ESTATE 1, MANYUE STREET,
HUNG HOM, SYDNEY

3. Means of transport and route (as far as known)
ON/AFTER DEC. 01, 2019
FROM GUANGZHOU TO SYDNEY

4. For official use

5. Item number	6. Marks and numbers of packages	7. Number and kind of packages; description of goods	8. Origin criterion (see Notes overleaf)	9. Gross weight or other quantity	10. Number and date of invoices
1	KMART SYDNEY NO. 1 – 200	TWO THOUDAND FOUR HUNDRED (2,400) PCS OF STAINLESS STEEL SPADE HEAD * * * * * * * * * * * * * * * * * * *	"P"	2,400PCS	YSM199901 NOV. 11, 2019

11. Certification
It is hereby certified, on the basis of control carried out, that the declaration by the exporter is correct.

GUANGZHOU NOV. 21, 2019
Place and date, signature and stamp of certifying authority

12. Declaration by the exporter
The undersigned hereby declares that the above details and statements are correct; that all the goods were produced in
GUANGZHOU
(country)
and that they comply with the origin requirements specified for those goods in the Generalized System of Preferences for goods exported to
SYDNEY
(importing country)

GUANGZHOU NOV. 20, 2019
Place and date, signature of authorized signatory

二、练习题参考答案

（一）中英文术语、短语互译

1. 中译英

（1）Certificate of Origin
（2）Generalized System of Preference
（3）Exporter
（4）Consignee
（5）Certificate Authority
（6）H. S. Code
（7）Origin Criterion
（8）Region of Destination
（9）Photocopy
（10）Declaration by the Exporter

2. 英译中

（1）正本
（2）原产地证格式 A
（3）运输方式和路线
（4）包装种类和数量
（5）授权当局
（6）供官方使用
（7）运输标志和号码
（8）货物描述
（9）目的地国家
（10）商会

（二）单项选择题

1. B。理由：根据我国的规定，出口企业最迟于货物报关出运前 3 天向签证机构申请办理原产地证。

2. B。理由："GSP" 是 "Generalized System of Preference" 的缩语，其中文意思为普遍优惠制度。"GSP 原产地证" 表示 "普惠制原产地证书"。

3. A。理由：普惠制是发达国家对发展中国家出口产品给予的一种关税优惠制度。

4. C。理由：普惠制原则包括普遍原则、非互惠原则和非歧视原则。

5. D。理由：普惠制原产地规则包括原产地标准、直接运输规则和书面证明。

6. A。理由："FROM SHENZHEN TO HAMBURG BY VESSEL VIA HONG KONG"，表示由深圳经香港转运至汉堡，也可写为 "FROM SHENZHEN TO HONG KONG ON JUNE 5, 2015, THENCE TRANSHIPMD TO HAMBURG BY VESSEL VIA "。

7. C。理由：欧洲联盟十五国、瑞士政府规定，普惠制原产地证明书的有效期为自进口之日起 10 个月内。

8. C。理由：原产地证明书格式 A 有关 "商品名称、数量及包装种类" 的表述有相应的规范，具体是 "英文大写数量（阿拉伯数字小写） + OF + 商品的英文名称"。

9. B。理由：发票日期的月份必须用英文（可用缩写）规范表示。

10. B。理由：根据我国的规定，签发普惠制原产地证 FORM A 的机构是中国海关总署及各省市检验检疫机构。

11. A。理由：按联合国贸发会议优惠问题特别委员会的规定，如果出口商品完全是出口国自产的，不含有进口成分的商品，出口到所有给惠国，则原产地标准栏目填写 "P"。

12. B。理由：我国授权签发 FORM A 的机构为中国海关总署及各省市检验检疫机构。

13. A。理由：在我国，一般原产地证明书的签发机构可以是中国商会，也可以是中国海关总署及各省市检验检疫机构。本信用证条款指定由“Chamber of Commerce”，即中国商会签发。

（三）多项选择题

1. ABCD。理由：产地证明书一般可以分为普通产地证（又称原产地证）、普惠制产地证、欧洲纺织品产地证、原产地证

2. BD。理由：根据我国的规定，签发原产地证的机构包括中国海关总署及各省市检验检疫机构和各省市贸促会。

3. ABCD。理由：根据我国的规定，出口企业在办理原产地证时，必须真实、完整、正确地提交《中华人民共和国出口货物原产地证书/加工装配证明申请书》，《中华人民共和国出口货物原产地证书》一式四份，出口货物商业发票和签证机构认为必要的其他证明文件。

4. ABD。理由：普惠制原产地规则包括原产地标准、直接运输规则、书面规则。

5. BCD。理由：按联合国贸发会议优惠问题特别委员会的规定，普惠制原产地证明书 FORM A 的申报日期，不得早于发票日期。

6. CD。理由：选项 A 和选项 B 的表述 100 KGS、10 M/T 没有写明是净重还是毛重，不清晰，不符合规范。

7. AD。理由：按联合国贸发会议优惠问题特别委员会的规定，输往澳大利亚、新西兰的商品，如果出口商品完全是出口国自产的，不含有进口成分，则普惠制原产地证明书 FORM A 中的原产地标准栏目可填写“P”，也可以留空不填。

（四）判断题

1. 错误。理由：按联合国贸发会议优惠问题特别委员会的规定，普惠制原产地证明书 FORM A 在特殊情况下，第二栏可以使用给惠国的文种。

2. 错误。理由：按联合国贸发会议优惠问题特别委员会的规定，普惠制原产地证明书 FORM A 的收货人不可填写中间商的名称。

3. 错误。理由：含有进口成分的产品，出口到加拿大，普惠制原产地证明书 FORM A 的原产地标准栏目应填写“F”。

4. 错误。理由：根据日本政府的规定，普惠制原产地证明书 FORM A 的有效期为自签发机关签发之日起 4 个月内。

5. 错误。理由：普惠制的原则有普遍原则、非互惠原则和非歧视原则。

6. 正确。理由：普惠制的目的就是发达国家帮助发展中国家多出口商品来发展经济，因此，发达国家单方面给予发展中国家优惠关税待遇，不要求发展中国家给予发达国家同等待遇。

7. 正确。理由：按联合国贸发会议优惠问题特别委员会的规定，普惠制对所有的发展中国家都给予优惠待遇，不区别对待，不应有例外。

8. 错误。理由：填写原产地证明书的“运输标志”栏目时，不可简化填写，需要按

出口发票上所列唛头填写完整图案、文字标记及包装号码。

9. 正确。理由：若同一证书里包括几种产品，则应将相应的 H. S. Code（商品编码）全部填写，不得漏缺。

10. 错误。理由：在填写 FORM A 的时候，商品的商标、品牌的信息一般可以不填写。

（五）阅读理解

1. 阅读理解一

（1）出口商：GUANGDONG METALS AND MINERALS IMP AND EXP GROUP CORP
NO. 774 DONG FENG ROAD（E.），GUANGZHOU，CHINA

（2）收货人：ABC COMPANY LTD.，KICT

（3）运输方式和路线：FROM HUANGPU CHINA TO KICT PAKISTAN BY SEA

（4）目的地国家（地区）：PAKISTAN

（5）运输标志：KHAS KARACHI

（6）商品名称：XYZ GOODS

（7）包装数量：THREE THOUSAND TWO HUNDRED AND THIRTY EIGHT（3238）CARTONS

（8）商品编码：73239900

（9）发票号码：GMBLH2019340

（10）发票日期：NOV. 09，2019

（11）申请日期：NOV. 14，2019

（12）签发日期：NOV. 14，2019

（13）签证机构：中国国际贸易促进委员会

2. 阅读理解二

（1）出口商：GUANGDONG MACHINERY IMPORT AND EXPORT COMPANY LIMITED. 726 DONGFENG ROAD EAST，GUANGZHOU，CHINA.

（2）收货人：ABCD COMPANY LTD.

（3）运输方式和路线：ON/AFTER MAR. 26，2020
FROM HUANGPU，CHINA TO GERMANY THROUGH ROTTERDAM. NETHERLANDS BY VESSEL.

（4）FORM A 号码：G202311126320132

（5）商品名称及包装数量：TWO HUNDRED AND FIFTY（250）CTNS OF X GOODS.
TWO HUNDRED AND FIFTY（250）CTNS OF Y GOODS.

（6）原产地标准："P"

（7）发票号码：201NV020

（8）发票日期：MAR. 26，2020

（9）申请日期：MAR. 27，2020

（10）签发日期：MAR. 27，2020

（11）签证机构：中华人民共和国进出口商品检验局

（六）单据填制

1. 单据填制一

ORIGINAL

<table>
<tr><td colspan="2">1. Exporter
GUANGDONG TEXTILES IMP. & EXP.
KNITWEARS COMPANY LIMTIED
15/F. , GUANGDONG TEXTILES MANSION
168 XIAOBEI ROAD, GUANGZHOU, CHINA</td><td colspan="3" rowspan="2">Certificate No.

CERTIFICATE OF ORIGIN
OF
THE PEOPLE'S REPUBLIC OF CHINA</td></tr>
<tr><td colspan="2">2. Consignee
JOHNSON
KREONTOS 30 STR.
GREECE</td></tr>
<tr><td colspan="2">3. Means of transport and route
FROM GUANGZHOU TO PIRAEUS GREECE
BY VESSEL</td><td colspan="3" rowspan="2">5. For Certifying authority use only</td></tr>
<tr><td colspan="2">4. Country/region of destination
GREECE</td></tr>
<tr><td>6. Marks and numbers of packages</td><td>7. Number and kind of packages; description of goods</td><td>8. H. S. Code</td><td>9. Quantity</td><td>10. Number and date of invoices</td></tr>
<tr><td>JOHNSON
97KCS05111
NO. 1 - 500
MADE IN CHINA</td><td>FIVE HUNDRED (500) CARTONS
OF PLASTIC TOYS
* * * * * * * * * * * * * * * * *</td><td>9503. 90</td><td>10,000PCS</td><td>YSM1999B
OCT. 05, 2020</td></tr>
<tr><td colspan="2">11. Declaration by the exporter
The undersigned hereby declares that the above details and statements are correct, that all the goods were produced in China and that they comply with the Rules of Origin of the People's Republic of China.

GUANGZHOU OCT. 07, 2020
Place and date, signature and stamp of certifying authority</td><td colspan="3">12. Certification
It is hereby certified that the declaration by the export is correct.

GUANGZHOU OCT. 08, 2020
Place and date, signature of authorized signatory</td></tr>
</table>

2. 单据填制二

ORIGINAL

1. Goods consigned from (Exporter's business name, address, country) GUANGDONG LIGHT ELECTRICAL APPLIANCES COMPANY LIMITED 52DEZHENG ROAD SOUTH, GUANGZHOU, CHINA	Reference No. GENERALIZED SYSTEM OF PREFERENCES CERTIFICATE OF ORIGIN (Combined declaration and certificate) FORM A Issued in THE PEOPLE'S REPUBLIC OF CHINA (country) See Notes overleaf
2. Goods consigned to (Consignee's name, address, country) BRUSSELSLACES AND GIFTS SERV. SA RUE DE LUSAMBO. 21/23 1190 BRUXELLES, BE	
3. Means of transport and route (as far as known) ON/AFTER MAR. 22, 2020 FROM GUANGZHOU TO ANTWERP BELGIUM W/T HONG KONG BY VESSEL	4. For official use

5. Item number	6. Marks and numbers of packages	7. Number and kind of packages; description of goods	8. Origin criterion (see Notes overleaf)	9. Gross weight or other quantity	10. Number and date of invoices
1	AL SHAMALI ANTWERP	ONE HUNDRED AND SIXTY(160) CARTONS OF COTTON PRINTED VELVET TOWELS * * * * * * * * * * * * * * * * * * *	"P"	3,936PCS	GD05753 FEB. 28, 2020

11. Certification	12. Declaration by the exporter
It is hereby certified, on the basis of control carried out, that the declaration by the exporter is correct GUANGZHOU MAR. 20, 2020 Place and date, signature and stamp of certifying authority	The undersigned hereby declares that the above details and statements are correct; that all the goods were produced in CHINA (country) and that they comply with the origin requirements specified for those goods in the Generalized System of Preferences for goods exported to BELGIUM (importing country) GUANGZHOU MAR. 18, 2020 Place and date, signature of authorized signatory

（七）单据审核

FORM A 存在如下主要问题：

（1）第一项出口公司缺填写出口国家名，应增加“CHINA”；

（2）第二项进口公司缺填写进口国家名，应增加“AUSTRALIA”；

（3）第七项包装数量及货物描述有错，应将计价数量改为运输包装数量；

（4）第十二项应改填为出口国家和进口国家的名称，而不是装运港和目的港名称。

第六节　装箱单

一、练习题

（一）中英文术语、短语互译

1. 中译英

（1）装箱单/重量单	（2）尺码单
（3）捆	（4）散装
（5）桶	（6）件
（7）套	（8）木箱装
（9）箱	（10）麻袋装

2. 英译中

（1）Customary Packing	（2）Seaworthy Packing
（3）Strong Wooden Case Packing	（4）Quantity
（5）TEU	（6）NT. WT
（7）Each Carton Cotains 2 Sets	（8）G. WT
（9）One Dozen Per Bag	（10）Pallet

（二）单项选择题

1. 下列国际商务单证中，能明确阐明进口商品详细的包装及数量等信息，便于海关检查核对货物的是（　　）。

A. 商业发票　　B. 装箱单　　C. 信用证　　D. 保险单

2. 下列国际商务单证中，“尺码单”的英文表达是（　　）。

A. PACKING LIST　　B. WEIGHT LIST

C. MEASUREMENT LIST　　D. PACKING NOTE

3. 下列国际商务单证中，如进出口商品的运输包装标注有“IN BULK”，表示（　　）。

A. 产品为散装货　　B. 产品包装为箱装

C. 产品包装为袋装　　D. 产品包装为木箱

4. 装箱单中注明“EACH PIECE IN A POLY BAG, 300 PCS IN 20 CARTONS AND THEN IN CONTAINER”，则货物的总数量是（　　）。

A. 600PCS　　B. 20PCS　　C. 300PCS　　D. 15PCS

5. 装箱单中注明“PACKED IN 55 CARTONS OF 10 PIECES EACH”，则货物的总包装数量和计价数量各是（　　）。

A. 10 PCS、55 CTNS　　B. 55 CARTONS、10 PIECES

C. 550 PCS、55 CTNS　　D. 55 CARTONS、550 PIECES

6. 在国际货物买卖中，对于价值较低的农产品，买卖双方往往采用（ ）计算其重量。

A. 法定重量 B. 理论重量 C. 标准重量 D. 以毛作净

7. 买卖双方以 CIF 条件达成 10 万吨散装小麦的交易合同，卖方如不希望在交货时因数量产生纠纷，最好在合同中订立（ ）。

A. 品质机动幅度 B. 仓至仓条款

C. 溢短装条款 D. 禁止转运条款

8. 某贸易公司向英国客商出口平纹印花纯棉坯布，信用证中规定“数量约为100 000码”，根据《UCP600》的规定，卖方可以理解为交货数量有不超过（ ）的增减幅度。

A. 3% B. 5% C. 10% D. 15%

9. 信用证中规定“PACKING LIST IN FIVE COPIES”，则受益人提交的装箱单的份数为（ ）。

A. 5 份副本 B. 1 份正本及 4 份副本

C. 不需提交正本 D. 5 份正本及 5 份副本

10. 某公司出口货物，从黄埔港发运至德国汉堡，在香港转船，则装箱单“TRANSPORT DETAILS”一栏填写错误的是（ ）

A. FROM HUANGPU TO HAMBURG W/T HONG KONG

B. FROM HUANGPU TO HAMBURG VIA HONG KONG

C. FROM HUANGPU TO HONG KONG W/T HAMBURG

D. FROM HUANGPU TO HAMBURG WITH TUANSSHIPMENT AT HONG KONG

（三）多项选择题

1. 在国际商务单证中，装箱单的作用主要包括（ ）。

A. 买卖双方收付货款和记账的依据 B. 便于买方了解货物包装细节

C. 作为海关清关点货的依据 D. 作为商检部门验货的依据

2. 在装箱单中，经常需要使用立方米来表示产品的尺码，下列可以用来表示尺码的是（ ）。

A. KGS B. CBM C. MT D. m^3

3. 装箱单中对产品描述的内容不包括（ ）。

A. 重量 B. 尺码 C. 单价 D. 货源地

4. 若买方要求提供中性包装单据，则装箱单中不应该显示（ ）。

A. 出口商公司名称 B. 出口商地址

C. 出口商联系电话 D. 出口商公司 LOGO

5. 溢短装的计价方法包括（ ）。

A. 按合同价格结算

B. 按装船日的行市计算

C. 按货物到目的地时的世界市场价格计算

D. 由卖方自行决定

6. 印刷在运输包装上的唛头，其作用是在运输过程中使有关人员易于辨认货物，便于核对单证，按习惯做法，唛头可以由（　　）提供。

A. 卖方　B. 买方　C. 船方　D. 货代公司

7. 根据在流通过程中所起作用不同，商品包装可分为（　　）。

A. 运输包装　B. 装卸包装　C. 储存包装　D. 销售包装

8. 买卖双方在合同中对交货数量规定了溢短装条款，溢短装条款的内容一般包括数量机动幅度的大小、机动幅度部分的价格确定、机动幅度的选择权。其中机动幅度的选择权可以由（　　）行使。

A. 买方　B. 卖方　C. 海关　D. 船公司

9. 当合同中规定采用净重计算商品重量时，对于如何计算包装的重量，国际上通常采用的做法有（　　）。

A. 按实际皮重计算　B. 按约定皮重计算

C. 按平均皮重计算　D. 按习惯皮重计算

10. 运输包装分为单件运输包装和集合运输包装，以下哪些包装属于集合运输包装（　　）。

A. 托盘　B. 箱　C. 集装箱　D. 包

（四）判断题

1. 装箱单单据名称较多，应严格按照信用证上要求的包装单据的名称来进行缮制单据名称。（　　）

2. 装箱单应不显示货物的价格，有利于进口商转售商品。（　　）

3. 装箱单的日期必须早于发票日期。（　　）

4. 装箱单中只需阐明产品大包装的详细包装情况，即包装材料、包装方式等。（　　）

5. 卖方所交的货物多于合同规定的数量，按《联合国国际货物销售合同公约》规定，卖方可以收取也可以拒收全部货物。（　　）

6. 装箱单的主要作用是补充商业发票内容的不足，便于买方掌握商品的包装及数量及供进口国海关检查和核对货物。（　　）

7. 某工厂对外出口货物一批，合同中规定使用纸箱包装，为了更好地保护商品，卖方在交货时没有经过买方的同意就采用了木箱包装，这种替客户着想的做法是对的。（　　）

8. 信用证中规定包装采用“SEAWORTHY PACKING”，受益人在出口时根据货物情况采用了纸箱作为运输包装，在制作装箱单时，包装材料一栏应填制为“SEAWORTHY PACKING”。（　　）

9. 国际贸易中的习惯做法是将包装包括在货价以内，不另计收。（　　）

10. 受益人在制作相关单据时，必须将运输包装上的标志都注明在有关单据上。（　　）

（五）案例分析

1. 某公司出口羊肉罐头到科威特，合同规定使用木箱装，每箱24听。卖方按合同规定的数量交付了货物，但其中部分包装使用的是12听的小箱。货到目的港后，买方以包装与合同不符拒绝收取货物，卖方却坚持要买方收取全部货物，其称：根据我方在科威特市场的销售人员及客户的反映，不论是使用每箱24听的包装还是使用每箱12听的包装，并不影响羊肉罐头的市场销售价格。问：买方有无权利拒收货物？为什么？

2. 我某外贸公司从日本进口鱼粉6 000公吨，合同条款如下：价格为CIF广州每公吨100美元，单层新麻袋包装，每袋50千克，以即期信用证方式付款。货到广州港后，我方发现货物扣除麻袋重量后不足6 000公吨，于是要求卖方将短量部分的货款退还。问：我方要求是否合理？为什么？

（六）单据填制

1. 单据填制一

请根据以下材料填制一份装箱单。

A. 信用证条款。

WE HEREBY ESTABLISH OUR IRREVOCABLE DOCUMENTARY CREDIT IN FAVOUR OF GUANGDONG LIGHT ELECTRICAL APPLIANCES CO. LTD. 52, DE ZHENG ROAD SOUTH, GUANGZHOU, CHINA. FOR AMOUNT OF USD8,335.00 (US DOLLARS EIGHT THOUSAND THREE HUNDRED THIRTY FIVE ONLY). CFR KARACHI

AVAILABLE BY BENEFICIARY'S MANUALLY SIGNED DRAFTS DRAWN ON US IN DUPLICATE ACCOUNT OPENERS AT SIGHT FOR FULL INVOICE VALUE OF SHIPMENT PURPORTING TO BE:
(HS CODE NO. 8539.2900) FILAMENT LAMPS

TW－3050 (1.5M)	3,000	PCS	AT	USD0.65 PER PC
TW－3018 (3 YD)	3,800	PCS	AT	USD0.65 PER PC
TW－8031 (2 YD)	3,000	PCS	AT	USD0.98 PER PC
TW－6013 (2 YD)	600	PCS	AT	USD0.65 PER PC

AS PER BENEFICIARIES FAX PROFORMA INVOICE NO. 20SGQ469011 DTD 26/04/2020

ACCOMPANIED BY THE FOLLOWING DOCUMENTS:
+PACKING LIST IN DUPLICATE
…
PARTIAL SHIPMENT PROHIBITED
TRANSHIPMENT ALLOWED
SHIPMENT FORM P. R. OF CHINA TO KARACHI BY VESSEL.

ALL DOCUMENTS TO EVIDENCE SHIPMENT AS INDICATED ABOVE.
B/LADING MUST BE DATED NOT BEFORE THE DATE OF THIS CREDIT
AND NOT LATER THAN 30/06/2020.

B. 其他资料。

发票号码：20SGP7528　　发票日期：2020 年 6 月 20 日
提单号码：CANE124004　　装运港：黄埔港
船名：HANJIN V.008W　　尺码：(40×40×50) CM/CTN
净重：10.00KGS/CTN　　毛重：12.00KGS/CTN
货物装箱情况：100PCS/CTN

2. 单据填制二

请根据以下材料填制一份装箱单。

A. 信用证条款。

DOC. Credit Number	*20		: KRT2899302
Date of Issue	31	C	: 190912
Expiry	*31	D	: Date 191205 place CHINA
Applicant	*50		: CURRENT FUNDS LIMITED ROOM 1110 CHINACHEM GOLDEN PLAZA NO. 77 MODY ROAD, TSIM SHA TSUI EAST, KOWLOON, HONG KONG
Beneficiary	*59		: GUANGDONG TEXTILES IMPORT AND EXPORT KNITWEARS COMPANY LIMITED ADDRESS SEE BELOW
Amount	*32	B	: CURRENCY USD AMOUNT 30,384.00
Available with / by	*41	D	: CREDIT ISSUING OFFICE BY PAYMENT
Partial Shipments	43	P	: FORBIDDEN
Transshipment	43	T	: PROHIBITED
Loading in Charge	44	A	: GUANGDONG, CHINA
For Transport to...	44	B	: SANTOS, BRAZIL
Latest Date of ship.	44	C	: 191115
Description of Goods	45	A	: DESCRIPTION: CHILDREN'S 65 PERCENT COTTON 35 PERCENT POLYESTER KNITTED JOGGING SUIT QUANTITY: 720 DOZEN SETS UNIT PRICE : USD42. 2 PER DOZEN SET FOB GUANGDONG, CHINA ALL OTHER DETAILS AS PER CONFIRMATION NO. DY - 039 SHIPMENT TO BE EFFECTED BY 1 × 20 CONTAINER (FULL CONTAINER LOAD)
Documents required	45	A	: PACKING LIST IN TRIPLICATE SHOWING DETAILS OF PACKING. BREAKDOWN OF QUANTITY, GROSS WEIGHT, NET WEIGHT AND MEASUREMENT OF EACH CARTON.

B. 其他资料。

发票号码：1903SP023　　发票日期：2019 年 11 月 2 日

提单号码：SA 75214　　货物装箱情况：30DOZ/BALE

船名：FANDU V. 336　　装运港：广州港

净重：18.00KGS/ BALE　　毛重：19.50KGS/ BALE

尺码：(100 × 100 × 120) CM/ BALE

（七）单据审核

1. 单据审核一

请根据以下材料审核并修改装箱单。

A. 信用证条款。

Date of Issue：201020

Form of Doc. Credit：IRREVOCABLE

Doc. Credit Number：M20K2710NS00032

Expiry：Date 201115 Place IN BENEFICIARY'S COUNTRY

Applicant：SE BANG TRADING CO.，LTD.
148 NAMCHEON－2 DONG，SUYOUNG－KU
PUSAN，KOREA

Beneficiary：GUANGZHOU ARTS & CRAFTS IMP. & EXP. CORP.
628 GUAGNZHOU DADAO ZHONG ROAD
GUANGHZOU，CHINA

Partial Shipments：ALLOWED

TRANSSHIPMENT：ALLOWED

Loading in Charge：GUANGZHOU，CHINA

For Transport to…：PUSAN，KOREA

Latest Date of Ship.：201105

Description of Goods：CHINA ORIGIN　　CIF　PUSAN
ARTIFICIAL FLOWERS
AB－06001　　5184DOZ @ USD2.50/DOZ
AB－07049　　2880DOZ @ USD2.50/DOZ
AS PER S/C NO. 97A/KF002A DATE OCT. 15，2020，ISSUED BY
GUANGZHOU ARTS & CRAFTS IMP. & EXP. CORP.

Documents required：PACKING LIST IN TRIPLICATE

Additional cond.：ALL DOCUMENTS MUST INDICATE THIS CREDIT NUMBER
THE DETAILS SUCH AS ART NO. COLOR，Q'TY SHOULD BE
MARKED ON THE EACH INNER BOX AND CARTON EXACTLY

B. 其他资料。

INV. NO.：20KF335　　INV. DATE：OCT. 28，2020

B/L NO.：DSA20－1102　　SHIPPING MARKS：SE BANG/PUSAN

PACKING：AB－06001　36DOZ/CTN　G. W.：23KGS/CTN　N. W.：18KGS/CTN

AB－07049　36DOZ/CTN　G. W.：19KGS/CTN　N. W.：13KGS/CTN

NAME OF STEAMER：SUI 301/NORASIA V. 49－3　W/T HONG KONG

CONTAINER NO. MSCU 4097560（20'）　MSCU 4097615（40'）

MEASUREMENT：（40×50×80）CM/CTN

广州工艺品进出口公司

GUANGZHOU ARTS & CRAFTS IMP. & EXP. CORP.

628 GUANGZHOU DADAO ZHONG ROAD, GUANGZHOU, CHINA

装 箱 单

PACKING LIST

ORIGINAL

Exporter:

GUANGZHOU ARTS & CRAFTS IMP. & EXP. CORP.
628 GUANGZHOU DADAO ZHONG ROAD,
GUANGZHOU, CHINA

DATE: OCT. 28, 2020
INVOICE NO.: 20KF335
B/L NO.: OCT. 31, 2020
S/C NO.: 20A/KF002A
L/C NO.: M20K2710NS00032

TRANSPORT DETAILS:

FROM GUANGZHOU TO PUSAN
BY VESSEL

标记 Marks & numbers	货名 Description of goods	件数 Quantity	净重 N. W.	毛重 G. W.	尺码 Measurement
SE BANG	ARTIFICIAL FLOWERS				
PUSAN	ART NO.: AB－06	36DOZ/CTN	@18.00KGS	@23.00KGS	@(40×50×80)CM
	5,184DOZ	144CTNS	2,592.00KGS	3,312.00KGS	23.04CBMS
	ART NO.: AB－07049	36DOZ/CTN	@13.00KGS	@19.00KGS	@(40×50×80)CM
	2,880DOZ	80 CTNS	1,040.00KGS	1,520.00KGS	12.80CBMS
		224CTNS	3,632.00KGS	4,832.00KGS	35.84CBMS

TOTAL QUANTITY: 224CTNS

TOTAL: TWO HUNDRED AND TWENTY-FOUR CARTONS ONLY.

GUANGZHOU ARTS & CRAFTS IMP. & EXP. CORP.
628 GUANGZHOU DADAO ZHONG ROAD, GUANGZHOU, CHINA

2. 单据审核二

请根据以下材料审核并修改装箱单。

A. 信用证条款。

NANYANG COMMERCIAL BANK LTD. , HONG KONG

HONG KONG 1ST MARCH, 2020

TO: BANK OF CHINA, GUANGZHOU, CHINA

DOCUMENTARY CREDIT NO. 97 – 34985

FOR THE ACCOUNT OF ABC TRADING CO. LTD. , 312 SOUTH BRIDGE STREET, HONG KONG.

DEAR SIRS,

WE OPEN AN IRREVOCABLE DOCUMENTARY CREDIT IN FAVOUR OF GUANGDONG FOREIGN TRADE IMP. AND EXP. CORP. , 267 TIANGHE ROAD GUANGZHOU, CHINA. FOR A SUM NOT EXCEEDING HKD980, 000.00 (SAY HONG KONG DOLLARS NINE HUNDRED AND EIGHTY THOUSAND ONLY.)

ABVAILABLE BY THE BENEFICIARY'S DRAFT (S) AT SIGHT DRAWN ON US, BEARING THE CLAUSE: "DRAWN UNDER NANYANG CMMERCIAL BANK LTD. , HONG KONG IRREVOCABLE DOCUMENTARY CREDIT NO. 97 – 34985 DATED 1ST MARCH, 2020." ACCOMPANIED BY THE FOLLOWING DOCUMENTS:

…

(4) PACKING LIST IN TRIPLICATE

(5) CERTIFICATE OF ORIGIN ISSUED BY GUANGZHOU IMPORT AND EXPORT COMMODITY INSPECTION BUREAU OF THE PEOPLE'S REPUBLIC OF CHINA IN TRIPLICATE. EVIDENCING SHIPMENT OF THE FOLLOWING MERCHANDISE:

AIR CONDITIONER (HUALING BRAND), 500SETS KF – 23GW AND 500 SETS KF – 25GW.

PACKING: IN CARTON BOX, 50 KILOS NET EACH CARTON, 1SET/CTN, @ HKD1000/SET, CIFC2% DUBAI, OTHER TERMS AND CONDITIONS AS PER S/C NO. AB44001, FROM GUANGZHOU TO DUBAI VIA HONG KONG. PARTIAL SHIPMENT PERMITIED. TRANSHIPMENT PROHIBITED. LATEST DATE FOR SHIPMENT: 30TH APPIL, 2020. EXPIRY DATE: 15TH MAY, 2020. IN PLACE OF BENEFICIARY FOR NEGOTIATION.

WE HEREBY ENGAGE WITH THE DRAWERS, ESDORSERS AND BONAFIDE HOLDERS OF DRAFT (S) DRAWN UNDER AND COMPLIANCE WITH THE TERMS OF THIS CREDIT THAT SUCH DRAFT (S) SHALL BE DULLY HONOURED ON DUE PRESENTATION.

BENEFICIARY'S DECLARATION ON THE INVOICE THAT THE PRODUCTION COMPANY IS A STATE-OWNED ENTERPRISE AND IS NO RELATION WITH ISRAEL WHATSOEVER.

SHIPPING MARKS: A. B. C. / DUBAI/ NOS1 – 1000

THIS CREDIT IS SUBJECT TO "UNIFORM CUSTOMS AND PRACTICE FOR DOCUMENTARY CREDITS" (1993 REVISION) INTERNATIONAL CHAMBER OF COMMERCE PUBLICATION ON. 600.

YOURS FAITHFULLY,

NANYANG COMMERCIAL BANK LTD. , HONG KONG

B. 其他资料。

发票号码	GDF－97－22341	发票日期	APR. 15，2020	船名	MECUE/DONGFENG M0123
毛重	55 KGS/CTN	净重	20KGS/CTN	尺码	(50×80×100) CM/CTN
提单号码	SWHK－970156				

广东对外贸易进出口公司

GUANGDONG FOREIGN TRADE IMP. AND EXP. CORP.

267 TIANHE ROAD，GUANGZHOU，CHINA

装　箱　单

PACKING LIST

ORIGINAL

Exporter：
GUANGDONG FOREIGN TRADE IMP. AND EXP. CORP.
267 TIANHE ROAD，
GUANGZHOU，CHINA

DATE：APR. 15，2020
INVOICE NO.：GDF－97－2234
B/L NO.：SWHK－970156
S/C NO.：AB44001
L/C NO.：97－34985

TRANSPORT DETAILS：
FROM GUANGZHOU TO DUBAI VIA
HONG KONG BY VESSEL

标记 Marks & numbers	货名 Description of goods	件数 Quantity	净重 N. W.	毛重 G. W.	尺码 Measurement
ABC	AIR CONDITIONER				
	(HUALING BRAND)				
DUBAI	ART NO.：KF－23GW	1SET/CTN	@50.00KGS	@55.00KGS	@ (50×80×100) CM
NOS1－100	600SETS	600CTNS	2,600.00KGS	2,750.00KGS	200CBMS
	ART NO.：KF－25GW	1SET/CTN	@50.00KGS	@55.00KGS	@(50×80×100)CM
	600SETS	600CTNS	2,600.00KGS	2,750.00KGS	200CBMS
		1,000CTNS	5,000.00KGS	5,500.00KGS	400CBMS

TOTAL QUANTITY：1,000SETS
TOTAL：ONE THOUSAND PIECES ONLY.

GUANGDONG FOREIGN TRADE IMP. AND EXP. CORP.
267 TIANHE ROAD，GUANGZHOU，CHINA

二、练习题参考答案

（一）中英文术语、短语互译

1. 中译英

（1）Packing List/Weight List
（2）Measurement List
（3）Bundle
（4）in Bulk
（5）Drum
（6）Piece
（7）Set
（8）Packed in Wooden Case
（9）Carton
（10）Packed in Gunny Bag

2. 英译中

（1）惯常包装
（2）适于海运的包装
（3）坚固木箱装
（4）件数
（5）20 英尺（集装箱）等量单位
（6）净重
（7）每箱装 2 套
（8）毛重
（9）每袋一打
（10）托盘

（二）单项选择题

1. B。理由：装箱单通过表内的包装件数、规格、唛头等项目填制，明确阐述了商品的包装情况，便于买方对进口商品包装及数量的了解和掌握，也便于国外买方在货物到达目的港时，供海关检查和核对货物。

2. C。理由：选项 A 和选项 D 的 PACKING LIST、PACKING NOTE 是指装箱单；选项 B 的 WEIGHT LIST 是指重量单；选项 C 的 MEASUREMENT LIST 是指尺码单。

3. A。理由：选项 B 产品包装为箱装，英文表达为 PACKING IN CARTON；选项 C 产品包装为袋装，英文表达为 PACKING IN BAG；选项 D 产品包装为木箱，英文表达为 PACKED IN WOODEN CASE。

4. C。理由："EACH PIECE IN A POLY BAG, 300 PCS IN 20 CARTONS AND THEN IN CONTAINER" 意思是"每件装在塑料袋内，300 件装 20 箱，然后装在集装箱里"。因此，产品总数量是 300 件。

5. D。理由："PACKED IN 55 CARTONS OF 10 PIECES EACH" 意思是"装 55 箱，每箱 10 件"，55 箱 ×10 件 =550 件。

6. D。理由：由于农产品价值较低，所以买卖双方通常把产品的毛重当成净重以计算其重量。

7. C。理由：由于该交易属于大批量的散装货，交货数量易因运输、装卸等发生溢短装的情况，卖方通常要求在合同中订立"溢短装条款"，以使自己的交货数量具有一定的机动幅度。

8. C。理由：根据《UCP600》第 30 条 a 款的规定，凡"约"或类似意义的词语用于涉及信用证规定的数量时，应解释为允许有关数量有 10% 的增减。

9. B。理由：根据《UCP600》第17条e款的规定，如信用证要求一式多份单据，除非单据本身另有表明，只需提交一份正本，其余份数为副本。

10. C。理由：在香港转船的正确表述是“W/T HONG KONG”或“VIA HONG KONG”，“WITH TUANSSHIPMENT AT”是“W/T”的缩略形式。

（三）多项选择题

1. BCD。理由：买卖双方收付货款和记账的依据是发票的作用。

2. BD。理由：选项A和选项C都为重量单位。

3. CD。理由：装箱单的内容不包括价格与货源地。

4. ABCD。理由：中性单据不应显示任何出口商的信息，不得签章。

5. ABC。理由：溢短装的计价方法不可以由卖方自行决定。

6. AB。理由：按国际贸易习惯，唛头一般由卖方决定，如买方要求，也可在合同或信用证中作出具体规定。

7. AD。理由：根据商品包装在流通过程中所起作用不同，可分为运输包装和销售包装。

8. ABD。理由：合同中对交货数量规定了溢短装条款，大多数由买方决定伸缩量，有时特别是在买方派船装运时，可由买方决定。而在采用程租船时，可授权船方根据轮船的实际运载能力决定伸缩幅度。

9. ABCD。理由：选项ABCD均是国际贸易中常用的去除皮重的方法。

10. AC。理由：按照运输包装的分类，托盘和集装箱属于集合运输包装，箱和包都属于单件运输包装。

（四）判断题

1. 正确。理由：无论信用证要求的包装单据是什么名称，都应该按照要求缮制单据名称。

2. 正确。理由：进口商把货物转售给第三者时，只需要交付包装单和货物，不愿泄露成本。

3. 错误。理由：装箱单的日期与发票日期应该一致，或略迟，不可早于发票。

4. 错误。理由：装箱单要着重表现货物包装的情况，包括从最小的包装到最大的包装。

5. 错误。理由：买方可以拒收多交部分中的一部分或全部，也可以收取多交部分中的一部分或全部。

6. 正确。理由：装箱单就是通过表内的包装件数、净重、毛重等项目的描写，补充商业发票内容的不足，便于买方掌握商品的包装及数量及供进口国海关检查和核对货物。

7. 错误。理由：根据《联合国国际货物销售合同公约》第35条的规定，卖方必须按照合同规定的方式装箱或包装。

8. 正确。理由：由于信用证中规定包装采用“SEAWORTHY PACKING”，所以在制作装箱单时应照抄信用证的规定。

9. 正确。理由：商品的包装是商品的重要组成部分，在作价时一般都包括了水平包装的费用。

10. 错误。理由：运输包装上的标志有运输标志、指示性标志、警告性标志，受益人在制作相关单据时，只需将运输标志（既唛头）填制在有关单据上。

（五）案例分析

1. 答：买方没有权利拒收货物，但可以要求减低价格。虽然卖方所交货物有部分包装与合同不符，但根据《联合国国际货物销售合同公约》第 51 条的规定，买方只有在卖方完全不交付货物或不按照合同规定交付货物等于根本违反合同时，才可以宣布整个合同无效。而根据第 50 条的规定，如果货物不符合同，不论价款是否已付，买方都可以减低价格，减价按实际交付的货物在交货时的价值与符合合同的货物在当时的价值两者之间的比例计算。

2. 答：我方的要求是合理的。因为根据《联合国国际货物销售合同公约》第 56 条的规定，如果价格是按货物的重量规定的，如有疑问，应按净重确定。所以我方发现扣除麻袋重量后不足 6 000 公吨，可以要求对方将短量部分的货款退还。

（六）单据填制

1. 单据填制一

广东轻工家电有限公司

GUANGDONG LIGHT ELECTRICAL APPLIANCES CO. , LTD.

52DEZHENG ROAD SOUTH, GUANGZHOU, CHINA

装箱单

PACKING LIST

ORIGINAL

Exporter:

GUANGDONG LIGHT ELECTRICAL APPLIANC-
ESCO. , LTD.
52 DEZHENG ROAD SOUTH, GUANGZHOU,
CHINA

DATE : JUNE 20, 2020
INVOICE NO. : 20SGP7528
B/L. NO. : CANE124004
S/C NO. : 20SGQ469011
L/C NO. : FK28093

TRANSPORT DETAILS:
FROM HUANGPU TO KARACHI
BY VESSEL

标记 Marks & numbers	件数 Quantity	货名 Description of goods	净重 Net weight	毛重 Gross weight	尺码 Measurement
	100PCS/CTN	FILAMENT LAMPS	@10KGS	@12KGS	@ (40×40×50) CM
N/M	30CTNS	TW-3050 (1.5M)	300KGS	360KGS	2.4M^3
	38CTNS	TW-3018 (3 YD)	380KGS	456KGS	3.04M^3
	30CNTS	TW-8013 (2 YD)	300KGS	360KGS	2.4M^3
	5CTNS	TW-6013 (2 YD)	50KGS	60KGS	0.40M^3
	103CTNS		1,030KGS	1,236KGS	8.24M^3

TOTAL QUANTITY: 10, 300PCS
TOTAL: ONE HUNDRED AND THREE CTNS ONLY.

GUANGDONG LIGHT ELECTRICAL APPLIANCES
CO. , LTD.

2. 单据填制二

广 东 纺 织 品 进 出 口 针 织 品 有 限 公 司

GUANGDONG TEXTILES IMPORT & EXPORT KNITWEARS COMPANY LIMITED

15/F., GUANGDONG TEXTILES MANSION, 168 XIAOBEI ROAD, GUANGZHOU, CHINA

装 箱 单

PACKING LIST

ORIGINAL

Exporter:

GUANGDONG TEXTILES IMPORT & EXPORT

KNITWEARS COMPANY LIMITED

DATE : NOV. 2, 2019

INVOICE NO. : 1903SP023

B/L. NO. : SA75214

S/C NO. : DY－039

L/C NO. : KRT2899302

TRANSPORT DETAILS:

FROM GUANGZHOU, CHINA TO SANTOS, BRAZIL

BY VESSEL

标记 Marks & numbers	件数 Quantity	货名 Description of goods	净重 Net weight	毛重 Gross weight	尺码 Measurement
N/M	30DOZ/BALE 24BALES	CHILDREN'S 65 PERCENT COTTON 35 PERCENT POLYESTER KNITTED JOGGING SUIT	@180.00KGS 4,320.00KGS	@195.00KGS 4,680.00KGS	@ (100×100×120) 28.8M^3
	24BALES		4,320.00KGS	4,680.00KGS	28.8M^3

TOTAL QUANTITY: 720 DOZ SETS

TOTAL: TWENTY-FOUR BALES ONLY.

GUANGDONG TEXTILES IMPORT & EXPORT

KNITWEARS COMPANY LIMITED

（七）单据审核

1. 单据审核一

（1）海运提单号码错，修正为“B/L NO.：DSA20－1102”；

（2）运输资料缺转运港名称，修正为“TRANSPORT DETAILS：FROM GUANGZHOU TO PUSAN W/T HONG KONG”；

（3）计价数量表述错，修正为“TOTAL QUANTITY：8064DOZ”；

（4）商品型号错，修正为“ ART NO.：AB－06001”。

2. 单据审核二

（1）发票号码错，修正为“INVOICE NO.：GDF－97－ 22341”；

（2）唛头号码错，修正为“MARKS & NOS：A. B. C. / DUBAI/ NOS1－1000”；

（3）包装数量大写中的包装单位错，修正为“TOTAL：ONE THOUSAND CTNS ONLY.”；

（4）商品数量错，净重和毛重错，修正为：

ART NO：KF－23GW	1SET/CTN	@50.00KGS	@55.00KGS
500SETS	500CTNS	25,000.00KGS	27,500.00KGS
ART NO：KF－25GW	1SET/CTN	@50.00KG	@55.00KGS
500SETS	500CTNS	25,000.00KGS	27,500.00KGS
	1,000CTNS	50,000.00KGS	55,000.00KGS

第三章
其他结汇单据

第一节 商检证书

一、练习题

（一）中英文术语、短语互译

1. 中译英

（1）商品检验

（2）品质检验证书

（3）重量检验证书

（4）数量检验证书

（5）体积检验证书

（6）温度检验证书

（7）卫生（健康）检验证书

（8）消毒检验证书

（9）熏蒸证书

（10）验舱证书

2. 英译中

（1）Applicant's Representation

（2）Competent Authority

（3）Issued at the Time of Shipment

（4）Inspection Certificate

（5）Approval Certificate

（6）Inspector

（7）Societe Generale de Surveillance，Hong Kong

（8）Applicant's Representative

（二）单项选择题

1. 根据《联合国国际货物销售合同公约》的规定，买方向卖方提出索赔的最后期限是（　　）。

A. 货物在装运港经检验机构检验并签发检验证书之日起两年内

B. 货物到达目的港经检验机构检验并签发检验证书之日起两年内

C. 买方在实际收到货物之日起两年内

D. 货物到达目的港（地）进入买方仓库之日起两年内

2. 根据我国出入境检验检疫的规定，出境货物最迟应于报关或装运前（　　）天报验。

A. 3 天　B. 7 天　C. 10 天　D. 15 天

3. 如果合同或信用证没有规定具体出具检验证书的机关，则出口商（　　）。

A. 必须请官方机构出具　B. 必须请民间组织出具

C. 必须请第三方出具　D. 可以自己或请第三方出具

4. 在拟订出口销售合同时，有关商品检验条款中的时间和地点，比较公平合理，能够兼顾买卖双方的利益的规定是（　　）。

A. 离岸质量、重量（或数量）为准　B. 到岸质量、重量（或数量）为准

C. 出口国检验、目的国复验　D. 提交第三国检验机构进行检验

5. 合同或信用证有关货物检验条款的内容，下列有关检验时间、地点的规定中，属于在出口国检验的是（　　）。

A. 买方营业处所检验　B. 最后用户所在地检验

C. 装船前检验　D. 卸货后检验

（三）多项选择题

1. 商品检验证书的作用主要体现在（　　）。

A. 作为卖方议付货款的一种单据

B. 货物通关的有效凭证

C. 作为卖方证明交货的品质、数量、包装以及卫生条件等是否符合合同规定的依据

D. 作为买方拒收货物、索赔或理赔的依据

2. 商检证书的出证日期，根据不同商品的特性或合同（信用证）的具体规定可以（　　）。

A. 与提单日期相同　B. 在提单日期之前

C. 在提单日期之后　D. 在提单日期 3 天后

3. 在合同的检验条款中，商品检验时间和地点的规定的基本做法有（　　）。

A. 在出口国检验　B. 将货物运到双方同意的第三国检验

C. 在进口国检验　D. 出口国检验、进口国复验

4. 出境货物检验检疫申请表中的“用途”包括（　　）。

A. 种用　B. 食用　C. 奶用　D. 其他

5. 根据有关规定，出口商在出境货物检验检疫申请时，主要提交的单据包括（　　）。

A. 合同　B. 发票　C. 提单　D. 装箱单

（四）判断题

1. 根据《进出口商品检验法》的规定，列入“种类表”的进出口商品必须经过商检机构的检验。（　　）

2. 根据《联合国国际货物销售合同公约》的规定，若买方没有利用合理的机会检验

货物，就是放弃了选择权，从而丧失了声称货物不符合同的权利。（　　）

3. 在合同中规定为“离岸品质，离岸重量”时，买方在货物到达目的港或目的地后，可自行委托检验机构对货物进行复验，并有权在规定的时间内凭复验证书向卖方提出异议和索赔。（　　）

4. “出口国检验、进口国复验”是国际货物买卖中对买卖双方比较公平合理的规定方法。（　　）

5. 根据《中华人民共和国进出口商品检验法》的规定，对出口食品的卫生检验不属于我国法定检验的范围。（　　）

6. 凡属法定检验范围的商品，在办理进出口清关手续时，必须向海关提供检验检疫机构签发的检验证书，海关方予验放。（　　）

7. 已在所在地检验检疫机构办理报验登记备案的单位，可自行办理报验或代理他人报验。（　　）

8. 经商检机构检验合格发给检验证单的出口商品，应当在商检机构规定的期限内报关出口；超过期限的，可向商检机构申请延长检验证单的期限。（　　）

9.《中华人民共和国进出口商品检验法》规定，必须经商检机构检验的进出口商品以外的进出口商品，根据国家规定全部免予检验。（　　）

10. 实行“到岸品质、重量”检验条件时，买方无须分清卖方、船公司或保险公司的责任，而有权根据货物到达目的港或目的地时的检验结果，直接向卖方提出索赔。（　　）

（五）案例分析

1. 我方D公司以CIF旧金山向美国A公司出口了400套家具，该公司又将货物转手出售给了加拿大B公司。货物抵达旧金山后，A公司发现家具质量存在问题，但仍将货物转运至加拿大。B公司收到家具后，在合同规定的索赔期限内凭加拿大商检机构签发的检验证书，向我方D公司提出索赔。问：我方D公司是否需要进行赔偿？为什么？

2. 我方A公司以FOB条件向法国某经销商出口6 000打男式衬衣，合同规定：“货物在黄埔港装运前由中国出入境检验检疫局进行检验，交货品质以该机构出具的检验证书为准。”我方A公司在货物装运后制作了整套结汇单据，其中的品质检验证书声明我方A公司所交货物符合合同规定。A公司在办理完结汇手续后，收到了法国经销商的传真，声称我方A公司所交衬衣的质量与合同严重不符，要求A公司赔偿，法方还提交了该国检验机构出具的检验证明。问：我方A公司是否需要进行赔偿？为什么？

（六）阅读理解

2020/06/16

220000001689428

中华人民共和国海关
出境货物检验检疫申请

电子底账数据号：447400220007171000

申请单位（加盖公章）：广州市[redacted]有限公司　　＊编号：220000001689428

申请单位登记号：4424[redacted]　联系人：[redacted]　电话：136[redacted]　申请日期：2020年06月11日

发货人	（中文）	广州市[redacted]有限公司
	（外文）	GUANGZHOU CITY [redacted]' LIMITED
收货人	（中文）	[redacted]有限公司
	（外文）	[redacted]NEERING CO., LTD

货物名称（中/外文）	H. S. 编码	产地	数/重量	货物总值	包装种类及数量
木墙身板	4418990090（P/Q）	广州市番禺区	169千克	2,281.8美元	其他/9

运输工具名称号码	公路运输	贸易方式	一般贸易	货物存放地点	本厂
合同号	H190328	信用证号		用途	其他
发货日期	***	输往国家（地区）	中国香港	许可证/审批号	***
启运地	番禺沙湾车检场	到达口岸	中国香港	生产单位注册号	4424[redacted]/广州市[redacted]材有限公司
集装箱规格、数量及号码					

合同、信用证订立的检验检疫条款或特殊要求	标记及号码	随附单据（划"√"或补填）	
	N/M	☑合同	☐包装性能结果单
		☐信用证	☐许可/审批文件
		☑发票	☐
		☐换证凭单	☐
		☑装箱单	☐
		☑厂检单	☐

需要证单名称（划"√"或补填）				＊检验检疫费	
☐品质证书	_正_副	☐植物检疫证书	_正_副	总金额（人民币/元）	
☐重量证书	_正_副	☐熏蒸/消毒证书	_正_副		
☐数量证书	_正_副	☐出境货物换证凭单	_正_副	计费人	
☐兽医卫生证书	_正_副	☐			
☐健康证书	_正_副	☐		收费人	
☐卫生证书	_正_副	☐			
☐动物卫生证书	_正_副	☐			

申请人郑重声明：	领取证单	
1. 本人被授权申请检验检疫。		
2. 上列填写内容正确属实，货物无伪造或冒用他人的厂名、标志、认证标志，并承担货物质量责任。	日期	
签名：________	签名	

注：有"＊"号栏由海关填写

根据上面单据找出相应的内容。

（1）货物名称及 H. S. 编码：

（2）货物总值：

（3）包装种类及数量：

（4）运输工具名称号码：

（5）贸易方式：

（6）货物存放地点：

（7）合同号：

（8）产地：

（9）数量：

（10）用途：

（11）申请日期：

（12）输往国家（地区）：

（13）启运地：

（14）到达口岸：

（15）标记及号码：

（16）随附单据名称：

（七）单据填制

1. 单据填制一

请根据以下材料填制一份出境货物报检单。

四川长虹电器股份有限公司

SICHUAN CHANGHONG ELECTRIC CO. , LTD.

35, EAST MIANXING ROAD, HIGH-TECH PARK, MIANYANG, CHINA

COMMERCIAL INVOICE

Messrs:

YOUTA TRADING COMPANY LTD.
52 JULAN SULTAN
ROOM 1510 KOONA PLAZA
SINGAPORE

INVOICE NO　: TB－M85062
INVOICE DATE　: JULY 25, 2020
S/C NO.　: SM9806263
L/C NO.　: HU65926

Transport details:

FROM SHENZHEN TO SINGAPORE BY VESSEL
PER S. S. : TAO LA V. 441

Terms of payment:

BY L/C

Marks & numbers	Description of goods	Quantity	Unit price	Amount
			CIF SINGAPORE	
YOUTA SINGAPORE NOS. 1－500	"CHANGHONG" BRAND COLOUR TELEVISION SET MODEL RT560 WITH REMOTE CONTROL, PACKED IN EXPORT CARTONS OF ONE SET EACH	500SETS	USD160. 00 PER SET	USD80, 000. 00

四川长虹电器股份有限公司
SICHUAN CHANGHONG ELECTRIC CO. , LTD.

有关资料。

商品编码：8528. 1291
CONTAINER NO. : 1＊40'COSU829234－2
发货日期：JULY 30, 2020
货物存放地点：中山南头
用途：其他
产地：四川省绵阳市
报检人：李明
申请日期：2020 年 8 月 22 日
报验时提交的随附单据：合同、信用证、发票、装箱单
需要的证单：品质证书（1 正 2 副），出境货物换证凭单（1 正 1 副）

2. 单据填制二

请根据以下材料填制一份出境货物报检单。

厦门富乐贸易发展公司

FULE TRADE DEVELOPMENT CO. , LTD.

INVOICE

L/C NO. : KC－65284　　INVOICE NO. : FL69536874

S/C NO. : TL652C063　　DATE: MARCH 15, 2020

MESSRS. : L. Y. CONSULTANT CO. , LTD.

ADDRESS: 21 OTEMON CHUO—KU FUKUODA, JAPAN

PER S. S. : HONG YAN V. 5021　DATE OF DEPARTURE: APR. 25, 2020

FROM XIAMEN　TO MOJI

MARK	PACKAGE	DESCRIPTION	QUANTITY	UNIT PRICE	AMOUNT
N/M	16, 000CTNS	FRESH WINTER BAMBOO SHOOTS	16, 000KGS	USD1. 60/KG	USD24, 000. 00
				CFR MOJI	

有关资料。

CONTAINER NO. : CCLU 850114－5（20'）　CCLU850600－6（20'）

商品编码：0709. 9010　　发货日期：APR. 25, 2020

货物存放地点：石狮　　用途：食用

报验人：王雅丽　　申请日期：2020 年 4 月 15 日

产地：福建省厦门特区

报验时提交的随附单据：信用证、合同、发票、装箱单

需要的证单：品质证书 1 正 1 副、植物检疫证书 1 正 1 副

（八）单据审核

请根据以下资料审核并修改一份出境货物检验检疫申请单。

广东纺织品进出口针织品有限公司

GUANGDONG TEXTILES IMPORT & EXPORT KNITWEARS COMPANY LIMITED

15/F.，GUANGDONG TEXTILES MANSION，168 XIAOBEI ROAD，GUANGZHOU CHINA

COMMERCIAL INVOICE

ORIGINAL

Messrs.：

CURRENT FUNDS LIMITED
ROOM 1110 CHINACHEM GOLDEN PLAZA
NO. 77 MODY ROAD，TSIM SHA TSUI EAST
KOWLOON，HONG KONG

INVOICE NO.　：　9703S9023
INVOICE DATE：　NOV. 2，2019
L/C　NO.　：　WFH515950F
L/C DATE　：　AUG. 26，2019
S/C NO.　：　DY－039

Transport details：
FROM GUANGZHOU TO SANTOS W/T HONG KONG
BY VESSEL

Terms of payment：
BY L/C

Marks & numbers	Description of goods	Quantity	Unit price	Amount
N/M	MEN'S 100 PCT COTTON WOVEN UNDER PANTS	7,200 DOZ	USD4.2/DOZ	USD30,240.00
			CIF SANTOS	USD30,240.00

TOTAL QUANTITY：7,200 DOZ　　PACKING：240CTNS
TOTAL WEIGHT：N. W.：720 KGS　　G. W.：800 KGS
TOTAL：US DOLLARS THIRTY THOUSAND TWO HUNDRED AND FORTY ONLY.
SHIPPED PER：XINDA/FANDU V. 336
SHIPPED ON BOARD：NOV. 10，2019

GUANGDONG TEXTILES IMPORT & EXPORT
KNITWEARS COMPANY LIMITED

有关资料。

商品编码：6207.1100　　用途：其他
货物存放地点：大朗仓库　　产地：广州
报检人：何涛
报验时提交的随附单据：合同、信用证、发票、装箱单
需要的证单：品质证书 1 正 1 副

中华人民共和国海关
出境货物检验检疫申请

电子底账数据号：

申请单位(加盖公章)：　　　　　　　　　　　　*编　号：________

申请单位登记号：　　　　　　联系人：　　　　电话：　　　　申请日期：2019 年 11 月 3 日

发货人	(中文)广东纺织品进出口针织品有限公司	
	(外文)GUANGDONG TEXTILES IMPORT & EXPORT KNITWEARS COMPANY LIMITED	
收货人	(中文)	
	(外文) CURRENT FUNDS LIMITED	

货物名称(中外文)	H.S.编码	产地	数/重量	货物总值	包装种类及数量
男式内裤 MEN' 100 PCT COTTON WOVEN UNDER PANTS		广东省 广州市	7,200 件	30,240 美元	240 纸箱

运输工具名称号码	XINDA/FANDU V. 336	贸易方式	来料加工	货物存放地点	大朗仓库
合同号	DY-093	信用证号	WFH5159590F	用途	其他
发货日期	2019 年 11 月 10 日	输往国家(地区)	巴西	许可证/审批号	/
启运地	广州	到达口岸	圣保罗	生产单位注册号	/
集装箱规格、数量及号码	/				

合同、信用证订立的检验检疫条款或特殊要求	标记及号码	随附单据（划"√"或补填）	
/	N/M	√合同 √信用证 √发票 □换证凭单 √装箱单 □厂检单	□包装性能结果单 □许可/审批文件 □ □ □ □

需要证单名称（划"√"或补填）		*检验检疫费	
√品质证书　1 正 1 副 □重量证书　_正_副 □数量证书　_正_副 □兽医卫生证书　_正_副 □健康证书　_正_副 □卫生证书　_正_副 □动物卫生证书　_正_副	□植物检疫证书　_正_副 □熏蒸/消毒证书　_正_副 □出境货物换证凭单　_正_副 □ □ □ □	总金额 （人民币/元）	
		计费人	
		收费人	

申请人郑重声明：	领取证单	
1.本人被授权申请检验检疫。 2.上列填写内容正确属实，货物无伪造或冒用他人的厂名、标志、认证标志，并承担货物质量责任。 签名：何涛	日期	
	签名	

注：有"*"号栏由出入境检验检疫机关填写

二、练习题参考答案

（一）中英文术语、短语互译

1. 中译英

（1）Commodity Inspection

（2）Inspection Certificate of Quality

（3）Inspection Certificate of Weight

（4）Inspection Certificate of Quantity

（5）Inspection Certificate of Measurement

（6）Inspection Certificate of Temperature

（7）Inspection Certificate of Sanitary or Health

（8）Inspection Certificate of Disinfection

（9）Inspection Certificate of Fumigation

（10）Inspection Certificate of Hold

2. 英译中

（1）开证人的代表　　（2）有关当局

（3）在装船时出证　　（4）检验证书

（5）批准证书　　（6）检查员

（7）香港日内瓦通用鉴定公司　　（8）开证人的代表

（二）单项选择题

1. C。理由：《联合国国际货物销售合同公约》第39条（2）款规定："无论任何，如果买方不在实际收到货物之日起两年内将货物与合同不符的情形通知卖方，他就丧失声称货物不符合同的权利，除非这一时限与合同规定的保证期限不符。"

2. B。理由：根据我国出入境检验检疫的规定，一般情况下，出境货物最迟应于报关或装运前7天报验。

3. D。理由：如果合同或信用证没有规定具体出具检验证书的机关，则出口商可以自己出具检验证书，也可以请官方机构、民间组织等第三方出具检验证书。

4. C。理由：因为这种检验办法既承认卖方提供的检验证书是有效的文件，作为交接货物和结算货款的依据之一，又让买方有复验权。

5. C。理由：商品检验时间和地点的规定主要有在出口国检验，在进口国检验和在出口国检验、进口国复验三种。如果货物在装船前检验，货物装船是在出口国港口，所以装船前检验属于在出口国检验。

（三）多项选择题

1. ABCD。理由：商品检验证书的作用主要体现在：作为卖方议付货款的一种单据；作为卖方证明交货的品质、数量、包装以及卫生条件等是否符合合同规定的依据；作为买方拒收货物、索赔或理赔的依据；货物通关的有效凭证。

2. ABC。理由：商检证书的出证日期，根据不同商品的特性或合同（信用证）的具体规定可以与提单日期相同，或在提单日期之前，或在提单日期之后，但不能在提单日期3天后，这样容易遭到开证行或进口商拒付。

3. ACD。理由：合同中商品检验时间和地点的规定方法主要有三种：在出口国检验，在进口国检验和在出口国检验、进口国复验。

4. ABCD。理由：出境货物检验检疫申请表中的“用途”包括种用、食用、奶用、观赏或演艺、伴侣、实验、药用、饲用、其他等。

5. ABD。理由：根据规定，出口商在出境货物检验检疫时主要提交的有关单据包括合同、信用证、发票、装箱单、厂检单等。

（四）判断题

1. 正确。理由：根据我国《进出口商品检验法》的规定，列入“种类表”的进出口商品，属于法定检验的范畴。

2. 正确。理由：买方对货物的检验权并不是表示对货物接受的前提条件，买方对收到的货物可以进行检验，也可以不进行检验，若买方没有利用合理的机会检验货物，就是放弃了选择权，从而丧失了声称货物不符合同的权利。

3. 错误。理由：当合同中规定商品检验的时间和地点的方法为“离岸品质，离岸重量”时，货物是在装运港装运前经由双方所约定的检验机构对货物的质量和重量或数量进行检验，并由其出具的检验证书作为决定交货质量和重量或数量的最后依据。

4. 正确。理由：因为这种检验办法既承认卖方提供的检验证书是有效的文件，作为交接货物和结算货款的依据之一，又让买方有复验权。因此，这种方法对买卖双方较公平合理，实务中使用最多。

5. 错误。理由：根据《中华人民共和国进出口商品检验法》的规定，对出口食品的卫生检验属于我国法定检验的范围。

6. 正确。理由：根据《中华人民共和国进出口商品检验法》第15条的规定：对本法规定必须实施检验的出口商品，海关凭商检机构签发的货物通关证明验放。

7. 错误。理由：代理报验单位必须向所在地检验检疫机构申请办理代理报验单位注册登记手续，取得《代理报验注册登记证明书》的单位方可代理他人报验。

8. 错误。理由：根据《中华人民共和国进出口商品检验法》第16条的规定：超过期限的，应当重新报验。

9. 错误。理由：根据《中华人民共和国进出口商品检验法》第19条的规定：本法规定必须经商检机构检验的进出口商品以外的进出口商品，根据国家规定实施抽查检验。

10. 错误。理由：进口索赔有向卖方索赔、向保险公司索赔、向承运人索赔等，即使实行“到岸品质、重量”检验条件，只有货物品质与合同不符是由卖方违约而造成的情况下，买方才能向卖方提出索赔。

（五）案例分析

1. 答：我方D公司不需要进行赔偿。理由：①由于货物抵达旧金山后，A公司已经发现家具质量存在问题，但仍将货物转运至加拿大交给 B 公司，且并未向我方 D 公司提出异议，也没有要求当地的检验机构进行复验。根据《联合国国际货物销售合同公约》的规定，由于买方没有在发现货物不符合合同后一段合理时间内通知卖方，说明不符合合同情形的性质，所以 A 公司就丧失了声称货物不符合合同的权利。②由于 B 公司不是与我方 D 公司签订合同的买方，其只能凭加拿大商检机构签发的检验证书向卖方 A 公司提出异议与索赔的要求。

2. 答：我方 A 公司不需要进行赔偿。理由：我方 A 公司与法国经销商所签订的合同中规定："货物在黄埔港装运前由中国出入境检验检疫局进行检验，交货品质以该机构出具的检验证书为准。"而我方 A 公司提交的品质检验证书声明我方所交货物符合合同规定，所以法方无权对货物品质进行复验，也无权根据该国检验机构出具的检验证明要求我方 A 公司进行赔偿。

（六）阅读理解

（1）货物名称及 H. S. 编码：木墙身板 4418990090（P/Q）

（2）货物总值：2,281.5 美元

（3）包装种类及数量：其他/9

（4）运输工具名称号码：公路运输

（5）贸易方式：一般贸易

（6）货物存放地点：本厂

（7）合同号：H190328

（8）产地：广州市番禺区

（9）数量：169 千克

（10）用途：其他

（11）申请日期：2020 年 6 月 11 日

（12）输往国家（地区）：中国香港

（13）启运地：番禺沙湾车检场

（14）到达口岸：中国香港

（15）标记及号码：N/M

（16）随附单据名称：合同、发票、装箱单、厂检单

（七）单据填制

1. 单据填制一

中华人民共和国海关
出境货物检验检疫申请

电子底账数据号：

申请单位(加盖公章)：　四川长虹电器股份有限公司（盖章）　　　*编　号：________

申请单位登记号：　　　联系人：　李明　　电话：　　　申请日期：2020 年 8 月 22 日

发货人	(中文)四川长虹电器股份有限公司
	(外文)SICHUAN CHANGHONG ELECTRIC CO.， LTD.
收货人	(中文)　/
	(外文)YOUTA TRADING COMPANY LTD.

货物名称(中外文)	H.S.编码	产地	数/重量	货物总值	包装种类及数量
“长虹”牌遥控彩色电视机 型号：RT560 “CHANGHONG” BRAND COLOUR TELEVISION SET MODEL RT560 WITH REMOTE CONTROL	8528. 1291	四川省绵阳市	500 台	80,000 美元	500 纸箱

运输工具名称号码	TAO LA V.441	贸易方式	一般贸易	货物存放地点	中山南头
合同号	SM9806263	信用证号	HU65926	用途	其他
发货日期		输往国家(地区)	新加坡	许可证/审批号	/
启运地	深圳	到达口岸	新加坡	生产单位注册号	/
集装箱规格、数量及号码	1*40’ COSU829234-2				

合同、信用证订立的检验检疫条款或特殊要求	标记及号码	随附单据（划“√”或补填）	
/	YOUTA SINGAPORE NOS. 1–500	√合同 √信用证 √发票 □换证凭单 √装箱单 □厂检单	□包装性能结果单 □许可/审批文件 □ □ □ □

需要证单名称（划“√”或补填）				*检验检疫费	
√品质证书	1正2副	□植物检疫证书	__正__副	总金额（人民币/元）	
□重量证书	__正__副	□熏蒸/消毒证书	__正__副		
□数量证书	__正__副	√出境货物换证凭单	1正1副		
□兽医卫生证书	__正__副	□		计费人	
□健康证书	__正__副	□			
□卫生证书	__正__副	□		收费人	
□动物卫生证书	__正__副	□			

申请人郑重声明：	领取证单	
1.本人被授权申请检验检疫。 2.上列填写内容正确属实，货物无伪造或冒用他人的厂名、标志、认证标志，并承担货物质量责任。	日期	
签名：李明	签名	

注：有“*”号栏由出入境检验检疫机关填写

2. 单据填制二

中华人民共和国海关
出境货物检验检疫申请

电子底账数据号：

申请单位(加盖公章)： *编 号：______________

申请单位登记号： 联系人：王雅丽 电话： 申请日期：2020 年 4 月 15 日

发货人	(中文) 厦门富乐贸易发展公司	
	(外文) FULE TRADE DEVELOPMENT CO. , LTD.	
收货人	(中文) /	
	(外文) L. Y. CONSULTANT CO. , LTD	

货物名称(中外文)	H.S.编码	产地	数/重量	货物总值	包装种类及数量
鲜冬笋 FRESH WINTER BAMBOO SHOOTS	0709.9010	福建省 厦门特区	16000KGS	24，000 美元	16000 纸箱

运输工具名称号码	HONG YAN V. 5021	贸易方式	一般贸易	货物存放地点	石狮
合同号	TL652C063	信用证号	KC-65284	用途	食用
发货日期	2020 年 4 月 25 日	输往国家(地区)	日本	许可证/审批号	/
启运地	厦门	到达口岸	门司	生产单位注册号	/
集装箱规格、数量及号码	2*20’ CCLU 850114-5，CCLU850600-6				

合同、信用证订立的检验检疫条款或特殊要求	标记及号码	随附单据（划“√”或补填）	
/	N/M	√合同 √信用证 √发票 □换证凭单 √装箱单 □厂检单	□包装性能结果单 □许可/审批文件 □ □ □ □

需要证单名称（划“√”或补填）				*检验检疫费	
√品质证书	1正1副	√植物检疫证书	1正1副	总金额（人民币/元）	
□重量证书	__正__副	□熏蒸/消毒证书	__正__副		
□数量证书	__正__副	□出境货物换证凭单	__正__副		
□兽医卫生证书	__正__副	□		计费人	
□健康证书	__正__副	□			
□卫生证书	__正__副	□		收费人	
□动物卫生证书	__正__副	□			

申请人郑重声明：	领取证单	
1.本人被授权申请检验检疫。 2.上列填写内容正确属实，货物无伪造或冒用他人的厂名、标志、认证标志，并承担货物质量责任。	日期	
签名：王雅丽	签名	

注：有“*”号栏由出入境检验检疫机关填写

(八) 单据审核

(1) 货物名称不够具体，修正为“全棉男式内裤”；
(2) 数量单位为打，修正为“7 200 打”；
(3) 贸易方式错，修正为“一般贸易”；
(4) 合同号错，修正为“DY-039”；
(5) 到达口岸错，修正为“桑托斯”；
(6) 缺商品编码，应在 H. S 编码栏目中填写“6207. 1100”。

第二节　受益人证明书

一、练习题

（一）单据填制

1．单据填制一

请根据以下材料制作一份受益人证明书。

A．信用证条款。

BENEFICIARY：SHANG HAI MACHINERY IMP. & EXP. CORPORATION

L/C NO.：HU65926

DOCUMENTS REQUIRED：

* BENEFICIARY'S CERTIFICATE CERTIFYING THAT COMMERCIAL INVOICE，PACKING LIST AND RIGINAL EXPORT LICENCE HAVE BEEN DESPATCHED BY COURIER DIRECTLY TO YOUTA TRADING COMPANY.

B．其他资料。

INVOICE NO.：TB－M85062

DATE OF ISSUING THE BENEFICIARY'S CERTIFICATE：AUG. 3，2020

2．单据填制二

请根据以下材料制作一份受益人证明书。

A．信用证条款。

BENEFICIARY：FULE TRADE DEVELOPMENT CO. LTD.

L/C NO.：KC－65284

DOCUMENTS REQUIRED：

* BENEFICIARY'S CERTIFICATE CERTIFYING THAT FIVE COPIES OF YOUR SAMPLE BOOK HAVE BEEN SENT BY REGISTERED AIRMAIL TO L. Y. CONSULTANT CO. LTD，21 OTEMON CHUO－KU FUKUODA，JAPAN.

B．其他资料。

INVOICE NO.：FL69536874

DATE OF ISSUING THE BENEFICIARY'S CERTIFICATE：MARCH 30，2020

3．单据填制三

请根据以下材料制作一份受益人证明书。

A．信用证条款。

BENEFICIARY：GUANGDONG TEXTILES I/E（GROUP）GARMENTS CO.

L/C NO.：P－67971

DOCUMENTS REQUIRED：

* BENEFICIARY'S CERTEFICATE STATING THAT ALL THE SHIPPED GOODS ARE STRICTLY IN COMPLIANCE WITH THE TERMS OF THE RELATIVE SALES CONTRACT（NO. 98GTB0602）.

B．其他资料。

INVOICE NO. : 980602GTB
DATE OF ISSUING THE BENEFICIARY'S CERTIFICATE: SEP. 25, 2020

(二) 单据审核

1. 单据审核一

请根据以下材料审核并修改一份受益人证明书。

A. 信用证条款。

ISSUE OF A DOCUMENTARY CREDIT
APPLICANT: HALSSEN & LYON GMBH, GERMANY
BENEFICIARY: CHINA TUHSU GUANGDONG TEA IMP. & EXP. CORP.
L/C NO. : 6005729745H3
DOCUMENTS REQUIRED:
* BENEFICIARY'S CERTIFICATE CERTIFYING THAT ONE COPY OF COMMERCIAL INVOICE, N/N B/L HAVE BEEN FAXED TO APPLICANT TO FAX NO. 78 - 025 - 605 WHITHIN 3 DAYS AFTER SHIPMENT.

B. 其他资料。

INVOICE NO. : TA7149
DATE OF ISSUING THE BENEFICIARY'S CERTIFICATE: AUGUST 28, 2020

BENEFICIARY'S CERTIFICATE

DATE: AUG. 28, 2020

INVOICE NO. : TAT149 L/C NO. : 6005729745H3

WE HEREBY CERTIFY THAT ONE COPY OF COMMERCIAL INVOICE, NO B/L HAVE BEEN FAXED TO APPLICANT TO FAX NO. 78 - 025 - 605 WHITHIN 3 DAYS AFTER SHIPMENT.

中国土畜产广东茶叶进出口公司
CHINA TUHSU GUANGDONG TEA IMP. & EXP. CORP.
(SIGNATURE)

2. 单据审核二

请根据以下材料审核并修改一份受益人证明书。

A. 信用证条款。

ISSUE OF A DOCUMENTARY CREDIT

APPLICANT：DU PONT SINGAPORE FIBRES PTE LTD

BENEFICIARY：SHANGHAI HUAYUAN TRADE ENTERPRISE LTD.

L/C NO.：XCBS07258

DOCUMENTS REQUIRED：

* BENEFICIARY'S CERTIFICATE CERTIFYING THAT ALL THE GOODS ARE PACKED IN STRONG SEAWORTHY CARTONS AND EACH CASE CLEARLY INDICATES THE SHIPPING MARKS AND NOS.：DU PONT/NO. 1－420/SINGAPORE.

B. 其他资料。

INVOICE NO.：IG20303465

DATE OF ISSUING THE BENEFICIARY'S CERTIFICATE：JULY 18，2020

BENEFICIARY'S CERTIFICATE

JULY 8，2020

INVOICE NO.：IG20303465　　　　L/C NO.：XCBS07258

WE HEREBY CERTIFY THAT ALL THE GOODS ARE PACKED IN CARTONS AND EACH CASE CLEARLY INDICATES THE SHIPPING MARKS AND NOS.：DU PONT/NO. 1－420/SINGAPORE.

上海华源贸易有限公司

SHANGHAI HUAYUAN TRADE ENTERPRISE LTD.

(SIGNATURE)

二、练习题参考答案

(一) 单据填制

1. 单据填制一

BENEFICIARY'S CERTIFICATE

AUG. 3, 2020

INVOICE NO.: TB - M85062　　　L/C NO.: HU65926

WE HEREBY CERTIFY THAT COMMERCIAL INVOICE, PACKING LIST AND ORIGINAL EXPORT LICENCE HAVE BEEN DESPATCHED BY COURIER DIRECTLY TO YOUTA TRADING COMPANY.

上海机械进出口公司
SHANGHAI MACHINERY IMP. & EXP. CORPORATION
(SIGNATURE)

2. 单据填制二

BENEFICIARY'S CERTIFICATE

MARCH 30, 2020

INVOICE NO.: FL69536874　　　L/C NO.: KC - 65284

TO WHOM IT MAY CONCERN:

WE HEREBY CERTIFYING THAT WE HAVE SENT OUR FIVE COPIES OF YOUR SAMPLE BOOK BY REGISTERED AIRMAIL TO L. Y. CONSULTANT CO. LTD, 21 OTEMON CHUO - KU FUKUODA, JAPAN.

富乐贸易发展有限公司
FULE TRADE DEVELOPMENT CO. LTD.
(SIGNATURE)

3. 单据填制三

BENEFICIARY'S CERTIFICATE

SEP. 25，2020

INVOICE NO.：980602GTB　　　　　L/C NO.：P－67971

TO WHOM IT MAY CONCERN：

WE HEREBY STATING THAT ALL THE SHIPPED GOODS ARE STRICTLY IN COMPLIANCE WITH THE TERMS OF THE RELATIVE SALES CONTRACT（NO. 98GTB0602）.

广东纺织品进出口（集团）服装公司
GUANGDONG TEXTILES I/E（GROUP）GARMENTS CO.
（SIGNATURE）

（二）单据审核

1. 单据审核一

（1）TAT149 应改为：TA7149；

（2）NO B/L 应改为：N/N B/L；

（3）APPLICANT 应改为：HALSSEN & LYON GMBH，GERMANY。

2. 单据审核二

（1）出证日期应改为：JULY 18，2020；

（2）ARE PACKED IN CARTONS 应改为 ARE PACKED IN STRONG SEAWORTHY CARTONS。

第三节　航空运单

一、练习题

（一）中英文术语、短语互译

1. Airway Bill
2. Airline Code Number
3. Declared Value for Customs
4. Airport of Destination
5. Chargeable Weight
6. Accounting Information
7. International Air Transport Association（IATA）
8. No Commercial Value（NCV）
9. No Value Declared（NVD）
10. Charges Code（CHGS Code）
11. Assembly Service Fee（AS）
12. Prepaid（PPD）
13. Charges Collect Fee（FC）
14. Collect（COLL）
15. Insurance Premium（IN）
16. Government Tax（GT）
17. Rate Combination Point（RCP）
18. Nothing（NIL）

（二）单项选择题

1. 航空运单正本按国际惯例为（　　）。
   A. 一式两份　B. 一式三份　C. 一份　D. 一式六份
2. 中国民航的代号为（　　）。
   A. 999　B. 131　C. 160　D. 988
3. 香港机场的代号为（　　）。
   A. HGH　B. HRB　C. HKG　D. HAK
4. 广州机场的代号为（　　）。
   A. SHA　B. PEK　C. SZX　D. CAN
5. 大阪机场的代号为（　　）。
   A. TYO　B. OSA　C. OKA　D. NGO
6. 曼谷机场的代号为（　　）。
   A. SIN　B. PEN　C. MNL　D. BKK
7. 巴黎机场的代号为（　　）。
   A. LON　B. PAR　C. HAM　D. FRA
8. 旧金山机场的代号为（　　）。
   A. SFO　B. NYK　C. WAS　D. LAX
9. 在航空运输中，当托运的货物中含有危险货物时，应分别填写，并把危险货物填列在（　　）。
   A. 第一项　B. 第二项　C. 任意项　D. 最后一项
10. 在航空运单中的“Executed on date”栏目表示的日期，一般应是（　　）。

A. 航空公司接受托运货物的日期　　B. 签发航空运单的日期
C. 信用证规定的最后装运日期　　D. 实际起飞的日期

（三）多项选择题

1. 航空运单可分为（　　）。
A. 出票航空公司标志的航空货运单　　B. 指示航空运单
C. 无承运人任何标志的中性货运单　　D. 记名航空运单

2. 航空运单的作用包括（　　）。
A. 航空运单是航空运输承运人与托运人之间的运输合同
B. 航空运单是航空公司或其代理人收运货物的证明文件
C. 航空运单是承运人核收运费的依据
D. 航空运单是承运人处理货物运输过程情况的依据

3. 下列机场代号中，属于我国机场的是（　　）。
A. LAS　　B. TSN　　C. SEL　　D. XMN

4. 下列表述正确的是（　　）。
A. 航空运单不是物权凭证　　B. 航空运单是物权凭证
C. 航空运单不可转让　　D. 航空运单经背书后可以转让

5. 航空运单的托运人名称和地址栏目，一般填写（　　）。
A. 托运人名称和地址　　B. 托运人的国家（或国家两字代号）
C. 托运人的传真、电传号码　　D. 托运人的电话号码

（四）判断题

1. 航空运单不是物权凭证，不能通过背书转移货物的所有权，只有航空运单的持有人才能对货物要求所有权。（　　）

2. 航空运单正本按国际惯例为一式三份，每份都印有背面条款。交单议付时三份正本航空运单必须全部提交。（　　）

3. 与海运提单相同，航空运单只是运输契约的证明，它本身不是运输契约。（　　）

4. 一张航空运单可用于一个托运人在同一时间、同一地点托运货物，运往不同目的站的不同收货人。（　　）

5. 航空运单的货物运价细目，当一票货物中如含有两种或两种以上不同运价类别计费的货物应分别填写，每填写一项另起一行，如果含有危险货物，则该危险货物应列在第一项。（　　）

（五）阅读理解

089 CAN 00570003　　　　089–00570003

Shipper's Name and Address	Shipper's Account Number	Not Negotiable Air Waybill Issued by Spring Airlines Co., Ltd. — 春秋航空有限公司 SPRING AIRLINES CO.,LTD. 中国 上海 虹桥路2550号 Shanghai Bldg.,2550 Hongqiao Road Shanghai, China 邮政编码 Post Code: 200335
GUANGZHOU HONGHEGU INTERNATIONAL TRADE COMPANY LTD. 128 DONG FENG ROAD, GUANGZHOU CHINA		Copies 1, 2 and 3 of this Air Waybill are originals and have the same validity.
Consignee's Name and Address	Consignee's Account Number	It is agreed that the goods described herein are accepted in apparent good order and condition (except as noted) for carriage SUBJECT TO THE CONDITIONS OF CONTRACT ON THE REVERSE HEREOF. ALL GOODS MAY BE CARRIED BY ANY OTHER MEANS INCLUDING ROAD OR ANY OTHER CARRIER UNLESS SPECIFIC CONTRARY INSTRUCTIONS ARE GIVEN HEREON BY THE SHIPPER, AND SHIPPER AGREES THAT THE SHIPMENT MAY BE CARRIED VIA INTERMEDIATE STOPPING PLACES WHICH THE CARRIER DEEMS APPROPRIATE. THE SHIPPER'S ATTENTION IS DRAWN TO THE NOTICE CONCERNING CARRIER'S LIMITATION OF LIABILITY. Shipper may increase such limitation of liability by declaring a higher value for carriage and paying a supplemental charge if required.
LUCKY DOG INTERNATIONAL STUTTGAURTE STR. 5 SCHORNDORF/GERMANY		
Issuing Carrier's Agent Name and City: SPF/CAN		Accounting Information: VAIID ON 9C FLIGHT ONLY CAN2003-GJ03 FREIGHT PREPAID
Agent's IATA Code	Account No.	
Airport of Departure (Addr. of First Carrier) and Requested Routing: GUANGZHOU		Reference Number / Optional Shipping Information

To	By First Carrier / Routing and Destination	to	by	to	by	Currency	CHGS Code	WT/VAL PPD	WT/VAL COLL	Other PPD	Other COLL	Declared Value for Carriage	Declared Value for Customs
BKK	9C					CNY		PP		PP		N.V.D.	N.C.V.

Airport of Destination	Requested Flight/Date		Amount of Insurance	INSURANCE - If carrier offers insurance, and such insurance is requested in accordance with the conditions thereof, indicate amount to be insured in figures in box marked "Amount of Insurance"
BANGKOK	9C6315	2020-03-23	NIL	

Handling Information

THIS SHIPMENT DOES NOT CONTAIN LITHIUM BATTERIES OR OTHER DANGEROUS GOODS.

SCI

No. of Pieces RCP	Gross Weight	kg/lb	Rate Class	Commodity Item No.	Chargeable Weight	Rate/Charge	Total	Nature and Quantity of Goods (incl. Dimensions or Volume)
10	500	K	Q		500	17.15	8575. 00	IRON DEXTRAN DIMS: VOL: 1.336CBM
10	500						8575. 00	

Prepaid	Weight Charge	Collect	Other Charges
8575. 00			AWC: 50.00 MYC: 1033.50 MSC: 344.50
	Valuation Charge		
	Tax		
	Total Other Charges Due Agent		Shipper certifies that the particulars on the face hereof are correct and that insofar as any part of the consignment contains dangerous goods, such part is properly described by name and is in proper condition for carriage by air according to the applicable Dangerous Goods Regulations.
1428.0	Total Other Charges Due Carrier		SPF/CAN Signature of Shipper or his Agent
Total Prepaid: 13244.35	Total Collect		
Currency Conversion Rates	CC Charges in Dest Currency		2020/03/23 (Executed on (date)) GUANGZHOU,CHINA (at (place)) LI (Signature of Issuing Carrier or its Agent)
For Carrier's Use only at Destination	Charges at Destination	Total Collect Charges	089– 00570003

ORIGINAL 3 (FOR SHIPPER) A

根据上面的单据找出相应的内容并回答问题。

（1）航空运单号码：

（2）托运人的名称及地址：

（3）收货人：

（4）代理人的名称和地址：

（5）财务说明：

（6）始发站：

（7）到达站：

（8）航班：

（9）货币：

（10）供运输用声明价值：

（11）供海关用声明价值：

（12）处理情况：

（13）货物的件数：

（14）计费重量：

（15）运费缴付方式：

（16）货物品名和数量：

（17）货物体积：

（18）航空运单填开日期：

（19）航空运单填开地点：

（20）航空运单左上角的“089”表示何意？

（21）航空运单左上角的“CAN”表示何意？

（22）航空运单“Other Charges”栏目中的“AWC”表示何意？

（23）航空运单“Other Charges”栏目中的“MYC”表示何意？

（24）航空运单“Othcr Chargcs”栏目中的“MSC”表示何意？

（25）航空运单有多少份正本？

（六）单据填制

1. 单据填制一

根据给出的资料补填航空运单。

A. 信用证条款。

Applicant	*50 :	YYY TRADING CO. , LTD 220 SIGMUND STR. 80035 NOLA（ITALY）
Beneficiary	*59 :	GUANGDONG ABC IMPORT & EXPORT COMPANY LTD. NO. 188 XIAOGANG ROAD, GUANGZHOU
Loading in Charge	44 A :	FROM ANY CHINESE AIRPORT
For Transport to…	44 B :	MILANO, ITALY
Description of Goods	45 A :	1,700 PCS OF LADIES' 55% RAMIE 36% WOOL 9% NYLON KNITTED SWEATER CFR MILANO AIRPORT AS PER SALES CONFIRMATION NO. 2002MCGS02007 DD 8. 3. 2020 TOTAL AMOUNT USD12, 614. 00
Documents required	46 A :	CLEAN AIRWAYBILL FOR GOODS AIRFREIGHTED TO YYY TRADING CO. , LTD 220 SIGMUND STR. 80035 NOLA（ITALY）MARKED FREIGHT PREPAID AND EVIDENCING THAT ORIGINAL INCOICE AND PACKING LIST ACCOMPANY THE GOODS, NOTIFY APPLICANT

B. 其他资料。

航空运单填开日期：2020 年 5 月 25 日

航空运单填开地点：广州

始发站：广州

货物装箱情况：1,700PCS/40CTNS

航班号及日期：CA1234/26 MAY, 2020

总毛重：400KGS

唛头：ABC/MILANO/NOS1 - 40

计费重量：420KGS

计费货币：美元

尺码：（30 × 40 × 20）CM

空运单注明没有声明价值和没有商业价值

999 | | 999—

Shipper's Name and Address	Shipper's Account Number	NOT NEGOTIABLE 中国民航 CAAC AIR WAYBILL AIR CONSIGNMENT NOTE ISSUED BY: THE CIVIL AVIATION ADMINIASTRATION OF CHINA BEIJING CHINA Copies 1, 2 and 3 of this Air Waybill are originals and have the same validity.
Consignee's Name and Address	Consignee's Account Number	It is agreed that the goods described herein are accepted in apparent good order and condition (except as noted) for carriage SUBJECT TO THE CONDITIONS OF CONTRACT ON THE REVERSE HEREOF.THE SHIPPER'S ATTENTION IS DRAWN TO THE NOTICE CONCERNINC CARRIER'S LIMITATION OF LIABILITY.Shipper may increase such limitation of liability by declaring a higher value for carriage and paying a supplemental charge if required. ISSUING CARRIER MAINTAINS CARGO ACCIDENT LIABILITY INSURANCE
Issuing Carrier's Agent Name and City Agent's IATA Code / Account No. Airport of Departure(Addr. of First Carrier)and Requested Routing		Accounting Information FRELGHT PREPALD NOTIFY YYY TRADING CO.,LTD. 220 SIGMUND STR.80035 NOLA(ITALY)

to	By First Carrier	Routing and Destination	to	by	to	by	Currency	CHGS Code	WT/NAL PPD	WT/NAL COLL	Other PPD	Other COLL	Declared Value for Carriage	Declared Value for Customs
							USD		P		P		NVD	NVC

Airport Destination	Flight/Date	For Carrier Use only	Flight/Date	Amount of Insurance	INSURANCE if carrier offers insurance, and such insurance is requested in accordance with conditions on reverse here of, indicate amount to be insured in figure in box marked amount of insurance.
				NIL	

Handling Information

MARKS:ABC/MILANO/NOS1- 40

(for USA only)Those commodities licensed by US for ultimate destination...Diversion contray to US law is prohibited.

No. of Pieces RCP	Gross Weight	Kg Lb	Rate Class Commodity Item No.	Chargeable Weight	Rate Charge	Total	Nature and Quantity of Goods (incl.Dimensions or Volume)
		K		420			LADIES'55% RAMIE30% WOOL9% NYLON KNITTED SWEATER DIMS:(30×40×20)CM×40

Prepaid	Weight Charge	Collect	Other Charges
AS ARRANGED	Valuation Charge	PREPAID	ORIGINAL INVOICE AND PACKING LIST, ACCOMPANY THE GOODS.
	Tax		
	Total Other Charges Due Agent		Shipper certifies that the particulars on the face hereof are correct and that inso-far as any part of the consignment contains dangerous goods,such part is properly described by name and is in proper condition for carriage by air according to the applicable Dangerous Goods Regulations.
	Total Other Charges Due Carrier		Signature of Shipper or his Agent
Total Prepaid		Total Collect	
Currency Conversion Rates		CC Charges in Dest. Currency	Executed on (date) at (place) Signature of Issuing carrier or its Agent
For Carrier's use only at Destination		Charges at Destination	Total Collect Charges / 999—

2. 单据填制二

根据给出的国际货物托运书补填航空运单。

国际货物托运书（SHIPPERS LETTER OF INSTRUCTION）

<table>
<tr><td>托运人姓名及地址
SHIPPER'S NAME AND ADDRESS

GUANGDONG FOREIGN TRADE IMP. & EXP. CORP. 15 – 18/F. , GUANGDONG FOREIGN ECONOMIC AND TRADE BUILDING 351 TIANHE ROAD, GUANGZHOU, CHINA</td><td>托运人账号
SHIPPER'S ACCOUNT NUMBER</td><td colspan="2">供承运人用
FOR CARRIAGE USE ONLY
班期/日期 FLIGHT/DAY　航班/日期 FLIGHT/DAY
CA253/MAY 28, 2020</td></tr>
<tr><td>收货人姓名及地址
CONSIGNEE'S NAME AND ADDRESS

ABC COMPANY LIMITED
BLUE BIRD STREET, NEW YORK, USA</td><td>收货人账号
CONSIGNEE'S ACCOUNT NUMBER</td><td colspan="2">已预留吨位
BOOKED

运费 CHARGES
FREIGHT PREPAID</td></tr>
<tr><td colspan="2">代理人的名称和城市
ISSUING CARRIER'S AGENT NAME AND CITY

XYZ SHIPPING CO. , LTD.</td><td colspan="2" rowspan="3">ALSO NOTIFY</td></tr>
<tr><td colspan="2">始发站 AIRPORT OF DEPARTURE
GUANGZHOU AIRPORT</td></tr>
<tr><td colspan="2">到达站 AIRPORT OF DESTINATION
JOHN KENNEDY AIRPORT</td></tr>
<tr><td>托运人声明价值
SHIPPER'S DECLARED VALUE
供运输用 FOR CARRIAGE NVD　供海关用 FOR CUSTOMS NCV</td><td>保险金额
AMOUNT OF INSURANCE

NIL</td><td colspan="2">所附文件
DOCUMENT TO ACCOMPANY AIR WAYBILL

1 COMMERCIAL INVOICE AND 1PACKING LIST</td></tr>
<tr><td colspan="4">处理情况(包括包装方式、货物标志及号码)
HANDLING INFORMATION (INGL METHOD OF PACKING IDENTIFYING AND NUMBERS)</td></tr>
</table>

件数 NO. OF PACKAGES	实际毛重 ACTUAL GROSS WEIGHT(KG)	运价种类 RATE CLASS	收费重量 CHARGEABLE WEIGHT	费率 RATE/ CHARGE	货物品名及数量(包括体积或尺寸) NATUER AND QUANTITY OF GOODS (INCL. DIMENSION OF VOLUME)
6	100		100	18.00	DIMS: (40 × 30 × 25) CM × 10

999 | | 999—

Shipper's Name and Address	Shipper's Account Number	NOT NEGOTIABLE 中国民航 CAAC AIR WAYBILL AIR CONSIGNMENT NOTE ISSUED BY: THE CIVIL AVIATION ADMINIASTRATION OF CHINA BEIJING CHINA
		Copies 1, 2 and 3 of this Air Waybill are originals and have the same validity.
Consignee's Name and Address	Consignee's Account Number	It is agreed that the goods described herein are accepted in apparent good order and condition (except as noted) for carriage SUBJECT TO THE CONDITIONS OF CONTRACT ON THE REVERSE HEREOF. THE SHIPPER'S ATTENTION IS DRAWN TO THE NOTICE CONCERNINC CARRIER'S LIMITATION OF LIABILITY. Shipper may increase such limitation of liability by declaring a higher value for carriage and paying a supplemental charge if required. ISSUING CARRIER MAINTAINS CARGO ACCIDENT LIABILITY INSURANCE
Issuing Carrier's Agent Name and City		Accounting Information
Agent's IATA Code	Account No.	
Airport of Departure (Addr. of First Carrier) and Requested Routing		

to	By First Carrier	Routing and Destination	to	by	to	by	Currency	CHGS Code	WT/NAL PPD	WT/NAL COLL	Other PPD	Other COLL	Declared Value for Carriage	Declared Value for Customs
JEK	CAAC						USD		×		×		NVD	NCV

Airport Destination	Flight/Date	For Carrier Use only	Flight/Date	Amount of Insurance	INSURANCE if carrier offers insurance, and such insurance is requested in accordance with conditions on reverse here of, indicate amount to be insured in figure in box marked amount of insurance.
				×××	

Handling Information

KEEP UPSIDE

(for USA only) Those commodities licensed by US for ultimate destination... Diversion contray to US law is prohibited.

No. of Pieces RCP	Gross Weight	Kg Lb	Rate Class / Commodity Item No.	Chargeable Weight	Rate / Charge	Total	Nature and Quantity of Goods (incl. Dimensions or Volume)
6	100	K		100	18.00		480 PCS OF MEN'S SWEATERS DIMS: (40×30×20)CM×6

Prepaid	Weight Charge	Collect	Other Charges
AS ARRANGED	Valuation Charge	PREPAID	1 COMMERCIAL INVOICE AND 1 PACKING LIST
	Tax		
	Total Other Charges Due Agent		Shipper certifies that the particulars on the face hereof are correct and that insofar as any part of the consignment contains dangerous goods, such part is properly described by name and is in proper condition for carriage by air according to the applicable Dangerous Goods Regulations.
	Total Other Charges Due Carrier		.... Signature of Shipper or his Agent
Total Prepaid		Total Collect	MAY 27, 2020 GUANGZHOU
Currency Conversion Rates		CC Charges in Dest. Currency	.... Executed on (date) at (place) Signature of Issuing carrier or its Agent
For Carrier's use only at Destination		Charges at Destination	Total Collect Charges

999—

二、练习题参考答案

（一）中英文术语、短语互译

1. 航空运单
2. 航空公司数字代号
3. 海关申报价值
4. 目的地机场
5. 计费重量
6. 财务说明
7. 国际航协
8. 没有商业价值
9. 没有声明价值
10. 费用代码
11. 集中货物服务费
12. 预付
13. 运费到付手续费
14. 待付
15. 代办保险服务费
16. 政府捐税
17. 运价组合点
18. 零

（二）单项选择题

1. B。理由：航空运单正本按国际惯例为一式三份，每份都印有背面条款。

2. A。理由：中国民航的代号为 999，131 是日本航空公司代号。

3. C。理由：香港机场的代号为 HKG，HGH 是杭州机场的代号，HRB 是哈尔滨机场的代号，HAK 是海口机场的代号。

4. D。理由：广州机场的代号为 CAN，SHA 是上海机场的代号，PEK 是北京机场的代号，SZX 是深圳机场的代号。

5. B。理由：大阪机场的代号为 OSA，TYO 是东京机场的代号，OKA 是冲绳机场的代号，NGO 是名古屋机场的代号。

6. D。理由：曼谷机场的代号为 BKK，SIN 是新加坡机场的代号，PEN 是槟城机场的代号，MNL 是马尼拉机场的代号。

7. B。理由：巴黎机场的代号为 PAR，LON 是伦敦机场的代号，HAM 是汉堡机场的代号，FRA 是法兰克福机场的代号。

8. A。理由：旧金山机场的代号为 SFO，NYK 是纽约机场的代号，WAS 是华盛顿机场的代号，LAX 是洛杉矶机场的代号。

9. A。理由：按规定，在航空运输中，当托运的货物中含有危险货物时，应分别填写，并把危险货物填列在第一项。

10. B。理由："Executed on date" 意指运单日期，该日期为签发航空运单的日期。如果信用证规定运单必须注明实际起飞日期，才以实际起飞日期作为装运日期填写。

（三）多项选择题

1. AC。理由：航空运单可分为出票航空公司标志的航空货运单和无承运人任何标志的中性货运单两种。

2. ABCD。理由：航空运单是航空运输承运人与托运人之间的运输合同；航空运单是航空公司或其代理人收运货物的证明文件；航空运单是承运人核收运费的依据；航空运单是承运人处理货物运输过程情况的依据。

3. BD。理由：TSN 表示天津机场，XMN 表示厦门机场，LAS 表示拉斯维加斯机场，SEL 表示首尔机场。

4. AC。理由：航空运单不是物权凭证，不能通过背书进行转让。

5. ABCD。理由：航空运单的托运人名称和地址栏目，一般填写托运人名称、地址，托运人的国家（或国家两字代号），托运人的电话号码，托运人的传真、电传号码。

（四）判断题

1. 错误。理由：航空运单不是物权凭证，因此，持有航空运单并不能说明可以对货物要求所有权。

2. 错误。理由：航空运单正本一式三份，第一份由航空公司留存，第二份随货同行，第三份交托运人，因此，受益人到银行议付时只能提交一份正本航空运单。

3. 错误。理由：航空运单不仅是航空运输合同的证明，而且是托运人与航空运输承运人之间签订的货物运输合同。

4. 错误。理由：一张航空运单只能用于一个托运人在同一时间、同一地点托运货物，运往同一目的站的同一收货人。

5. 正确。理由：航空运单的货物运价细目，如果含有危险货物，则该危险货物应列在第一项。

（五）阅读理解

（1）航空运单号码：089－00570003

（2）托运人的名称及地址：GUANGZHOU HONGHEGU INTERNATIONAL TRADE COMPANY LTD.
128 DONG FENG ROAD，GUANGZHOU CHINA

（3）收货人：LUCKY DOG INTERNATIONAL
STUTTGAURTE STR. 5 SCHORNDORF/GERMANY

（4）代理人的名称和地址：SPF/CAN

（5）财务说明：VAID ON 9C FLIGHT ONLY
CAN2003－GJ03
FREIGHT PREPAID

（6）始发站：GUANGZHOU

（7）到达站：BANGKOK

（8）航班：9C6315 2020－03－23

（9）货币：CNY

（10）供运输用声明价值：N. V. D.（NO VALUE DECLARED）没有声明价值

（11）供海关用声明价值：N. C. V.（NO COMMERCIAL VALUE）没有商业价值

（12）处理情况：THIS SHIPMENT DOES NOT CONTAIN LITHIUM BATTERIES OR

OTHER DANGEROUS GOODS.

（13）货物的件数：10

（14）计费重量：500KGS

（15）运费缴付方式：FREIGHT PREPAID

（16）货物品名和数量：IRON DEXTRAN

（17）货物体积：1.336CBM

（18）航空运单填开日期：2020/03/23

（19）航空运单填开地点：GUANGZHOU，CHINA

（20）航空运单左上角的“089”是春秋航空公司的数字代号。

（21）航空运单左上角的“CAN”是始发站机场的IATA三字代号，CAN表示广州机场。

（22）航空运单“Other Charges”栏目中的“AWC”是AIR WAYBILL CHARGE的缩语，表示制单费。

（23）航空运单“Other Charges”栏目中的“MYC”表示燃油附加费。

（24）航空运单“Other Charges”栏目中的“MSC”表示安全附加费。

（25）航空运单有三份正本。

（六）单据填制

1. 单据填制一

999 CAN　　　　　　　　　　　　　　　　　999—

Shipper's Name and Address / Shipper's Account Number GUANGDONG ABC IMPORT & EXPORT COMPANY LTD. NO.188 XIAOGANG ROAD,GUANGZHOU	NOT NEGOTIABLE 中国民航 CAAC AIR WAYBILL AIR CONSIGNMENT NOTE ISSUED BY：THE CIVIL AVIATION ADMINIASTRATION OF CHINA BEIJING CHINA Copies l, 2 and 3 of this Air Waybill are originals and have the same validity.
Consignee's Name and Address / Consignee's Account Number YYY TRADING CO.,LTD. 220 SIGMUND STR. 80035 NOLA (ITALY)	It is agreed that the goods described herein are accepted in apparent good order and condition (except as noted) for carriage SUBJECT TO THE CONDITIONS OF CONTRACT ON THE REVERSE HEREOF.THE SHIPPER'S ATTENTION IS DRAWN TO THE NOTICE CONCERNINC CARRIER'S LIMITATION OF LIABILITY.Shipper may increase such limitation of liability by declaring a higher value for carriage and paying a supplemental charge if required. ISSUING CARRIER MAINTAINS CARGO ACCIDENT LIABILITY INSURANCE
Issuing Carrier's Agent Name and City: XYZ CARGO. Agent's IATA Code / Account No. Airport of Departure(Addr. of First Carrier)and Requested Routing: GUANGZHOU, CHINA	Accounting Information FRELGHT PREPALD NOTIFY YYY TRADING CO.,LTD. 220 SIGMUND STR.80035 NOLA(ITALY)

to	By First Carrier Routing and Destination	to	by	to	by	Currency	CHGS Code	WT/NAL PPD	WT/NAL COLL	Other PPD	Other COLL	Declared Value for Carriage	Declared Value for Customs
						USD		P		P		NVD	NVC

Airport Destination	Flight/Date	For Carrier Use only Flight/Date	Amount of Insurance	INSURANCE if carrier offers insurance, and such insurance is requested in accordance with conditions on reverse here of, indicate amount to be insured in figure in box marked amount of insurance.
MILANO	CA1234	MAY 26, 2020	NIL	

Handling Information
MARKS：ABC/MILANO/NOS1–40
(for USA only)Those commodities licensed by US for ultimate destination...Diversion contray to US law is prohibited.

No. of Pieces RCP	Gross Weight	Kg Lb	Rate Class Commodity Item No.	Chargeable Weight	Rate Charge	Total	Nature and Quantity of Goods (incl.Dimensions or Volume)
40CTNS	400	K		420			LADIES´55% RAMIE30% WOOL9% NYLON KNITTED SWEATER DIMS:(30×40×20) CM×40

Prepaid	Weight Charge	Collect	Other Charges
AS ARRANGED	Valuation Charge	PREPAID	
	Tax		ORIGINAL INVOICE AND PACKING LIST, ACCOMPANY THE GOODS.
	Total Other Charges Due Agent		Shipper certifies that the particulars on the face hereof are correct and that insofar as any part of the consignment contains dangerous goods,such part is properly described by name and is in proper condition for carriage by air according to the applicable Dangerous Goods Regulations.
	Total Other Charges Due Carrier		Signature of Shipper or his Agent
Total Prepaid		Total Collect	MAY 25,2020 GUANGZHOU
Currency Conversion Rates		CC Charges in Dest. Currency	Executed on (date) at (place) Signature of Issuing carrier or its Agent
For Carrier's use only at Destination		Charges at Destination	Total Collect Charges　　999—

2. 单据填制二

999 |CAN| 999—

Shipper's Name and Address / Shipper's Account Number GUANGDONG FOREIGN TRADE IMP. & EXP. CORP. 15- 18/F., GUANGDONG FOREIGN ECONOMIC AND TRADE BUILDING 351 TIANHE ROAD, GUANGZHOU, CHINA	NOT NEGOTIABLE 中国民航 CAAC AIR WAYBILL AIR CONSIGNMENT NOTE ISSUED BY: THE CIVIL AVIATION ADMINIASTRATION OF CHINA BEIJING CHINA Copies 1,2 and 3 of this Air Waybill are originals and have the same validity.
Consignee's Name and Address / Consignee's Account Number ABC COMPANY LIMITED BLUE BIRD STREET, NEW YORK, USA	It is agreed that the goods described herein are accepted in apparent good order and condition (except as noted) for carriage SUBJECT TO THE CONDITIONS OF CONTRACT ON THE REVERSE HEREOF. THE SHIPPER'S ATTENTION IS DRAWN TO THE NOTICE CONCERNINC CARRIER'S LIMITATION OF LIABILITY. Shipper may increase such limitation of liability by declaring a higher value for carriage and paying a supplemental charge if required. ISSUING CARRIER MAINTAINS CARGO ACCIDENT LIABILITY INSURANCE
Issuing Carrier's Agent Name and City XYZ SHIPPING CO.,LTD. Agent's IATA Code / Account No. Airport of Departure(Addr. of First Carrier)and Requested Routing GUANGZHOU AIRPORT	Accounting Information FREIGHT PREPAID

to	By First Carrier \ Routing and Destination /	to	by	to	by	Currency	CHGS Code	WT/NAL PPD	WT/NAL COLL	Other PPD	Other COLL	Declared Value for Carriage	Declared Value for Customs
JEK	CAAC					USD		×		×		NVD	NCV

Airport Destination	Flight/Date	For Carrier Use only / Flight/Date	Amount of Insurance	INSURANCE if carrier offers insurance, and such insurance is requested in accordance with conditions on reverse here of, indicate amount to be insured in figure in box marked amount of insurance.
JOHN KENNEDY AIRPORT(JEK)	CA253	MAY 28,2020	×××	

Handling Information

KEEP UPSIDE

(for USA only) Those commodities licensed by US for ultimate destination... Diversion contray to US law is prohibited.

No. of Pieces RCP	Gross Weight	Kg Lb	Rate Class Commodity Item No.	Chargeable Weight	Rate / Charge	Total	Nature and Quantity of Goods (incl. Dimensions or Volume)
6	100	K		100	18.00		480 PCS OF MEN'S SWEATERS DIMS:(40×30×20) CM×6

Prepaid	Weight Charge	Collect	Other Charges
AS ARRANGED	Valuation Charge	PREPAID	1 COMMERCIAL INVOICE AND 1 PACKING LIST
	Tax		
	Total Other Charges Due Agent		Shipper certifies that the particulars on the face hereof are correct and that insofar as any part of the consignment contains dangerous goods, such part is properly described by name and are in proper condition for carriage by air according to the applicable Dangerous Goods Regulations.
	Total Other Charges Due Carrier		Signature of Shipper or his Agent
Total Prepaid		Total Collect	MAY 27,2020 GUANGZHOU
Currency Conversion Rates		CC Charges in Dest. Currency	Executed on (date) at (place) Signature of Issuing carrier or its Agent
For Carrier's use only at Destination		Charges at Destination	Total Collect Charges

999—

第四节　装船通知

一、练习题

单据填制

1. 单据填制一

根据有关资料填制装船通知。

A. 信用证资料。

Date of Issue：201020

Form of Doc. Credit：IRREVOCABLE

Doc. Credit Number：M20K2710NS00032

Expiry：Date 201115 Place IN BENEFICIARY'S COUNTRY

Applicant：SE BANG TRADING CO.，LTD.
148 NAMCHEON－2 DONG，SUYOUNG－KU
PUSAN，KOREA

Beneficiary：GUANGZHOU ARTS & CRAFTS IMP. & EXP. CORP.
628 GUAGNZHOU DADAO ZHONG ROAD，
GUANGHZOU，CHINA

Partial Shipments：ALLOWED

Transshipment：ALLOWED

Loading in Charge：GUANGZHOU，CHINA

For Transport to…：PUSAN，KOREA

Latest Date of Ship.：201105

Descript. Of Goods：CHINA ORIGIN
ARTIFICIAL FLOWERS
AB－06001　　5184DOZ @ USD2.50/DOZ
AB－07049　　2880DOZ @ USD2.80/DOZ
AS PER S/C NO. 97A/KF002A DATE OCT. 15，2020，ISSUED BY
GUANGZHOU ARTS & CRAFTS IMP. & EXP. CORP.
CIF PUSAN

Documents required：SHIPMENT ADCICE IN FULL DETAILS INCLUDING SHIPPING MARKS，CONTAINER NUMBERS，VESSEL NAME，B/L NUMBER，VALUE AND QUANTITY OF GOODS MUST BE SENT ON THE DATE OF SHIPMENT TO APPLICANT.

B. 其他资料。

INV. NO.：20KF335	B/L DATE：OCT. 28，2020
B/L NO.：DSA97－1102	SHIPPING MARKS：SE BANG/PUSAN
PACKING：AB－06001　36DOZ/CTN	G. W.：23KGS/CTN　N. W.：18KGS/CTN
AB－07049　36DOZ/CTN	G. W.：19KGS/CTN　N. W.：13KGS/CTN
MEASUREMENT：（40×50×80）CM/CTN	DATE OF ADVICE：OCT. 29，2020

CONTAINER NO.：MSCU 4097560（20'）MSCU 4097615（40'）

NAME OF STEAMER：SUI 301/NORASIA V. 49－3　W/T HONG KONG

2. 单据填制二

根据有关资料填制装船通知。

A. 信用证资料。

Credit Number：LRT9802457

Date of Issue：200505

Expiry：Date 200716 Place CHINA

Applicant：A. B. C. CORP. AKEKSANTERINK AUTO
P. O. BOX 9，FINLAND

Beneficiary：GUANGDONG RONGHUA TRADE CO. LTD.
168，DEZHENG ROAD SOUTH，GUANGZHOU，CHINA

Amount：Currency USD Amount 36，480. 00（SAY U. S. DOLLARS THIRTY SIX THOUSAND FOUR HUNDRED AND EIGHTY ONLY）

Pos. / Neg. Tol.（%）：5/5

Available with/by：ANY BANK IN ADVISING COUNTRY
BY NEGOTIATION

Partial Shipments：NOT ALLOWED

Transhipment：ALLOWED

Loading in Charge：GUANGZHOU

For Transport to：HELSINKI

Shipment Period：AT THE LATEST JULY 16，2020

Description of Goods：9600PCS OF WOMEN'S SWEATERS
UNIT PRICE：USD3. 80/PC，PACKING：12PCS/CTN
OTHER DETAILS AS PER S/C NO. 98SGQ468001
CFR HELSINKI

Documents required：ADVICE OF SHIPMENT MUST BE SENT BY FAX TO MARKE INSURANCE CO. HELSINKI，FINLAND（FAX NO. 33333）WITH DETAILS OF SHIPMENT INCLUDING VALUE，NAME OF VESSEL，DATE OF SHIPMENT，NAME OF COMMODITY，NUMBER OF PACKAGE；TOTAL NET AND GROSS WEIGHT QUOTING THEIR POLICY NO. 3RT20053. COPY OF THIS FAX TO BE PRESENTED WITH DOCUMENTS UPON NEGOIATION.

Additional Cond.：1. T. T. REIMBURSEMENT IS PROHIBITED.
2. ALL DOCUMENTS MUST BE MARKED THE S/C NO. AND THE L/C NO.
3. SHIPPING MARKS：ABC/HELSINKI/ NO. 1 – UP

B. 其他资料。

INV. NO.：2020PCI448	DATE OF SHIPMENT：MAY 20，2020
B/L NO.：FKK9078533	MEASUREMENT：（40 × 50 × 80）CM/CTN
G. W.：23KGS/CTN	N. W.：18KGS/CTN
NAME OF STEAMER：DONGFRNEG E003	DATE OF ADVICE：MAY 21，2020

二、练习题参考答案

单据填制

1. 单据填制一

广州工艺进出口公司

GUANGZHOU ARTS & CRAFTS IMP. & EXP. CORP.

628 GUAGNZHOU DADAO ZHONG ROAD, GUANGHZOU, CHINA

OCT. 29, 2020

REF. NO. : 20KF335

To Messrs:

SE BANG TRADING CO. , LTD.

148 NAMCHEON - 2 DONG, SUYOUNG - KU

PUSAN, KOREA

SHIPPING ADVICE

Name of Commodity: CHINA ORIGIN
ARTIFICIAL FLOWERS

Quantity: 8064DOZ, 224CTNS

Invoice Value: USD21,024.00

Name of Carrying Steamer: SUI 301/NORASIA V. 49 - 3 W/T HONG KONG

Date of Shipment: OCT. 28, 2020

Shipping Marks: SE BANG/PUSAN

Credit No. : M20K2710NS00032

Port of Loading: GUANGZHOU, CHINA

Port of Discharge:: PUSAN, KOREA

B/L No: DSA97 - 1102

Container No. : MSCU 4097560 (20') MSCU 4097615 (40')

GUANGZHOU ARTS & CRAFTS IMP. & EXP. CORP.

628 GUAGNZHOU DADAO ZHONG ROAD, GUANGHZOU, CHINA

2. 单据填制二

广东荣华贸易有限公司

GUANGDONG RONGHUA TRADE CO. LTD.

168, DEZHENG ROAD SOUTH, GUANGZHOU, CHINA

MAY 21, 2020

INV. NO.: 2020PCI448

To Messrs:

MARKE INSURANCE CO.

HELSINKI, FINLAND

FAX NO.: 33333

ADVICE OF SHIPMENT

Name of Commodity: WOMEN'S SWEATERS

Quantity: 800CTNS

Invoice Value: USD36, 480. 00

Name of Carrying Steamer: DONGFRNEG E003

Date of Shipment: MAY 20, 2020

Shipping Marks: ABC/HELSINKI/ NO. 1 – UP

L/C No.: LRT9802457

Port of Loading: GUANGZHOU

Port of Discharge: HELSINKI

B/L No.: FKK9078533

S/C NO.: 98SGQ468001

Total Net Weight: 14, 400KGS

Total Gross Weight: 18, 400. 00KGS

Policy No.: 3RT20053.

GUANGDONG RONGHUA TRADE CO. LTD.

168, DEZHENG ROAD SOUTH, GUANGZHOU, CHINA

第四章
托　运　单

一、练习题

（一）中英文术语、短语互译

1. 中译英

（1）托运人　　（2）收货人

（3）提货单　　（4）分运

（5）正本提单　　（6）托运单

（7）运费预付　　（8）场站收据

（9）运输标志　　（10）运费待付

2. 英译中

（1）Place of Destination　　（2）Time of Shipment

（3）Booking Note　　（4）Transhipment

（5）Stowage Plan　　（6）Loading Port

（7）Description of Goods　　（8）Shipping Order

（9）Container Load Plan　　（10）Mate's Receipt

（二）单项选择题

1. 若货物从广州运往荷兰的鹿特丹港口后，再运至德国一内陆城市 SCHORNDORF，贸易术语为 CIF ROTTERDAM，则托运单的目的港应填（　　）。

A. ROTTERDAM　　B. NETHERLAND

C. SCHORNDORF　　D. GERMANY

2. 开证行 HANGSENG BANK 开来的信用证中，要求 FULL SET OF B/L MADE OUT TO OUR ORDER，则填托运单时在 CONSIGNEE 一栏应填（　　）。

A. TO ORDER　　B. TO OUR ORDER

C. TO ORDER OF HANGSENG BANK　　D. HANGSENG BANK

3. 下面集装箱交接方式中，（　　）是“整箱接，拆箱交”。

A. FCL/FCL　　B. FCL/LCL

C. LCL/FCL　　D. LCL/LCL

4. 托运单 CONSIGNEE 栏目中，若填写为（　　），则提单必须由托运人背书方可转让。

A. TO ORDER　　B. TO ORDER OF ××× BANK

C. 开证人名称　　D. TO ORDER OF 开证人名称

5. 若信用证同时列明 3 个装运港 XINGANG/QINHUANGDAO/TANGSHANG，在填制托运单时应填（　　）

A. XINGANG/QINHUANGDAO/TANGSHANG

B. XINGANG

C. 根据 L/C 提供的港口，只填写实际装运港的名称

D. GUANGZHOU

（三）多项选择题

1. （　　）是结汇单据，如果缮制错漏、延误等，就会影响安全结汇。

A. 汇票　　B. 发票　　C. 托运单　　D. 受益人证明书

2. 托运单收货人栏目填写为（　　），则其对应的提单可通过背书转让。

A. ABC CO.　　B. TO ORDER

C. TO ORDER OF SHIPPER　　D. TO ORDER OF ××× BANK

3. 下面托运单栏目中，须由船公司填写的是（　　）。

A. 提单编号　　B. 船名　　C. 船期　　D. 托运单编号

4. 托运单的运费缴付方式，根据实际情况可填写（　　）。

A. FREIGHT PREPAID

B. FREIGHT PAID

C. FREIGHT COLLECT

D. FREIGHT PAYABLE AT DESTINATION

5. 承运人从起运地到目的地都采用整箱交接货物方式的是（　　）。

A. CY TO CY　　B. CY TO CFS

C. DOOR TO CY　　D. CFS TO CY

（四）判断题

1. 如来证中要求两个或两个以上的公司为被通知人，托运单栏内写不下，则可只填写一个被通知人。（　　）

2. 货物装船后，大副在收货单上签收。托运人凭已签名的收货单向船公司或船代理换取全套正本提单。（　　）

3. 如在托运单收货人一栏留空，这种表示方法称为空白指示。（　　）

4. 被通知人的职责是及时接收船方发出的到货通知并及时提货。（　　）

5. 如出口 10 万码花布，分别用粗抷布捆成 100 捆，则填写数目这一栏时应填写 100 捆。（　　）

6. 如果买卖合同和信用证都没有规定唛头，则卖方不能自行选择一个合适的唛头。（　　）

7. 若一次装运货物中有几种不同的货物，那么在填写毛重这一栏目时，只需填写合

计全部的毛重。(　　)

8. 托运单中的货物说明必须详细列出货物的型号、规格，不能只写大类名称或统称。(　　)

9. 托运单号码一般就是提单号码。(　　)

10. 若信用证中规定装运港为 Chinese main port，则在托运单中的装运港应填 Chinese main port，以保持单证一致。(　　)

(五) 单据填制

1. 单据填制一

请根据以下材料填制一份托运单。

A. 信用证条款。

Credit Number：SK/25067/2019

Date of Issue：DEC. 27，2019

Expiry：Date 200327 Place CHINA

Applicant：MAHARAJA DEIRA L. L. C，DUBAI（UAE）.
P. O. BOX No. 6093，
DUBAI（UAE），FAX NO. 263745

Beneficiary：GUANGDONG TEXTILES IMP AND EXP GRANDTON TRADING CO. LTD，.
7/F GUANGDONG TEXTILES MANSION，
NO. 168 XIAO BEI ROAD，GUANGZHOU，CHINA

Amount：USD99，960. 00

Partial Shipments：Allowed

Transhipment：Allowed (AT HONG KONG PORT ONLY)

Shipment Period：AT THE LATEST MARCH 27，2020
(Shipment from CHINA To DUBAI By Steamer)

Covering：4，000 DOZEN LADIES LYCRA LONG PANT.
CIFC2 DUBAI USD25. 5 PER DOZEN
ALL OTHER DETAILS ARE AS PER S/C No. 2019/2495
PACKIGN 10DOZ/CTN

Shipping Marks：MAHARAJA / 264553/ DUBAI/NO. 1 – 400

Documents required：* Full set of clean "Shipped on board" ocean Bills of Lading made out to the order of Habib Bank AG Zurich DUBAI. U. A. E. and notify applicant，showing "freight Prepaid" mentioning L/C NO.

Additional condition：Shipment to be effected by 1 × 20'container（FCL）.

B. 其他资料。

发票号码：GD – TX – 9057　　托运日期：JAN. 2，2020

单位毛重：15KGS/CTN　　单位净重：12KGS/CTN

单位尺码：(60 × 20 × 50) CM/CTN

2. 单据填制二

请根据以下资料填制一份托运单。

A. 信用证条款。

DATE AND PLACE OF ISSUE：20/09/28 IN JAPAN

DATE AND PLACE OF EXPIRY：20/11/10 IN GUANGZHOU，CHINA

IRREVOCABLE DOCUMENTARY CREDIT NO.：D－22－P－31209

APPLICANT：（开证人） SUNNY TRADE ENTERPRISE UNIT A 8/F CHINA TRADE CTR 122 WAI YIP ST KWUN TONG KOWLOON JAPAN	BINEFICIARY：（收益人） GUANGDONG ARTS AND CRAFTS IMP. AND EXP. CORP.（GROUP） 318 DADE ROAD GUANGZHOU CHINA
AMOUNT：USD 30，000.00（U.S. DOLLARS THIRTY THOUSAND ONLY.） PARTIAL SHIPMENTS ARE ALLOWED TRANSHIPMENT IS ALLOWED SHIPMENT FROM GUANGZHOU，CHINA TO TOKYO. LATEST 20/10/25	CREDIT AVAILBLE WITH ANY BANK BY NEGOTIATION AGAINST PRESENTATION OF THE DOCS DETAILED HEREIN AND OF THE BENE'S DRAFT（S）AT SIGHT DRAWN ON US FOR FULL INVOICE VALUE

LIST OF DOCUMENTS TO BE PRESENTED：

FULL SET OF ORIGINAL CLEAN 'SHIPPED ON BOARD' OCEAN BILLS OF LADING MADE OUT TO ORDER OF THE CHINA AND SOUTH SEA BANK LTD.，MARKED 'FREIGHT PREPAID'，NOTIFYING APPLICANT.

SHIPPING DOCUMENTS COVERING（AS PER S/C NO. GDF－20－44011128）：

ENERGY SAVING LAMPS LES9W2U（节能灯）

QUANTITY：20，000PCS.

UNIT PRICE：@USD1.50/PC，CIF TOKYO，100PCS/CTN.

WEIGHT：N.W：8.00KGS/CTN，G.W：10.00KGS/CTN.

MEASUREMENT（CTN）：（46×24×38）CM

SPECIAL CONDITION：

THE NAME，ADDRESS，TELEPHONE NUMBER OF SHIPPING AGENT IN TOKYO MUST BE MENTIONED ON B/L.

ALL GOODS MUST BE SHIPPED IN 20' CONTIANER.

B. 其他资料。

发票号码	GDF－20－2503	托运日期	OCT. 20，2020
唛头	SUNNY/TOKYO/NO. 1－200	集装箱号码	1×20'SOMN223492
东京货代资料	NAME：ABC SHIPPING CO.，LTD. ADDRESS：222 ROSE STREET，TOKYO，JAPAN TEL：222888		

二、练习题参考答案

（一）中英文术语、短语互译

1. 中译英

（1）Shipper 或 Consignor　（2）Consignee

（3）Deliver Order　（4）Partial Shipment

（5）Original B/L　（6）Shipping Note（Booking Note）

（7）Freight Prepaid　（8）Dock Receipt

（9）Shipping Marks　（10）Freight Collect

2. 英译中

（1）目的地　（2）装运期

（3）订舱单　（4）转运

（5）货物积载图　（6）装运港

（7）商品描述　（8）装货单

（9）集装箱装箱单　（10）收货单

（二）单项选择题

1. A。理由：以 CIF ROTTERDAM 成交，即使货物的目的地是一内陆城市，若没有特别规定，托运单的目的港栏目应填写 CIF 后面的目的港。若填写为目的地，则卖方须支付从目的港运至目的地的运费。

2. C。理由：MADE OUT TO OUR ORDER 是指制成凭开证行的指示抬头。

3. B。理由：FCL：FULL CONTAINER LOAD 整箱货；LCL：LESS THAN CONTAINER LOAD 拼箱货。

4. A。理由：TO ORDER = TO ORDER OF SHIPPER 凭托运人指示。

5. C。理由：信用证同时列明 3 个装运港 XINGANG/QINHUANGDAO/TANGSHANG，受益人应根据 L/C 提供的港口，填写实际装运港的名称。

（三）多项选择题

1. ABD。理由：托运单属于非结汇单据。

2. BCD。理由：记名提单不能转让，指示提单可以经背书转让。

3. ABC。理由：提单编号、船名、船期由船公司填写。

4. ABCD。理由：除非信用证有特别要求，几乎所有的海运提单都不填写运费的数额，而只是表明运费是否已付清或什么时候付清。主要有：①运费已付——FREIGHT PAID；②运费预付——FREIGHT PREPAID；③运费到付——FREIGHT PAYABLE AT DESTINATION；④运费待付——FREIGHT COLLECT。

5. AC。理由：CY TO CY ：集装箱堆场到集装箱堆场；CY TO CFS：集装箱堆场到集装箱货运站；DOOR TO CY：门到集装箱堆场；CFS TO CY 集装箱货运站到集装箱堆场。

（四）判断题

1. 错误。理由：如来证中要求两个或两个以上的公司为被通知人，若托运单栏内填写不下，可打 * 号，在下面空白处打 * 号并标出余下的内容。

2. 正确。理由：托运人凭大副收据向船公司或船代理换取全套正本提单。

3. 错误。理由：空白指示是指写成 TO ORDER 形式。

4. 错误。理由：被通知人的职责是及时接收船方发出的到货通知但无权及时提货。

5. 正确。理由：托运单的数量应填最大包装的件数。

6. 错误。理由：如果买卖合同和信用证都没有规定唛头，则卖方可以自行选择一个合适的唛头。

7. 错误。理由：应先分别计算并填写每一种包装材料或每一货物毛重，然后合计全部的毛重。

8. 错误。理由：托运单中的货物允许只写大类名称或统称。

9. 错误。理由：托运单号码一般由托运人填写商业发票的号码，以便查寻与核查。而提单号码由船公司给出。

10. 错误。理由：若信用证中规定装运港为 Chinese main port ，则在托运单中的装运港应填实际的装运港口。

（五）单据填制

1. 单据填制一

中国外运广东公司
出口货物托运单

提单编号________　托运日期 JAN. 2, 2020　托运单位编号 GD－TX－9057

合约编号 2019/2495

船　　名________　船期________　运往地点 DUBAI

托 运 人 GUANGDONG TEXTILES IMP AND EXP GRANDTON TRADING CO. , LTD.
7/F. , GUANGDONG TEXTILES MANSION, NO. 168 XIAOBEI ROAD, GUANGZHOU, CHINA

受 货 人 TO THE ORDER OF HABIB BANK AG ZURIURICH DUBAI U. A. E.

通　　知 MAHARAJA DEIRA L. L. C, DUBAI (UAE).
P. O. BOX No. 6093, DUBAI (UAE), FAX NO. 263745

标记及号码	件数	货　　名	重量（公斤）		容积吨
			净重	毛重	
MAHARAJA 264553 DUBAI NO. 1－400	400CTNS	LADIES LYCRA LONG PANT	4, 800KGS	6, 000KGS	24CBMS

合计　400CTNS　　共重　6, 000KGS

特约事项	1. 配1×20'集装箱，并标出集装箱号码。 2. 只能在香港转船。 3. 提单须标出信用证的号码。	

可否转船	允许	（托运人盖章）
可否分批	允许	需要提单正本 3 份副本 3 份

货物堆存地点	大松岗	装船期限	AT THE LATEST MARCH 27, 2020	结汇期限	MAR. 27, 2020
运费缴付方式	Freight Prepaid	运费账单开送			
信用证号码	SK/25067/2019	货　价	F. O. B.	C. I. F. USD99, 960. 00	
运往香港船名		实际装船日期			

运费吨：　　运费率：　　运费金额：

2. 单据填制二

中国外运广东公司
出口货物托运单

提单编号________ 托运日期 OCT. 20，2020 托运单位编号 GDF－20－2503

合约编号 GDF－20－44011128

船　　名________ 船期________ 运往地点 TOKYO

托 运 人 GUANGDONG ARTS AND CRAFTS IMP. AND EXP. CORP. （GROUP）318 DADE ROAD，GUANGZHOU，CHINA

受 货 人 TO ORDER OF THE CHINA AND SOUTH SEA BANK LTD.

通　　知 SUNNY TRADE ENTERPRISE
UNIT A 8/F CHINA TRADE CTR 122 WAI YIP ST KWUN TONG KOWLOON，JAPAN

标记及号码	件数	货　　名	重量（公斤）		容积吨
			净	毛	
SUNNY TOKYO NO. 1－200	200CTNS	ENERGY SAVING LAMPS LES9W2U	1，600KGS	2，000KGS	8. 39CBMS

合计	200CTNS	共重	2，000KGS

特约事项	1. 配 1×20’集装箱，并标出集装箱号码。 2. 提单标出东京货代的名称、地址和电话号码。 ABC SHIPPING CO.，LTD. 222 ROSE STREET，TOKYO，JAPAN TEL：222888	

可否转船	允许			（托运人盖章）	
可否分批	允许	需要提单正本 3 份副本 3 份			
货物堆存地点		装船期限	20/10/25	结汇期限	20/11/10
运费缴付方式	FREIGHT PREPAID	运费账单开送			
信用证号码	D－22－P31029	货　价	F. O. B.	C. I. F. USD30，000. 00	
运往香港船名		实际装船日期			

运费吨：　　运费率：　　运费金额：

第五章
报　关　单

一、练习题

（一）单项选择题

1. 根据《中华人民共和国海关进出口货物报关单填制规范》（海关总署 2018 年第 60 号）的要求，对于“预录入编号”栏目，下列表述错误的是（　　）。

A. 一份报关单对应一个预录入编号，由系统自动生成

B. 报关单预录入编号为 18 位

C. 第 9 位为进出口标志（“1”为进口，“0”为出口；集中申报清单“I”为进口，“E”为出口）

D. 报关单预录入编号第 1 ~4 位为录入时的公历年份

2. 报关单“境内收发货人”的填报，下列表述错误的是（　　）。

A. 进出口货物合同的签订者和执行者非同一企业的，填报执行合同的企业

B. 填报在海关备案的对外签订并执行进出口贸易合同的中国境内法人、其他组织名称及编码

C. 有代理报关资格的报关企业代理其他进出口企业办理进出口报关手续时，填报报关企业代理

D. 免税品经营单位经营出口退税国产商品的，填报免税品经营单位名称

3. 根据《中华人民共和国海关进出口货物报关单填制规范》（海关总署 2018 年第 60 号）的要求，出口日期为 2020 年 5 月 12 日的填制规范是（　　）。

A. 20200512　　B. 200512　　C. 120520　　D. 05122020

4. 报关单“运输方式”特殊情况的填报，以固定设施（包括输油、输水管道和输电网等）运输货物的，填报“固定设施运输”，其代码是（　　）。

A. G　　B. L　　C. W　　D. X

5. 根据《中华人民共和国海关进出口货物报关单填制规范》（海关总署 2018 年第 60 号），“江海运输”的代码是（　　）。

A. 2　　B. 3　　C. 4　　D. 5

6. 根据《中华人民共和国海关进出口货物报关单填制规范》（海关总署 2018 年第 60 号），“一般贸易”的代码是（　　）。

A. 0110　　B. 0130　　C. 1616　　D. 0513

7. 根据《中华人民共和国海关进出口货物报关单填制规范》（海关总署 2018 年第 60 号），“港币”的货币代码是（　　）。

A. 110　　B. 502　　C. 142　　D. 303

8. 根据《中华人民共和国海关进出口货物报关单填制规范》（海关总署 2018 年第 60 号），7 000 美元的运费总价在报关单“运费”栏目填报为（　　）。

A. 7 000　　B. 502/7 000/3　　C. 502/7 000/2　　D. 502/7 000/1

9. 根据《中华人民共和国海关进出口货物报关单填制规范》（海关总署 2018 年第 60 号），10 000 港元保险费总价填在报关单“保费”栏目填报为（　　）。

A. 110/10 000/3　　B. 502/10 000/3　　C. 303/10 000/3　　D. 142/10 000/3

10. 报关单的“商品编码”由 10 位数字组成，其中的 9、10 位为（　　）。

A. 报关流水号　　B. 商品分类编号

C. 监管附加编号　　D. 商品税则号

（二）多项选择题

1. 根据规定，办理报关应提交的单证包括（　　）。

A. 出口合同副本　　B. 发票

C. 装箱单或重量单　　D. 商检书及其他有关证件

2. 根据《中华人民共和国海关进出口货物报关单填制规范》（海关总署 2018 年第 60 号），报关单预录入编号为 18 位，第 9 位为进出口标志，该标志及内容包括（　　）。

A. “1”为进口　　B. “0”为出口

C. 集中申报清单，“I”为进口　　D. 集中申报清单，“E”为出口

3. 根据《中华人民共和国海关进出口货物报关单填制规范》（海关总署 2018 年第 60 号），下列 2020 年 1 月 15 日和 2019 年 1 月 15 日的申报日期填写规范正确的是（　　）。

A. 200115　　B. 20200115　　C. 150119　　D. 20190115

4. 根据《中华人民共和国海关进出口货物报关单填制规范》（海关总署 2018 年第 60 号），下列表述正确的是（　　）。

A. 一份报关单只允许填报一种征免性质

B. 一份报关单只允许填报一种监管方式

C. 一份报关单只允许填报一个提单或运单号

D. 一份报关单只允许填报一个备案号

5. 根据《中华人民共和国海关进出口货物报关单填制规范》（海关总署 2018 年第 60 号），对于各优惠贸易协定代码，下列表述正确的是（　　）。

A. “01”为“亚太贸易协定”

B. “02”为“中国—新加坡自贸协定”

C. “03”为“内地与香港紧密经贸关系安排”（香港 CEPA）

D. “14”为“海峡两岸经济合作框架协议（ECFA）”

（三）判断题

1. 报关单上的“进出口日期”为 6 位数，顺序为年（2 位）、月（2 位）、日（2 位）。（　　）

2. 一份报关单根据实际需要可以填报一个或多个备案号，但最多不得超过 5 个。(　　)

3. 报关单上的“运输工具名称及航次号”栏目，如果是直接在进出境地或采用全国通关一体化通关模式办理报关手续的，对于水路运输，该栏目填报船舶编号（来往港澳小型船舶为监管簿编号）或者船舶英文名称。(　　)

4. 报关单上的“监管方式”栏目，填报相应的监管方式简称及代码。监管方式代码由两位数字构成。(　　)

5. 根据报关单填写规范的要求，征免性质代码中的“601”代表“一般征税进出口货物”，简称“一般征税”。(　　)

6. 报关单上的“指运港”栏目，填报出口货物运往境外的最终目的港；最终目的港不可预知的，按尽可能预知的目的港填报。(　　)

7. 报关单上的“商品编号”由 10 位数字组成，前 8 位为《中华人民共和国进出口税则》和《中华人民共和国海关统计商品目录》确定的编码，9、10 位为监管附加编号。(　　)

8. 报关单上“商品名称、规格型号”栏目，必须填写相应的中文和英文商品名称、规格型号，商品的英文名称和品牌，缺一不可。(　　)

9. 报关单上“数量及单位”栏目，按合同或信用证规定的成交计量单位及数量填报即可。(　　)

10. 报关单上的“申报单位”栏目，无论是自理报关还是委托代理报关，该栏目都填报进出口企业的名称及编码。(　　)

（四）单据填制

1. 单据填制一

根据以下资料补充填制出口货物报关单。

广州 XYZ 医疗器械有限公司与法国 ABC 公司签订了一笔出口一次性使用医用口罩（非无菌型）的合同（合同协议号为 20200412 - 356），口罩的规格型号为：“成分含量：无纺布 32.5% 熔喷布 32.5% 无纺布 35%，品牌：冰川，型号：PM”，成交价为 FOB1.816 港币，2020 年 5 月 15 日由广州龙威国际货运代理有限公司向广州机场海关申报，预录入编号为 514120200410＊＊＊＊＊＊，2020 年 5 月 19 日经广州机场空运出口法国，航次号为 QR8941，提运单号为 15726539112 - CNSZX157，该批货物装 50 个纸箱，商品编码为 6307900010，包装总毛重 390 千克，总净重 335 千克，离岸口岸为广州白云国际机场，境内货源地为广州经济技术开发区，报关随附单证有：发票、装箱单、合同。

中华人民共和国海关出口货物报关单

预录入编号：514120200410****** 海关编号：514120200410******

境内发货人 （914401136187******） 广州XYZ医疗器械有限公司	出境关别 广州机场		出口日期	申报日期	备案号
境外收货人 法国ABC公司	运输方式		运输工具名称及航次号	提运单号	
生产销售单位 （914401136187******） 广州XYZ医疗器械有限公司	监管方式		征免性质 一般征税	许可证号	
合同协议号	贸易国（地区）		运抵国（地区）	指运港	离境口岸
包装种类 纸制或纤维板制盒/箱	件数	毛重(千克)	净重(千克) | 成交方式	运费 | 保费	杂费
随附单证及编号					
标记唛码及备注 N/M					

项号	商品编号	商品名称及规格型号	数量及单位	单价/总价/币制	原产国(地区)	最终目的国(地区)	境内货源地	征免
								照章征税 (1)

特殊关系确认： 价格影响确认： 支付特许权使用费确认： 自报自缴：

报关人员 报关人员证号 52108*** 电话 申报单位 广州龙威国际货运代理有限公司	兹申明对以上内容承担如实申报、依法纳税之法律责任 申报单位（签章）
海关批注及签章	

2. 单据填制二

请根据以下资料在报关单上补充填制完整。

INVOICE

MESSRS：DDC INTERNATIONAL CO.. LTD

INVOICE NO. SF732B1397/12

DATE：DEC. 15，2019

CONTRACT NO. KING19070

FROM HUANGPU TO NEWYORK BY VESSEL PER S. S. SU YUE V. 9801

MARK	DESCRIPTION OF GOODS	QUANTITY	UNIT PRICE	AMOUNT
N/M	不锈钢杯子（H. S. CODE：7323930000） 32/厨房用/不锈钢/不锈钢杯子/未搪瓷	12 690 个 2 059.4 千克	USD2.8005	USD35，538.00
	不锈钢碎冰棒（H. S. CODE：7323930000） 02/厨房用/不锈钢/不锈钢碎冰棒/未搪瓷	400 个 129.6 千克	USD1.0000	USD400.00
	不锈钢镊子（H. S. CODE：8203200000） 32/厨房用/不锈钢/不锈钢镊子/未搪瓷	750 把 20.8 千克	USD1.0000	USD750.00
	不锈钢滤冰器（H. S. CODE：7323930000） 32/厨房用/不锈钢/不锈钢滤冰器/未搪瓷	1 008 个 117.6 千克	USD1.0000	USD1,008.00

FOB GUANGZHOU USD37，696.00

PACKING：941CTNS

TOTAL WEIGHT：GW 2,972.4KGS NW 2,327.4KGS

2019 年 12 月 20 日向广州黄埔老港海关申报，离境口岸为中外运黄埔仓码头

B/L NO：40492544300

CONTAINER NO. OOLU0889404（20'）

随附单证［代理报关委托协议（电子）、发票、装箱单、合同］

中华人民共和国海关出口货物报关单

预录入编号：520120190519****** 海关编号：520120190519****** （埔老港关）

境内发货人 广州番禺宏业进出口贸易有限公司	出境关别		出口日期	申报日期	备案号	
境外收货人	运输方式		运输工具名称及航次号 413185190/191220000000	提运单号		
生产销售单位 广州番禺宏业进出口贸易有限公司	监管方式		征免性质	许可证号		
合同协议号	贸易国（地区） 中国香港		运抵国（地区）	指运港	离境口岸（442301） 中外运黄埔仓码头	
包装种类 纸制或纤维板制盒/箱	件数	毛重(千克)	净重(千克)	成交方式	运费	保费	杂费

随附单证及编号 随附单证：代理报关委托协议（电子）；发票；合同；装箱单
标记唛码及备注 备注：装卸口岸：外贸仓码头；1x20' N/M 集装箱标箱数及号码：1；OOLU0889404

项号	商品编号	商品名称及规格型号	数量及单位	单价/总价/币制	原产国(地区)	最终目的国(地区)	境内货源地	征免

特殊关系确认：否 价格影响确认：否 支付特许权使用费确认：否 自报自缴：否

报关人员 报关人员证号 （521054**） 电话 申报单位 （9144011*******）广州市东升企业服务有限公司	兹申明对以上内容承担如实申报、依法纳税之法律责任 申报单位（签章）
	海关批注及签章

二、练习题参考答案

（一）单项选择题

1. D。理由：报关单预录入编号为18位，其中第1～4位为接受申报海关的代码（海关规定的《关区代码表》中相应海关代码），第5～8位为录入时的公历年份，第9位为进出口标志（“1”为进口，“0”为出口；集中申报清单“I”为进口，“E”为出口），后9位为顺序编号。

2. C。理由：根据《中华人民共和国海关进出口货物报关单填制规范》（海关总署2018年第60号）的要求，有代理报关资格的报关企业代理其他进出口企业办理进出口报关手续时，填报委托的进出口企业。

3. A。理由：根据《中华人民共和国海关进出口货物报关单填制规范》（海关总署2018年第60号）的规定，进出口日期为8位数字，顺序为年（4位）、月（2位）、日（2位）。如2020年5月12日应填写为20200512。

4. A。理由：根据《中华人民共和国海关进出口货物报关单填制规范》（海关总署2018年第60号）的要求，以固定设施（包括输油、输水管道和输电网等）运输货物的，填报“固定设施运输”（代码G）。

5. A。理由：根据《中华人民共和国海关进出口货物报关单填制规范》（海关总署2018年第60号），代码3代表铁路运输；代码4代表汽车运输；代码5代表航空运输。

6. A。理由：根据《中华人民共和国海关进出口货物报关单填制规范》（海关总署2018年第60号），代码0130代表易货贸易；代码0214代表来料加工；代码0513代表补偿贸易。

7. A。理由：根据《中华人民共和国海关进出口货物报关单填制规范》（海关总署2018年第60号），代码502代表美元；代码142代表人民币；代码303代表英镑。

8. B。理由：根据《中华人民共和国海关进出口货物报关单填制规范》（海关总署2018年第60号），7 000美元的运费总价在报关单“运费”栏目填报为502/7 000/3。

9. A。理由：保费可按保险费总价或保险费率两种方式之一填报，注明保险费标记（保险费标记“1”表示保险费率，“3”表示保险费总价），并按海关规定的《货币代码表》选择填报相应的币种代码。10 000港元保险费总价填报为110/10 000/3。

10. C。理由：填报由10位数字组成的商品编号。前8位为《中华人民共和国进出口税则》和《中华人民共和国海关统计商品目录》确定的编码。

（二）多项选择题

1. ABCD。理由：办理报关，必须填写出口货物报关单，提供出口合同副本、发票、装箱单或重量单、商检书及其他有关证件。

2. ABCD。理由：根据《中华人民共和国海关进出口货物报关单填制规范》（海关总署2018年第60号），报关单预录入编号为18位，第9位为进出口标志（“1”为进口，“0”为出口；集中申报清单“I”为进口，“E”为出口）。

3. BD。理由：申报日期为8位数字，顺序为年（4位）、月（2位）、日（2位）。如2020年1月15日应填写为20200115。

4. ABCD。理由：根据《中华人民共和国海关进出口货物报关单填制规范》（海关总署2018年第60号），一份报关单只允许填报一种征免性质、一种监管方式、一个提单或运单号、一个备案号。

5. ACD。理由：根据《中华人民共和国海关进出口货物报关单填制规范》（海关总署2018年第60号），对于各优惠贸易协定代码，“01”为“亚太贸易协定”；“02”为“中国—东盟自贸协定”；“03”为“内地与香港紧密经贸关系安排”（香港CEPA）；“14”为“海峡两岸经济合作框架协议（ECFA）”。

（三）判断题

1. 错误。理由：根据报关单填制规范的要求，进出口日期为8位数字，顺序为年（4位）、月（2位）、日（2位）。如2019年1月15日应填写为20190115。

2. 错误。理由：根据报关单填制规范的要求，一份报关单只允许填报一个备案号。

3. 正确。理由：根据报关单填制规范的要求，如果是直接在进出境地或采用全国通关一体化通关模式办理报关手续的，对于水路运输，该栏目填报船舶编号（来往港澳小型船舶为监管簿编号）或者船舶英文名称。

4. 错误。理由：监管方式代码由4位数字构成，前两位是按照海关监管要求和计算机管理需要划分的分类代码，后两位是参照国际标准编制的贸易方式代码。

5. 错误。理由：根据报关单填制规范的要求，征免性质代码中的“601”代表“中外合资经营企业进出口货物”，简称“中外合资”。“一般征税进出口货物”的代码为“101”。

6. 正确。理由：根据报关单填制规范的要求，指运港填报出口货物运往境外的最终目的港；最终目的港不可预知的，按尽可能预知的目的港填报。

7. 正确。理由：根据报关单填制规范的要求，报关单上的“商品编号”由10位数字组成。前8位为《中华人民共和国进出口税则》和《中华人民共和国海关统计商品目录》确定的编码；9、10位为监管附加编号。

8. 错误。理由：根据报关单填制规范的要求，报关单上“商品名称、规格型号”栏目分两行填报。第一行填报进出口货物规范的中文商品名称，第二行填报规格型号。商品名称及规格型号应据实填报，并与进出口货物收发货人或受委托的报关企业所提交的合同、发票等相关单证相符。

9. 错误。理由：根据报关单填制规范的要求，报关单上“数量及单位”栏目，分三行填报：第一行按进出口货物的法定第一计量单位填报数量及单位，法定计量单位以《中华人民共和国海关统计商品目录》中的计量单位为准；凡列明有法定第二计量单位的，在第二行按照法定第二计量单位填报数量及单位。无法定第二计量单位的，第二行为空；成交计量单位及数量填报在第三行。

10. 错误。理由：报关单上的“申报单位”栏目，自理报关的，填报进出口企业的名称及编码；委托代理报关的，填报报关企业名称及编码。

（四）单据填制

1. 单据填制一

中华人民共和国海关出口货物报关单

预录入编号：514120200410******　　海关编号：514120200410******

境内发货人（914401136187******） 广州XYZ医疗器械有限公司	出境关别 广州机场	出口日期 20200519	申报日期 20200515	备案号
境外收货人 法国ABC公司	运输方式 航空运输	运输工具名称及航次号 QR8941	提运单号 15726539112-CNSZX 157	
生产销售单位（914401136187******） 广州XYZ医疗器械有限公司	监管方式 一般贸易	征免性质 一般征税	许可证号	
合同协议号 20200412-356	贸易国（地区） 中国	运抵国（地区） 法国	指运港 法国	离境口岸（442301） 广州白云国际机场

包装种类 纸制或纤维板制盒/箱	件数 50	毛重(千克) 390	净重(千克) 335	成交方式 FOB	运费	保费	杂费

随附单证及编号：发票、装箱单、合同

标记唛码及备注：N/M

项号	商品编号	商品名称及规格型号	数量及单位	单价/总价/币制	原产国(地区)	最终目的国(地区)	境内货源地	征免
1	6307900010	一次性使用医用口罩（非无菌型） 10成分含量：无纺布32.5%熔喷布32.5%无纺布35% 品牌：冰川，型号：PM	335千克 100 000个 100 000个	1.8160 181600.00 港币	中国 （CHN）	法国 （FRA）	广州经济技术开发区	照章征税 （1）

特殊关系确认：否　　价格影响确认：否　　支付特许权使用费确认：否　　自报自缴：是

报关人员　　报关人员证号　52108***　　电话　　兹申明对以上内容承担如实申报、依法纳税之法律责任 申报单位　广州龙威国际货运代理有限公司　　申报单位（签章）	海关批注及签章

2. 单据填制二

中华人民共和国海关出口货物报关单

预录入编号：520120190519****** 海关编号：520120190519****** （埔老港关）

境内发货人	出境关别	出口日期	申报日期	备案号
广州番禺宏业进出口贸易有限公司	埔老港关		20191220	
境外收货人	**运输方式**	**运输工具名称及航次号**	**提运单号**	
DDC INTERNATIONAL CO..LTD	水路运输	413185190/191220000000	40492544300	
生产销售单位	**监管方式**	**征免性质**	**许可证号**	
广州番禺宏业进出口贸易有限公司	一般贸易	一般征税		
合同协议号	**贸易国（地区）**	**运抵国（地区）**	**指运港**	**离境口岸（442301）**
KING19070	中国香港	美国	纽约（美国）	中外运黄埔仓码头

包装种类	件数	毛重(千克)	净重(千克)	成交方式	运费	保费	杂费
纸制或纤维板制盒/箱	941	2 972.4	2 327.4	FOB			

随附单证及编号

随附单证：代理报关委托协议（电子）；发票；合同；装箱单

标记唛码及备注

备注：装卸口岸：外贸仓码头；1x20’ N/M 集装箱标箱数及号码：1；00LU0889404

项号	商品编号	商品名称及规格型号	数量及单位	单价/总价/币制	原产国(地区)	最终目的国(地区)	境内货源地	征免
1	7323930000	不锈钢杯子 32/厨房用/不锈钢/不锈钢杯子/未搪瓷	2 059.4千克 12 690个	2.8005 35 538.00 美元	中国 （CHN）	美国 （USA）	广州其他	照章征税 （1）
2	7323930000	不锈钢碎冰棒 02/厨房用/不锈钢/不锈钢碎冰棒/未搪瓷	129.6千克 400个	1.0000 400.00 美元	中国 （CHN）	美国 （USA）	广州其他	照章征税 （1）
3	8203200000	不锈钢镊子 02/厨房用/不锈钢/不锈钢镊子	20.8千克 750把	1.0000 750.00 美元	中国 （CHN）	美国 （USA）	广州其他	照章征税 （1）
4	7323930000	不锈钢滤冰器 32/厨房用/不锈钢/不锈钢滤冰器/未搪瓷	117.6千克 1 008个	1.0000 1 008.00 美元	中国 （CHN）	美国 （USA）	广州其他	照章征税 （1）

特殊关系确认：否 价格影响确认：否 支付特许权使用费确认：否 自报自缴：否

报关人员 报关人员证号 （521054**） 电话

申报单位 （9144011*******）广州市东升企业服务有限公司

兹申明对以上内容承担如实申报、依法纳税之法律责任

申报单位（签章）

海关批注及签章

第六章 信用证申请书

一、练习题

（一）中英文术语、短语互译

1. 中译英

（1）通知行

（2）开证行

（3）开证人

（4）受益人

（5）议付

（6）承兑

（7）即期付款

（8）延期付款

（9）价格术语

（10）信用证申请书

2. 英译中

（1）Application for Irrevocable Documentary Credit

（2）Industrial and Commercial Bank of China

（3）Transferable Documentary Credit

（4）Forwarding Agent's Cargo Receipt

（5）Beneficiary's Certificate

（6）Certificate of Quantity

（7）Commercial Invoice

（8）Insurance Policy/Certificate

（9）T/T Rcimbursement Clause

（10）All Documents Must be Issued in English

（二）单项选择题

1. 以信用证方式支付的国际货物买卖中，填写信用证申请书，向开证行提出开证申请的是（　　）。

A. 出口商　　B. 进口商　　C. 开证行　　D. 付款行

2. 开立信用证时间的掌握，应以卖方在收到信用证后能在合同规定的装运期内出运为原则。下列表述错误的是（　　）。

A. 若信用证规定开证日期，就必须在规定期限内开立信用证

B. 若合同有装运期的起止日期，则最迟必须让卖方在装运期的第一天就能收到信用证

C. 若合同只规定最后装运期，则买方应在合理的时间内开证，一般掌握在合同规定的交货期前一个月或一个半月

D. 若合同没有规定装运期，则买方开证的时间可以随意掌握

3. 如信用证的申请书要求到期日为5月30日，但未规定在装运日后必须交单的期限，则当受益人于5月8日取得提单后，最迟应于（　　）前向银行交单。

A. 5月9日　　B. 5月23日　　C. 5月29日　　D. 5月30日

4. 信用证的开证申请人开证时，要注意做到（　　）。

A. 证同一致　　B. 单证一致　　C. 单单一致　　D. 证货一致

5. 信用证申请书中汇票的付款人应填（　　）

A. 开证人　　B. 开证行或指定付款行

C. 通知行　　D. 受益人

6. 某公司从英国的纽卡斯尔进口一批货物到广州，则信用证申请书中的“LOADING ON BOARD FROM”应填（　　）。

A. GUANGZHOU　　B. ENGLAND

C. NEWCASTLE　　D. NEWCASTLE ENGLAND

7. 下列说法不正确的是（　　）。

A. 开立信用证时，进口人应向银行交付保证金

B. 开证行根据合同开立信用证

C. 开证后，银行的权利和义务只限于信用证的规定，只对信用证负责

D. 开证后，银行的权利和义务还要受到合同的约束

8. 下列关于信用证修改的说法错误的是（　　）。

A. 修改应由开证人办理

B. 经开证行、受益人同意，才能生效

C. 受益人可对一份修改通知书中的内容有选择地接受

D. 原证的条款，在受益人向通知行发出接受修改前仍对受益人有效

9. 若在信用证申请书中的金额前加上ABOUT、APPROXIMATELY、CIRCA等词语，根据《UCP600》，实际支付金额允许有（　　）的增减幅度。

A. 3%　　B. 5%　　C. 10%　　D. 15%

10. 若规定货物装船后30天付款，则在信用证申请书中汇票的付款期限栏应填（　　）。

A. AT 30 DAYS SIGHT　　B. AT 30 DAYS AFTER B/L DATE

C. AT 30 DAYS FROM INVOICE DATE　　D. AT * * * SIGHT

（三）多项选择题

1. 若在信用证申请书中无明确规定，则根据《UCP600》的规定，以下内容应视为允许的有（　　）。

A. 分运　　B. 转运

C. 接受第三者装运单据　　D. 可撤销信用证

2. 信用证申请书上常见的付款方式有（　　）。

A. 即期支付　　B. 承兑支付
C. 议付　　D. 延期支付

3. 进口商申请开立信用证的具体手续包括（　　）。
A. 递交有关合同的副本及附件　　B. 填写开证申请书
C. 缴付保证金　　D. 递交发票

4. 信用证申请书的内容中，不是由开证申请人填写的有（　　）。
A. 申请开证日期　　B. 信用证的到期日
C. 信用证的号码　　D. 信用证的通知行

5. 如进口时使用（　　）贸易术语达成交易，则进口商应在信用证申请书中的保单条款前的括号中打“×”，并列明保险险别等内容。
A. CIF　　B. FOB　　C. CFR　　D. CIP

（四）判断题

1. 信用证申请书已印好常见单据要求，如不需要某些单据，则在其前面的括号打“×”。(　　)

2. 若合同中有装运期的起止日期，则最迟必须让卖方在装运期的最后一天就能收到信用证。(　　)

3. 合同中规定要在信用证上明确的条款，如内容较多，可使用“参阅第×××号合同”或“第×××号合同项下货物”等条款，或将有关合同作为信用证附件附在信用证后。(　　)

4. 进口人对卖方的要求，在申请开证时，应按合同有关规定转换成有关单据，具体规定在信用证中。(　　)

5. 如在信用证申请书中采用延期付款方式，则卖方一般将使货价比采用承兑支付方式高。(　　)

6. 一般情况下，为避免风险，买卖双方都不应轻易接受“提交 2/3 套的正本提单，另一份正本提单径寄给买方”。(　　)

7. 如合同规定该笔货款由信用证和托收两种方式各付 50%，则应在信用证申请书中汇票金额中填写“50% of invoice value”。(　　)

8. 如在信用证申请书中没注明是否允许转让，则开证行将视为申请开立可转让的信用证。(　　)

9. 如要求受益人提交两份正本发票，则可在发票条款份数中注明“IN DUPLICATE”。(　　)

10. 在信用证申请书的装运期中，开证人可通过使用诸如“迅速”“立即”“尽快”之类的词语，促使受益人尽快完成装运。(　　)

（五）单据填制

1. 单据填制一

请根据以下材料填制信用证申请书。

售　货　合　同
SALES CONTRACT

卖　方：

Sellers：ABC CORP.　　Contract No.：98SGQ468001

Date：APR. 22, 2020

地址：　　Signed at：GUANGZHOU

Address：AKEDSANTERINK AUTO P. O. BOX. 9, FINLAND　　Telex：0835

Fax：83556688

Buyers：GUANGDONG LIGHT ELECTRICAL APPLANCES CO., LTD.

Address：52, DEZHENG ROAD SOUTH, GUANGZHOU, CHINA.　　Telex：

Fax：

This Sales Contract is made by and between the Sellers and the Buyers, whereby the sellers agree to sell and the Buyers agree to buy the under-mentioned goods according to the terms and conditions stipulated below：

（1）货号、品名及规格 Name of Commodity and Specifications	（2）数量 Quantity	（3）单位 Unit	（4）单价 Unit Price	（5）金额 Amount
HALOGEN FITTING W600 5% more or less both in amount and quantity allowed	9, 600PCS	PC	CIF GUANGZHOU USD3. 80/PC	USD36, 480. 00
	Total Amount			USD36, 480. 00

（6）Packing：30PCS/CARTON　　（7）Delivery from HELSINKI to GUANGZHOU

（8）Time of Shipment：Within 30 days after receipt of L/C. allowing transshipment and partial shipment.

（9）Terms of Payment：By irrevocable Letter of Credit in favor of the Sellers to be available by sight draft to be opened and to reach FINLAND before MAY 15, 2020 and to remain valid for negotiation in FINLAND until the 15th days after the foresaid Time of Shipment.

L/C must mention this contract number. All banking Charges outside China (the mainland of China) are for account of the Beneficiary

（10）Insurance：To be effected by Sellers for 110% of full invoice value covering ALL RISKS up to GUANGZHOU

~~To effected by buyers.~~

（11）Arbitration：All dispute arising from the execution of or in connection with this contract shall be settled amicably by negotiation. In case of settlement can be reached through negotiation the case shall then be submit China International Economic & Trade Arbitration Commision. In Shenzhen (or in Beijing) for arbitration in act with its sure of procedures. The arbitral award is final and binding upon both parties.

The Seller ABC CORP.　　The Buyer GUANGDONG LIGHT ELECTRICAL APPLANCES CO., LTD.

不可撤销跟单信用证申请书

APPLICATION FOR IRREVOCABLE DOCUMENTARY CREDIT

TO: INDUSTRIAL AND COMMERCIAL BANK OF CHINA GUANGZHOU BRANCH Date APR. 26, 2020

Please establish by ☐ SWIFT ☐ airmail an Irrevocable Credit as follows:

Advising Bank: (to be left for bank to fill in)	(20) Irrevocable ☐TRANSFERABLE Documentary Credit No. (31D) Expiry Date and place JUNE 10, 2020, FINLAND
(50)Applicant: (Full name & detailed address)	(59)Beneficiary: (Full name & detailed address)

(32B)Currency code, Amount (In words and figures)
(39A)Quantity and Credit amount tolerance %

(41A)Credit Available With ☐ any bank ☐ Issuing Bank ☐ other (pls Indicate)
By ☐ Negotiation ☐ Acceptance ☐ Sight Payment ☐ Deferred payment

(42P) NEGOTIATION ☐draft/DEFERRED PAYMENT DETAILS: at for % of invoice value

(42C) Draft at ____ for ____% of invoice value (Draft not required except l/c available by acceptance)
(42A) Draw on ☐issuing bank ☐ other bank(pls indicate)

(43P) Partial shipment ☐ allowed ☐ not allowed ☐ conditional:	(43T) Transshipment ☐ allowed ☐ not allowed ☐ conditional:
(44A) Loading on board from	(44B) for transportation to
(44E) Port of Loading	(44F) Port of Discharge

(44C) Latest shipment date MAY 26, 2020

(45A) Description of goods or services

Price term:
Packing:

(46A) Documents required: (marked with X)
( )Signed Commercial Invoice in ____ indicating L/C No. and Contract No.
( ) set of clean on board ocean Bills of Lading made out to order and blank endorsed marked " freight____ "
notifying ☐ Applicant ☐other____
( )Air Waybills showing "freight ☐ to collect ☐ prepaid" indicating freight amount and consigned to
☐ Applicant ☐ Issuing Bank
( )Forwarding agent's Cargo Receipt
( )Insurance Policy/Certificate in____ for____ % of the invoice value showing claims payable in mainland China in currency of the credit. blank endorsed, covering (☐ Ocean Marine Transportation ☐ Air Transportation ☐ Over Land Transportation) All Risks, War Risks, including____ as per____ Clause.
( )Packing List / Weight Memo in____ indicating quantity / gross and net weights of each package and packing conditions as called for by the L/C.
( )Certificate of Quantity / Weight in ____ .
( )Certificate of Quality in____ issued by ☐ Beneficiary ☐ public recognized surveyor ☐ manufacturer.
( )Beneficiary's certified copy of fax / email dispatched to the applicant within____days after shipment advising Commodity, quantity, weight, value of shipment ☐ name of vessel, B/L No. ☐ Awb no.,Flight No. ☐ Wagon No. ☐ shipment date ☐ contract No. ☐ L/C No..
( )BENEFICIARY'S CERTIFICATE CERTIFYING THAT 1/3 SET OF ORIGINAL BILLS OF LADING HAS BEEN SENT DIRECTLY TO THE APPLICANT AFTER SHIPMENT DATE.
(X)BENEFICIARY'S CERTIFICATE CONFIRMING THEIR ACCEPTANCE OR NON-ACCEPTANCE OF THE AMENDMENTS MADE UNDER THIS L/C QUOTING THE RELEVANT AMENDMENT NUMBER. (SUCH CERTIFICATE IS NOT REQUIRED IF THIS L/C HAS NOT BEEN AMENDED.)(银行固定条款，非特殊情况不允许删除)

(47A) Additional conditions: (Marked with X)
( ) Documents issued earlier than L/C issuing date are not acceptable.
( ) Third party as shipper ☐ is ☐ is not acceptable.
( ) BREACHES OF LOCAL AND INTERNATIONAL ANTI-MONEY LAUNDERING OR ECONOMIC SANCTIONS LAWS AND REGULATIONS ADMINISTERED BY, INCLUDING BUT NOT LIMITED TO CHINA, UNITED NATIONS, UNITED STATES, ARE NOT ACCEPTABLE. OUR BANK MAY REJECT ANY TRANSACTION IN VIOLATION OF ANY OF THESE LAWS AND REGULATIONS WITHOUT ANY LIABILITY ON OUR PART. (required except approval of our bank)
(X) Unless otherwise stipulated in the credit,all documents must be issued in English.

(71D) All banking charges and interest if any outside issuing bank and reimbursement charges are for account of ☐ beneficiary ☐ applicant

(48)Documents to be presented within 15 days after the date of shipment but within the validity of the credit
☐ other

(49)Confirmation instructions:☐without ☐may add ☐confirm

(58) Requested confirmation party: or ☐THE L/C CAN BE CONFIRMED AS PER BENE'S REQUEST (if field 49 may add or confirm)

以上位置如果不够用请用附页说明

依照国际商会《跟单信用证统一惯例》（2007年修订版）第600号出版物

开证申请人（公章或授权印鉴）：

法定代表人或被授权人：

联系人：

电话：

2. 单据填制二

请根据以下材料填制信用证申请书。

售　货　合　同
SALES CONTRACT

卖　方：
Sellers: ABC CORPORATION

Contract No.: 2001 - 107
Date: JAN. 5, 2020

地址：
Address: OSAKA, JAPAN OSACY SECTION.

Signed at: SHANGHAI
Telex: 0835
Fax: 83556688

买　方：
Buyers: SHANGHAI TEXTILES IMP AND EXP. CORP.
Address: 27 ZHONGSHAN ROAD, SHANGHAI, CHINA.

Telex: 44371
Fax: (020) 82673475

WE HEREBY THE SELLERS AGREE TO SELL AND THE BUYERS TO BUY THE COMMODITY/IES MENTIONED IN THIS CONTRACT SUBJECT TO THE TERMS AND CONDITIONS STIPULATED AS FOLLOWS:

NAME OF COMMODITY & SPECIFICATION, PACKING AND SHIPPING MARK	QUANTITY (PCS.)	UNIT PRICE	AMOUNT
100% PURE COTTON TOWEL		CIF SHANGHAI	
ART. NO. 49394 (014428)	3,000	USD1.00	USD3,000.00
ART. NO. 49393 (014428)	3,000	USD1.00	USD3,000.00
ART. NO. 55306 (014429)	2,000	USD1.25	USD2,600.00
REMARKS:		TOTAL:	USD8,600.00
1) EACH IN PLASTIC BAGS, 10 BAGS TO A CARTON TOTAL 800 CARTONS			
2) SHIPPING MARK: ITOCHU SHANGHAI NO. 1 - 800			
TOTAL VALUE: SAY US DOLLARS EIGHT THOUSAND FIVE HUNDRED ONLY.			

TIME OF SHIPMENT: Within 45 days of receipt of letter of credit and not later than the month of MAY 2020 with partial shipments and transshipment allowed.

PORT OF LOADING: OSAKA JAPAN

PORT OF DESTINATION: SHANGHAI

TERMS OF PAYMENT: By 100% Irrevocable Sight Letter of Credit Opened by the Buyer to reach the Seller not later than APRIL 15th, 2020 and to be available for negotiation in JAPAN until the 15th day after the date of shipment. In case of late arrival of the L/C, the Seller shall not be liable for any delay in shipment and shall have the right to rescind the contract and /or claim for damages.

INSURANCE: To be effected by the Seller for 110% of the CIF invoice value covering ALL RISKS AND WAR RISK only as per China Insurance Clauses.

TERMS OF SHIPMENT: To be governed by "INCOTERMS 2000". For transactions concluded on CFR or CIF terms, all surcharges including port congestion surcharges, etc. levied by the shipping company, in addition to freight, shall be for the Buyer's account.

The Buyer
SHANGHAI TEXTILES IMP.
AND EXP. CORPORATION

The Seller
ABC CORPORATION

不可撤销跟单信用证申请书

APPLICATION FOR IRREVOCABLE DOCUMENTARY CREDIT

To: INDUSTRIAL AND COMMERCIAL BANK OF CHINA GUANGZHOU BRANCH Date MAR. 1, 2020

Please establish by ☐ SWIFT ☐ airmail an Irrevocable Credit as follows:

Advising Bank: (to be left for bank to fill in)	(20) Irrevocable ☐TRANSFERABLE Documentary Credit No. (31D) Expiry Date and place MAY 1, 2020 JAPAN
(50) Applicant: (Full name & detailed address)	(59) Beneficiary: (Full name & detailed address)

(32B) Currency code, Amount (In words and figures)
(39A) Quantity and Credit amount tolerance 5 %

(41A) Credit Available With ☐ any bank ☐ Issuing Bank ☐ other (pls Indicate)
By ☐ Negotiation ☐ Acceptance ☐ Sight Payment ☐ Deferred payment

(42P) NEGOTIATION ☐draft/DEFERRED PAYMENT DETAILS: at ______ for ______ % of invoice value

(42C) Draft at SIGHT for 100 % of invoice value (Draft not required except l/c available by acceptance)
(42A) Draw on ☐issuing bank ☐ other bank(pls indicate)

(43P) Partial shipment ☐ allowed ☐ not allowed ☐ conditional:	(43T) Transshipment ☐ allowed ☐ not allowed ☐ conditional:
(44A) Loading on board from	(44B) for transportation to
(44E) Port of Loading	(44F) Port of Discharge

(44C) Latest shipment date APR. 14, 2020

(45A) Description of goods or services

Price term:
Packing:

(46A) Documents required: (marked with X)
( )Signed Commercial Invoice in 3 indicating L/C No. and Contract No.
( ) set of clean on board ocean Bills of Lading made out to order and blank endorsed marked " freight______ " notifying ☐ Applicant ☐other______
( )Air Waybills showing "freight ☐ to collect ☐ prepaid" indicating freight amount and consigned to ☐ Applicant ☐ Issuing Bank
( )Forwarding agent's Cargo Receipt
( )Insurance Policy/Certificate in 2 for____ % of the invoice value showing claims payable in mainland China in currency of the credit. blank endorsed, covering (☐ Ocean Marine Transportation ☐ Air Transportation ☐ Over Land Transportation) All Risks, War Risks, including______ as per______ Clause.
( )Packing List / Weight Memo in 3 indicating quantity / gross and net weights of each package and packing conditions as called for by the L/C.
( )Certificate of Quantity / Weight in ______.
( )Certificate of Quality in______ issued by ☐ Beneficiary ☐ public recognized surveyor ☐ manufacturer.
( )Beneficiary's certified copy of fax / email dispatched to the applicant within___days after shipment advising Commodity, quantity, weight, value of shipment ☐ name of vessel, B/L No. ☐ Awb no.,Flight No. ☐ Wagon No. ☐ shipment date ☐ contract No. ☐ L/C No..
( )BENEFICIARY'S CERTIFICATE CERTIFYING THAT 1/3 SET OF ORIGINAL BILLS OF LADING HAS BEEN SENT DIRECTLY TO THE APPLICANT AFTER SHIPMENT DATE.
(x)BENEFICIARY'S CERTIFICATE CONFIRMING THEIR ACCEPTANCE OR NON-ACCEPTANCE OF THE AMENDMENTS MADE UNDER THIS L/C QUOTING THE RELEVANT AMENDMENT NUMBER. (SUCH CERTIFICATE IS NOT REQUIRED IF THIS L/C HAS NOT BEEN AMENDED.)(银行固定条款，非特殊情况不允许删除)

(47A) Additional conditions: (Marked with X)
( ) Documents issued earlier than L/C issuing date are not acceptable.
( ) Third party as shipper ☐ is ☐ is not acceptable.
( ) BREACHES OF LOCAL AND INTERNATIONAL ANTI-MONEY LAUNDERING OR ECONOMIC SANCTIONS LAWS AND REGULATIONS ADMINISTERED BY, INCLUDING BUT NOT LIMITED TO CHINA, UNITED NATIONS, UNITED STATES, ARE NOT ACCEPTABLE. OUR BANK MAY REJECT ANY TRANSACTION IN VIOLATION OF ANY OF THESE LAWS AND REGULATIONS WITHOUT ANY LIABILITY ON OUR PART. (required except approval of our bank)
(X) Unless otherwise stipulated in the credit,all documents must be issued in English.

(71D) All banking charges and interest if any outside issuing bank and reimbursement charges are for account of ☐ beneficiary ☐ applicant

(48) Documents to be presented within_____ days after the date of shipment but within the validity of the credit ☐ other

(49) Confirmation instructions:☐without ☐may add ☐confirm

(58) Requested confirmation party: or ☐THE L/C CAN BE CONFIRMED AS PER BENE'S REQUEST (if field 49 may add or confirm)

以上位置如果不够用请用附页说明

依照国际商会《跟单信用证统一惯例》（2007年修订版）第600号出版物

开证申请人（公章或授权印鉴）：
法定代表人或被授权人：
联系人：
电话：

二、练习题参考答案

（一）中英文互译

1. 中译英

(1) Advising Bank
(2) Issuing Bank
(3) Applicant
(4) Beneficiary
(5) Negotiation
(6) Acceptance
(7) Sight Payment
(8) Deferred Payment
(9) Price Term
(10) Credit Application

2. 英译中

(1) 不可撤销跟单信用证申请书
(2) 中国工商银行
(3) 可转让跟单信用证
(4) 货运代理收据
(5) 受益人证明书
(6) 数量证明书
(7) 商业发票
(8) 保险单或保险凭证
(9) 电报索偿条款
(10) 所有单证必须用英文开立

（二）单项选择题

1. B。理由：在国际货物买卖中，卖方按时提交货物，买方按时支付货款，是买卖双方各自应履行的基本义务。若买卖双方约定以信用证方式支付货款，则买方（进口商）必须填写信用证申请书，向开证行提出开证申请。

2. D。理由：若合同没有规定装运期，则信用证的有效期可视为装运期，最迟必须让卖方在信用证的有效期的第一天就能收到信用证。

3. C。理由：根据《UCP600》第 14 条 c 款的规定，受益人或其代表须在不迟于本惯例所指的发运日之后的二十一个工作日内交单，但是在任何情况下都不得迟于信用证规定的截止日。

4. A。理由：买卖双方签订的货物销售合同是开立信用证的依据。其他选项都是在信用证开立之后才出现的。

5. B。理由：根据《UCP600》的规定，信用证中的付款人应为开证行或信用证中指定的付款行，因此，信用证项下汇票的付款人应为开证行或指定付款行。

6. D。理由：因世界上有较多同名的 Newcastle 港口，所以必须在港口名称后面附上所在国家。

7. D。理由：信用证是自足文件，因此，信用证开立后，银行的权利和义务只限于信用证的规定，只对信用证负责。

8. C。理由：根据《UCP600》第 10 条 e 款的规定，一份信用证的修改通知书的内容要么全部接受，要么全部拒绝，不能接受其中一部分拒绝另一部分。因此，受益人不可有选择地接受，只能全部接受或者全部不接受。

9. C。理由：根据《UCP600》的规定，若在信用证申请书中的金额前加上 ABOUT、APPROXIMATELY、CIRCA 等词语，可理解为该信用证项下的金额允许有 10% 增减幅度。

10. B。理由：装船日后30天即取得提单后的30天。选项A为见票后30天；选项C为发票日期30天；选项D为即期。

（三）多项选择题

1. ABC。理由：根据《UCP600》的规定，在信用证中无明确表示是否可撤销，应视为不可撤销信用证，信用证中无明确表示是否可分运、转运、接受第三者装运单据的，应视为允许。信用证是根据信用证申请书的内容开立的，信用证申请书中无明确规定的内容，即可按《UCP600》的规定解释。

2. ABCD。理由：L/C申请书上常见的付款方式有即期支付、承兑支付、议付、延期支付、远期支付等。

3. ABC。理由：进口商申请开立信用证的具体手续包括递交有关合同的副本及附件、填写开证申请书、缴付保证金等。

4. CD。理由：按业务分工要求，信用证的号码和信用证的通知行是由开证行根据实际业务要求确定，不是由开证申请人确定。

5. AD。理由：根据《2020年通则》的规定，以CIF、CIP成交，卖方负责办理保险手续并支付保险费。因此，买方即进口商应在信用证申请书中的保单条款前的括号中打“×”，并列明保险险别等内容。

（四）判断题

1. 错误。理由：在单据括号前面打“×”表示选择这些单据。

2. 错误。理由：若合同中有装运期的起止日期，则最迟必须让卖方在装运期的第一天就能收到信用证。

3. 错误。理由：因为信用证是一个独立的文件，不依附于合同。信用证上明确的条款必须在信用证上逐一列出。

4. 正确。理由：在信用证支付条件下，只要单据表面与信用证条款相符合，开证行就必须按规定付款。所以应按合同有关规定把进口人对卖方的要求转换成有关单据，具体规定在信用证中。

5. 正确。理由：延期付款不要求出口商开立汇票，不能贴现，所以卖方一般将使货价比采用承兑支付方式高。

6. 正确。理由：另一份正本提单径寄给买方，对卖方不利，因为买方可先提货，而到时不再付款赎单；对买方也不利，因为如果卖方没有将另一份正本提单径寄给买方，一样可以得到银行的议付。

7. 正确。理由：因为合同规定，由信用证付款50%，所以在信用证申请书中汇票金额中填写“50% of invoice value”。

8. 错误。理由：如在信用证申请书中没注明是否允许转让，则开证行将视为申请不可转让的信用证。

9. 错误。理由：如要求受益人提交两份正本发票，应注明IN TWO ORIGINALS，因为DUPLICATE表示一式两份，对方可提交一份正本加一份副本。

10. 错误。理由：根据《UCP600》的规定，使用诸如"迅速""立即""尽快"之类的词语，银行将不予置理。

（五）单据填制

1. 单据填制一

不可撤销跟单信用证申请书

APPLICATION FOR IRREVOCABLE DOCUMENTARY CREDIT

TO: INDUSTRIAL AND COMMERCIAL BANK OF CHINA GUANGZHOU BRANCH Date APR. 26, 2020

Please establish by ☒ SWIFT ☐ airmail an Irrevocable Credit as follows:

Advising Bank: (to be left for bank to fill in)

(20) Irrevocable ☐TRANSFERABLE Documentary Credit No.
(31D) Expiry Date and place JUNE 10, 2020, FINLAND

(50) Applicant: (Full name & detailed address)
GUANGDONG LIGHT ELECTRICAL APPLANCES CO., LTD.
52, DEZHENG ROAD SOUTH, GUANGZHOU, CHINA

(59) Beneficiary: (Full name & detailed address)
ABC CORP.
AKEDSANTERINK AUTO P.O.BOX 9, FINLAND

(32B) Currency code, Amount (In words and figures) USD36,480.00 (SAY US DOLLARS THIRTY SIX THOUSAND FOUR HUNDRED AND EIGHTY ONLY.)
(39A) Quantity and Credit amount tolerance 5 %

(41A) Credit Available With ☒ any bank ☐ Issuing Bank ☐ other (pls Indicate)
By ☒ Negotiation ☐ Acceptance ☐ Sight Payment ☐ Deferred payment

(42P) NEGOTIATION ☐draft/DEFERRED PAYMENT DETAILS: at for % of invoice value

(42C) Draft at SIGHT for 100 % of invoice value (Draft not required except l/c available by acceptance)
(42A) Draw on ☒issuing bank ☐ other bank (pls indicate)

(43P) Partial shipment ☒ allowed ☐ not allowed
☐ conditional:

(43T) Transshipment ☒ allowed ☐ not allowed
☐ conditional:

(44A) Loading on board from
(44B) for transportation to
(44E) Port of Loading HELSINKI
(44F) Port of Discharge GUANGZHOU
(44C) Latest shipment date MAY 26, 2020

(45A) Description of goods or services
9,600PCS OF HALOGEN FITTING W600 CIF GUANGZHOU USD3.80/PC
Price term: CIF GUANGZHOU
Packing: 30PCS/CARTON

(46A) Documents required: (marked with X)
(X) Signed Commercial Invoice in 3 indicating L/C No. and Contract No.
(X) set of clean on board ocean Bills of Lading made out to order and blank endorsed marked " freight prepaid " notifying ☐ Applicant ☐other
( ) Air Waybills showing "freight ☐ to collect ☐ prepaid" indicating freight amount and consigned to ☐ Applicant ☐ Issuing Bank
( ) Forwarding agent's Cargo Receipt 开证申请人（公章或授权印鉴）：
(X) Insurance Policy/Certificate in 2 for_ 法定代表人或被授权人: wing claims payable in mainland China in currency of the credit. blank endorsed, covering (☒ (Air Transportation ☐ Over Land Transportation) All Risks, War Risks, including W/W CLAUSE 联系人: RANCE Clause.
(X) Packing List / Weight Memo in 3 in 电话: net weights of each package and packing conditions as called for by the L/C.
( ) Certificate of Quantity / Weight in ____ .
( ) Certificate of Quality in ____ issued by ☐ Beneficiary ☐ public recognized surveyor ☐ manufacturer.
( ) Beneficiary's certified copy of fax / email dispatched to the applicant within ___ days after shipment advising Commodity, quantity, weight, value of shipment ☐ name of vessel, B/L No. ☐ Awb no., Flight No. ☐ Wagon No. ☐ shipment date ☐ contract No. ☐ L/C No..
( ) BENEFICIARY'S CERTIFICATE CERTIFYING THAT 1/3 SET OF ORIGINAL BILLS OF LADING HAS BEEN SENT DIRECTLY TO THE APPLICANT AFTER SHIPMENT DATE.
(X) BENEFICIARY'S CERTIFICATE CONFIRMING THEIR ACCEPTANCE OR NON-ACCEPTANCE OF THE AMENDMENTS MADE UNDER THIS L/C QUOTING THE RELEVANT AMENDMENT NUMBER. (SUCH CERTIFICATE IS NOT REQUIRED IF THIS L/C HAS NOT BEEN AMENDED.)（银行固定条款，非特殊情况不允许删除）

(47A) Additional conditions: (Marked with X)
( ) Documents issued earlier than L/C issuing date are not acceptable.
( ) Third party as shipper ☐ is ☐ is not acceptable.
( ) BREACHES OF LOCAL AND INTERNATIONAL ANTI-MONEY LAUNDERING OR ECONOMIC SANCTIONS LAWS AND REGULATIONS ADMINISTERED BY, INCLUDING BUT NOT LIMITED TO CHINA, UNITED NATIONS, UNITED STATES, ARE NOT ACCEPTABLE. OUR BANK MAY REJECT ANY TRANSACTION IN VIOLATION OF ANY OF THESE LAWS AND REGULATIONS WITHOUT ANY LIABILITY ON OUR PART. (required except approval of our bank)
(X) Unless otherwise stipulated in the credit, all documents must be issued in English.

(71D) All banking charges and interest if any outside issuing bank and reimbursement charges are for account of ☒ beneficiary ☐ applicant

(48) Documents to be presented within 15 days after the date of shipment but within the validity of the credit ☐ other

(49) Confirmation instructions: ☒without ☐may add ☐confirm

(58) Requested confirmation party: ____ or ☐THE L/C CAN BE CONFIRMED AS PER BENE' S REQUEST (if field 49 may add or confirm)

以上位置如果不够用请用附页说明

依照国际商会《跟单信用证统一惯例》（2007年修订版）第600号出版物

开证申请人（公章或授权印鉴）：

法定代表人或被授权人：

联系人：

电话：

2. 单据填制二

不可撤销跟单信用证申请书

APPLICATION FOR IRREVOCABLE DOCUMENTARY CREDIT

To: INDUSTRIAL AND COMMERCIAL BANK OF CHINA GUANGZHOU BRANCH Date MAR. 1, 2020

Please establish by ☒ SWIFT ☐ airmail an Irrevocable Credit as follows:

Advising Bank: (to be left for bank to fill in)

(20) Irrevocable ☐TRANSFERABLE Documentary Credit No.

(31D) Expiry Date and place MAY 1, 2020 JAPAN

(50) Applicant: (Full name & detailed address)
SHANGHAI TEXTILES IMP. AND EXP. CORPORATION
27 ZHONGSHAN ROAD, SHANGHAI, CHINA

(59) Beneficiary: (Full name & detailed address)
ABC CORPORATION
OSAKA, JAPAN OSACY SECTION

(32B) Currency code, Amount (In words and figures) USD8,500.00 (SAY US DOLLARS EIGHT THOUSAND FIVE HUNDRED ONLY.)

(39A) Quantity and Credit amount tolerance 5 %

(41A) Credit Available With ☒ any bank ☐ Issuing Bank ☐ other (pls Indicate)
By ☒ Negotiation ☐ Acceptance ☐ Sight Payment ☐ Deferred payment

(42P) NEGOTIATION ☐draft/DEFERRED PAYMENT DETAILS: at for % of invoice value

(42C) Draft at SIGHT for 100 % of invoice value (Draft not required except l/c available by acceptance)

(42A) Draw on ☒issuing bank ☐ other bank(pls indicate)

(43P) Partial shipment ☒ allowed ☐ not allowed
☐ conditional:

(43T) Transshipment ☒ allowed ☐ not allowed
☐ conditional:

(44A) Loading on board from

(44B) for transportation to

(44E) Port of Loading OSAKA JAPAN

(44F) Port of Discharge SHANGHAI

(44C) Latest shipment date APR. 14, 2020

(45A) Description of goods or services
100% PURE COTTON TOWEL CIF SHANGHAI
ART. NO. 49394(014428) 3,000PCS USD1.00/PC
ART. NO. 49393(014428) 3,000PCS USD1.00/PC
ART. NO. 55306(014429) 2,000PCS USD1.25/PC

SHIPPING MARK: ITOCHU
SHANGHAI
NO. 1-800

Price term: CIF SHANGHAI
Packing:
EACH IN PLASTIC BAGS, 10 BAGS TO A CARTON, TOTAL 800CARTONS

(46A) Documents required: (marked with X)

(X) Signed Commercial Invoice in 3 indicating L/C No. and Contract No.

(X) set of clean on board ocean Bills of Lading made out to order and blank endorsed marked " freight prepaid "
notifying ☐ Applicant ☐other

( ) Air Waybills showing "freight ☐ to collect ☐ prepaid" indicating freight amount and consigned to
☐ Applicant ☐ Issuing Bank

( ) Forwarding agent's Cargo Receipt

(X) Insurance Policy/Certificate in 2 for 110 % of the invoice value showing claims payable in mainland China in currency of the credit. blank endorsed, covering (☐ Ocean Marine Transportation ☐ Air Transportation ☐ Over Land Transportation) All Risks, War Risks, including W/W CLAUSE as per CHINA INSURANCE Clause.

(X) Packing List / Weight Memo in 3 indicating quantity / gross and net weights of each package and packing conditions as called for by the L/C.

( ) Certificate of Quantity / Weight in ______.

( ) Certificate of Quality in ______ issued by ☐ Beneficiary ☐ public recognized surveyor ☐ manufacturer.

( ) Beneficiary's certified copy of fax / email dispatched to the applicant within ___ days after shipment advising Commodity, quantity, weight, value of shipment ☐ name of vessel, B/L No. ☐ Awb no., Flight No. ☐ Wagon No. ☐ shipment date ☐ contract No. ☐ L/C No..

( ) BENEFICIARY'S CERTIFICATE CERTIFYING THAT 1/3 SET OF ORIGINAL BILLS OF LADING HAS BEEN SENT DIRECTLY TO THE APPLICANT AFTER SHIPMENT DATE.

(X) BENEFICIARY'S CERTIFICATE CONFIRMING THEIR ACCEPTANCE OR NON-ACCEPTANCE OF THE AMENDMENTS MADE UNDER THIS L/C QUOTING THE RELEVANT AMENDMENT NUMBER. (SUCH CERTIFICATE IS NOT REQUIRED IF THIS L/C HAS NOT BEEN AMENDED.)(银行固定条款，非特殊情况不允许删除)

(47A) Additional conditions: (Marked with X)

( ) Documents issued earlier than L/C issuing date are not acceptable.

( ) Third party as shipper ☐ is ☐ is not acceptable.

( ) BREACHES OF LOCAL AND INTERNATIONAL ANTI-MONEY LAUNDERING OR ECONOMIC SANCTIONS LAWS AND REGULATIONS ADMINISTERED BY, INCLUDING BUT NOT LIMITED TO CHINA, UNITED NATIONS, UNITED STATES, ARE NOT ACCEPTABLE. OUR BANK MAY REJECT ANY TRANSACTION IN VIOLATION OF ANY OF THESE LAWS AND REGULATIONS WITHOUT ANY LIABILITY ON OUR PART. (required except approval of our bank)

(X) Unless otherwise stipulated in the credit, all documents must be issued in English.

(71D) All banking charges and interest if any outside issuing bank and reimbursement charges are for account of ☒ beneficiary ☐ applicant

(48) Documents to be presented within 15 days after the date of shipment but within the validity of the credit
☐ other

(49) Confirmation instructions: ☒without ☐may add ☐confirm

(58) Requested confirmation party: or ☐THE L/C CAN BE CONFIRMED AS PER BENE'S REQUEST (if field 49 may add or confirm)

以上位置如果不够用请用附页说明

依照国际商会《跟单信用证统一惯例》(2007年修订版)第600号出版物

开证申请人（公章或授权印鉴）：

法定代表人或被授权人：

联系人：

电话：

第七章
综合制单练习

一、练习题

按下列信用证的要求和给定的资料填制各套单据。

综合制单练习一

Output Message Type : ISSUE OF A DOCUMENTARY CREDIT
Sent by : HNBNKRSEA × × × HANA BANK, SEOUL
Output Date/Time : 050106/1617
Priority : NORMAL
HUR : 050106DJOS00179

---

27 : Sequence of Total
1/1
40A : Form of Documentary Credit
IRREVOCABLE
20 : Documentary Credit Number
M12CL601ES00032
31C : Date of Issue
050105 05-JAN-2005
31D : Date and Place of Expiry
050215 AT YOUR COUNTRY 15-FEB-2005
50 : Applicant
STORY SHARP CO., LTD.
NO. 502 GL PLAZA, 713-1
HEANGSHIN-DONG, DUCKYANG-GU,
GOYANG-SI, GYEONGGI-DO, KOREA
59 : Beneficiary-Name & Address
GUANGDONG FOREIGN TRADE IMP. & EXP. CORP.
15-18/F., GUANGDONG FOREIGN ECONOMIC AND
TRADE BUILDING 351 TIANHE ROAD
GUANGZHOU, CHINA
32B : Currency Code, Amount
USD43, 200. 00 US DOLLAR 43, 200. 00
39A : Percentage Credit Amt Tolerance
10/10

41D : Available With . . . By . . . Name & Addr.
ANY BANK BY NEGOTIATION
42C : Drafts at . . .
BENEFICIARY DRAFTS AT SIGHT
FOR 100 PCT OF THE INVOICE VALUE
42A : Drawee-BIC
HNBNCNSH × × × HANA BANK SHANGHAI BRANCH
SHANGHAI
43P : Partial Shipments
ALLOWED
43T : Transshipment
ALLOWED
44A : On Board/Disp/Taking Charge at/Form
HONG KONG
44B : For Transportation to . . .
BUSAN, KOREA
44C : Latest Date of Shipment
050130 30-JAN-2005
45A : Description of Goods &/or Services
ORIGIN CHINA
FOB HONG KONG
80G COLOUR PAPER LENGTH: 9, 500M 30MT @ USD1, 440. 00
WIDTH: 1, 000MM
INSIDE ROLL DIA. : 75MM
OUTSIDE ROLL DIA. : 100CM-120CM
46A : Documents Required
(1) FULL SET OF CLEAN ON BOARD OCEAN BILLS OF LADING MADE OUT TO THE ORDER OF HANA BANK, SEOUL MARKED FREIGHT COLLECT AND NOTIFY ACCOUNTEE
(2) SIGNED COMMERCIAL INVOICE IN THREE FOLDS
(3) PACKING LIST IN THREE FOLDS
(4) INSPECTION CERTIFICATE ISSUED BY STORY SHARP CO. , LTD. STATING THE GOODS ARE COMPLETELY CONFORM TO THE BENEFICIARY'S URDER
47A : Additional Conditions
+CONFIRMATION CHGS, IF ANY, ARE FOR ACCOUNT OF BENEFICIARY.
+10PCT MORE OR LESS IN Q'TY AND AMOUNT ALLOWED.
+EXCEPT SO FAR AS OTHERWISE EXPRESSLY STIPULATED HEREIN,
ALL DOCUMENTS SHOULD BE INDICATED L/C NUMBER AND MUST BE
FORWARDED DIRECTLY TO US IN ONE LOT BY COURIER SERVICES.
+ADDRESS OF THE ISSUING BANK
9-10, EULJIRD, 2-KA, JUNG-GU, SEOUL, KOREA
ZIP CODE: 100-720
ATTN: INTERNATIONAL BUSINESS OPERATION CENTER
71B : Charges

+ ALL BANKING CHARGES OUTSIDE KOREA AND REMITTANCE CHARGES ARE FOR ACCOUNT OF BENEFICIARY.

48 : Period for Presentation
DOCUMENTS MUST BE PRESENTED WITHIN 10 DAYS AFTER THE DATE OF SHIPMENT BUT WITHIN EXPIRY DATE

49 : Confirmation Instructions
CONFIRM

53A : Reimbursing Bank – BIC
HANA BANK SHANGHAI BRANCH
SHANGHAI

78 : Instr to Payg/Accptg/Negotg Bank
BENEFICIARY DRAFT SHOULD BE FORWARED TO DRAWEE BANK.
+ IF DOCUMENTS ARE PRESENTED WITH DISCREPANCIES, A DISCREPANCY FEE OF USD60.00 (JPY7,000.00 OR EUR60.00) OR EQUIVALENT SHOULD BE DEDUCTED TO BENEFICIARY.
+ THE NEGOTIATING BANK/PRESENTING BANK MUST SENT AN ADDITIONAL SET OF EACH DOCUMENT TO US FOR OUT FILES ALONG WITH THE ORIGINAL DOCUMENTS. IF NOT, USD10.00 WILL BE DEDUCTED FROM PAYMENT.

57D : "Advise Through" Bank–Name & Addr.
DONGSHAN SUB-BRANCH

72 : Sender to Receiver Information
+ U.C.P. (1993 REVISION) I.C.C. PUBLICATION NO. 500

此证分两批装运，销货合同号码为：CPU04SC140。

第一批制单资料：

发票号：CPU04SC140A	发票日期：JAN. 18，2005
提单号：50100289BUS	提单日期：JAN. 21，2005
船名：KMTC ULSAN V. 501N	装船标记：N/M
集装箱号：KMTU7045319/846421/20'	
商品数量：14.188MTS	合计：21 ROLLS
毛重：14.188MTS	净重：14.188MTS
尺码：1,000×1,050（MM）/ROLL	总尺码：19.950 CBMS

第二批制单资料：

发票号：CPU04SC140B	发票日期：JAN. 21，2005
提单号：50200389BUS	提单日期：JAN. 28，2005
船名：HONG KONG STAR V. 036N	装船标记：N/M
集装箱号：MTU7311070/KB846360/20'	
商品数量：14.227MTS	合计：23 ROLLS
毛重：14.227MTS	净重：14.227MTS
尺码：1,000×936（MM）/ROLL	总尺码：21.528CBMS

综合制单练习二

MT 700		**ISSUE OF A DOCUMENTARY CREDIT**
Basic Header	:	F 01 BKCHCNVJA400 1202 869809
Application Header	:	700 041126ICRAITMMA0506567177837 2004-11-27 N * BANCA DI CREDITO COOPERATIVO DI * SORISOLE E LEPRENO * SORISOLE
Sequence of Total	:	1/1
Form of Cec. Credit	:	IRREVOCABLE
Doc. Credit Number	:	088696000825
Date of Issue	:	2004 - 11 - 15
Expiry	:	DATE 2005 - 01 - 24 PLACE CHINA
Applicant	:	SPIL BERG DI YONG KEE FUI VIA A. DE GASPERI 4 24018 VILLA D'ALME' (BG) ITALY
Beneficiary	:	CHINA PACKAGING UNION GUANGZHOU CO., LTD. 7/F., NO. 753 DONGFENGDONG RD., GUANGZHOU, CHINA
Amount	:	CURRENCY USD AMOUNT 32,016.00
Pos. /Neg. Tol (%)	:	10/10
Available with/by	:	ANY BANK BY NEGOTIATION AGAINST THE DOCUMENTS DETAILED HEREIN AND BENEFICIARY'S DRAFTS AT SIGHT DRAWN ON US FOR FULL INVOICE VALUE.
Partial Shipments	:	NOT ALLOWED
Transshipment	:	ALLOWED
Loading in Charge	:	GUANGZHOU CHINA
For Transport to ...	:	GENOA ITALY
Latest Date of Ship.	:	2005 - 01 - 15
Descript. of Goods	:	MYANMAR TEAK GRADE A (UNFINISHED) SP. 16MM MYANMAR TEAK INDUSTRIAL PARQUET SP. 14MM AS PROFORMA INV. RGCI/PI004 (SPL - 001) DD NOV. 904 PRICE CFR GENOA
Documents Required	:	(1) EIGHT COMMERCIAL INVOICES IN ORIGINAL. (2) EIGHT PACKING LIST IN ORIGINAL. (3) FULL SET CLEAN ON BOARD OCEAN BILL OF LADING ISSUED TO ORDER AND BLANCK ENDODRSED MARKED FREIGHT PREPAID NOTIFY APPLICANT. (4) EIGHT CERTIFICATES OF ORIGIN FORM A ISSUED AND LEGALIZED BY COMPETENT AUTHORITY.
Additional Cond.	:	(1) REFERENCE TO THIS CREDIT NUMBER MUST BE SHOWN ON ALL DOCUMENTS. (2) DOCUMENTS MUST BE SENT BY SPECIAL COURIER AT THE FOLLOWING ADDRESS U. P. F. —VIA DALWAZIA, 2—24047 TREVGLIO

		(BG) ATT. NE MAR AMATO ADRIANA.
		(3) IF DOCUMENTS DON'T COMPLY WITH THE TERMS AND CONDITIONS OF PRESENT L/C, SERVICE CHARGES OF USD50. 00 WILL BE DEDUCTED FROM ANY REMITTANCE MADE UNDER THIS CREDIT.
Details of Charges	:	ALL CHARGES AND COMMS OUTSIDE ITALY ARE FOR BENEFICIARY'S ACCOUNT.
Presentation Period	:	WITHIN 7 DAYS AFTER B/L DATE BUT WITHIN THE CREDIT VALIDITY
Confirmation	:	WITHOUT
Advise through	:	BANK OF COMMUNICATION GUANGZHOU BRANCH, CHINA
Send. to Rec. Info.	:	THIS IS THE OPERATIVE INSTRUMENTS NO MAIL CONFIRMATION WILL FOLLOW THIS CREDIT IS SUBJECT TO UCP REVISION 1993 ICC PUBLICATION NO. 500. OTHER MATERIALS:

有关资料。

INV. NO.: RGCL2584 INV. DATE: JAN. 7, 2005

B/L NO.: 100397 B/L DATE: JAN. 12, 2005

S/C NO.: RGCL/PI004 (SPL-001) FORM A NO.: GZ081/205/086

NAME OF STEAMER: HUI YUE 11 HAO V. 5112S

SHIPPING MARKS: N/M

CONTAINER & SEAL NO.: TELU2390424 (20'GP) /5429086

GOODS:

MYANMAR TEAK GRADE A (UNFINISHED) SP. 16MM 860m^2 @ USD32. 10/m^2

PACKING: 2. 5m^2/BAG N. W. 30KGS/BAG G. W. 31KGS/BAG

MYANMAR TEAK INDUSTRIAL PARQUET SP. 14MM 300m^2 @ USD14. 7/m^2

PACKING: 1. 5m^2/BAG N. W. 22KGS/BAG G. W. 23KGS/BAG

TOTAL MEASUREMENT: 18. 022 CBMS

该货物是完全自产品

综合制单练习三

ISSUE OF A DOCUMENTARY CREDIT

Sender　: IBSPITTM414
　　* SANPAOLO IMI S. P. A　* PAVIA ITALY
Receiver : SOGECN22 × × ×
　　* SOCIETE GENERALE　*（GUANGZHOU BRANCH）　* GUANGZHOU, CHINA

-------------------------------------- Message Text --------------------------------------

27　: Sequence of Total
1/1

40A　: Form of Documentary Credit
IRREVOCABLE

20　: Documentary Credit Number
3109/1065

31C　: Date of Issue
050206　FEB. 6, 2005

31D　: Date and Place of Expiry
050406　CHINA　APR. 6, 2005

50　: Applicant
ARELLA AND C. SPA
PIAZZA COLLEGIO CAIROLI N. 3
27100 PAVIA, ITALY

59　: Beneficiary
GUANGDONG TEA IMP. & EXP. CORP.
26 – 30/F., GUANGDONG FOREIGN ECONOMICS & TRADE BUILDING
351 TIANHE ROAD, GUANGZHOU, CHINA

32B　: Currency Code, Amount　USD (US DOLLAR)
USD37,636.00 (US DOLLARS THIRTY SEVEN THOUSAND SIX HUNDRED AND THIRTY SIX ONLY.)

39A　: Percentage Credit Amt Tolerance
10/10

41A　: Available with ... by ...
ANY BANK BY NEGOTATION AGAINST THE DOCUMENTS DETAILED HEREIN AND BENEFICIARY'S DRAFTS AT 60 DAYS SIGHT DRAWN ON US FOR 100 PCT OF THE INVOICE VALUE.

43P　: Partial Shipment
NOT ALLOWED

43T　: Transshipment
ALLOWED

44A　: Loading in Charge
CHINESE PORT

44B　: For Transportation to
LA SPEZIA PORT

44C　: Latest Date of Shipment
050320　MAR. 20, 2005

45A　: Descript. of Goods　4538 CHINA BLACK TEA ABT. 4,000 KGS. @ USD4.50/KG
5380 CHINA GREEN TEA ABT. 4,000 KGS. @ USD5.20/KG

CIFC3% LA SPEZIA PORT (1×20' FCL/200 PAPERSACKS)
PACKED IN PAPERSACKS, PALLETIZED AND CONTAINERIZED AS PER THE SALES CONFIRMATION NO. BTS78905.
THE PRICE IS TO BE UNDERSTOOD PER KILO NET SHIPPED WEIGHT CIF GENOVA LESS 3 PERCENT COMMISSION, INCLUDING PACKING.

46A : Documents Required
(1) SIGNED COMMERCIAL INVOICE, ORIGINAL PLUS TWO COPIES, EVIDENCING THAT THE GOODS SHIPPED COMPLY WITH THE S/C NO. BTS78905 DATED 050112
(2) 3/3 CLEAN ON BOARD BILLS OF LADING MADE OUT TO THE ORDER OF ARELLA AND C. SPA MARKED FREIGHT PREPAID AND NOTIFY TO CASASCO AND NARDI – VIA DON GIOVANNI CALABRIA, 30 – 20132 MILANO PHONE 02 – 2729241
(3) CERTIFICATE OF WEIGHT
(4) CERTIFICATE OF ORIGIN FORM A ISSUED BY THE COMPETENT LOCAL AUTHORITY IN TWO COPIES
(5) MARINE INSURANCE POLICY/CERTIFICATE COVERING ALL RISKS AND WAR RISK FOR 110 PERCENT OF THE CIF INVOICE VALUE

47A : Additional Conditions
+/– 10 PCT IN AMOUNT, QUANTITY AND WEIGHT IS ALLOWED ALL DOCUMENTS MUST INDICATE THIS CREDIT NUMBER
PLEASE SEND DOCUMENTS TO: SANPAOLO IMI SPA VIA FABIO FILZI N. 2 – 27100 PAVIA (ITALY)

71B : Charges
ALL BANKING CHARGES AND COMMISSIONS OUTSIDE OF ITALY ARE FOR BENEFICIARY'S ACCOUNT

49 : Confirmation Instructions
WITHOUT

78 : Instr to Payg/Accptg/Negotg Bank
AT RECEIPT OF DOCUMENTS IN CONFORMITY WITH CREDIT TERMS, WE SHALL CREDIT YOU AS PER YOUR INSTRUCTIONS AT MATURITY DATE.

57D : "Advise Through" Bank-Name & Addr.
SOCIETE GENERALS-GUANGZHOU BRANCH
21ST FLOOR PEACE WORLD PLAZA
362 – 366 HUANSHI EAST RD., GUANGZHOU

72 : Sender to Receiver Information
SUBJECT TO ICC PUS 500, 1993 REVISION AND SUBJECT TO THE UNIFORM RULES FOR BANK TO BANK REIMBURSEMENT UNDER DOC.
CREDIT ICC PUB 525.

有关资料。

INVOICE NO.: TAR20057149
B/L NO.: GSG05 – 723
FORM A NO.: GZ7/80067/0589
SHIPPING MARK: N/M
CONTAINER, SEAL NO.: TEXU3730336/KHS487605/20'
NAME OF STEAMER: PUDONG SENATOR V. 743
WEIGHT: N. W.: @40 KGS   G. W.: @40.7 KGS

INVOICE DATE: MAR. 2, 2005
B/L DATE: MAR. 15, 2005
POLICY NO.: TES3478921
PACKED IN 200 PAPERSACKS
PORT OF LOADING: GUANGZHOU
该货物是完全自产品

综合制单练习四

Issue of a Documentary Credit

Application Header	:	JANBBDDHAJBD 2189 045834 040529 2009 N * JANATA BANK * DHAKA * （LOCAL OFFICE）
User Header	:	Service Code　103： Bank. Priority　113： Msg. User. Ref.　108：ABUL Info. From CI.　115：
Sequence of Total	:	1/1
Form of Coc. Credit	:	IRREVOCABLE
Doc. Credit Number	:	0093040600308
Date of Issue	:	040525
Expiry	:	Date 040615 Place IN CHINA
Applicant Bank	:	JANBBDDHJBD * JANATA BANK * DHAKA * （LOCAL OFFICE）
Applicant	:	M/S. SPEEDWELL LIMITED PLOT NO. M－4/2，ROAD NO. －7，SECTION－7， MIRPUR，DHAKA－1216，BANGLADESH
Beneficiary	:	GUANGDONG TEXTILES IMPORT & EXPORT COTTON，YARN & PIECE－GOODS COMPANY LTD. 8/F.，GUANGDONG TEXTILES MANSION，168 XIAOBEI ROAD，GUANGZHOU，CHINA
Amount	:	Currency USD Amount 7,650. 00
Available with/by	:	ANY BANK IN CHINA BY NEGOTIATION
Drafts at ...	:	120 DAYS SIGHT FROM THE DATE OF NEGOTIATION
Drawee	:	JANBBDDHJBD * JANATA BANK * DHAKA * （LOCAL OFFICE）
Partial Shipments	:	ALLOWED
Transshipment	:	ALLOWED
Loading in Charge	:	ANY SEA PORT OF CHINA
For Transport to...	:	CHITTAGONG，BANGLADESH
Descript. of Goods	:	

FABRICS FOR 100PCT EXPORT ORIENTED READYMADE GARMENTS INDUSTRY
4,500YDS 98/2 COTTON/SPANDE × CANVAS CONST：21＋12×16＋16＋70D 140×62
WIDTH 50/52INCH AT THE RATE OF USD1. 70/YD AS PER PREFORMA INVOICE
NO. 2004CTHS02008 DATED 01－05－2004 OF THE BENEFICIARY.
TERMS OF DELIVERY：C N F CHITTAGONG

Documents Required :

(1) ORIGINAL SIGNED INVOICE IN QUINTUPLICATE CERTIFYING MERCHANDISE TO BE OF CHINA ORIGIN.

(2) FULL SET OF ORIGINAL CLEAN SHIPPED ON BOARD OCEAN BILL OF LADING DRAWN OR ENDORSED TO THE ORDER OF JANATA BANK, LOCAL OFFICE, DHAKA MARKED FREIGHT PREPAID NOTIFY OPENERS AND US GIVING FULL NAME AND ADDRESS.

(3) CERTIFICATE OF ORIGIN ISSUED BY BENEFICIARY CERTIFYING MERCHANDISE OF CHINA ORIGIN.

(4) BENEFICIARY'S CERTIFICATE TO THE EFFECT THAT THEY HAVE COMPLIED ALL TERMS AND CONDITIONS OF THEIR PROFORMA INVOICE NO. 2004CTHS02008 DT. 01 – 05 – 2004.

(5) DETAILS PACKING, WEIGHT AND MEASUREMENT LIST REQUIRED IN TRIPLICATE.

Additional Cond. :

(1) L/C AUTHORISATION FORM NO. 129306 AND H. S. CODE NO. 5208. 5200 TO APPEAR IN ALL INVOICES.

(2) DOCUMENTS EVIDENCING SHIPMENTS MUST NOT BEFORE THE DATE OF OPENING OF THIS CREDIT.

(3) SHIPMENT/TRANSSHIPMENT BY ISRAIL, MONTENIGRO AND SERBIA FLAG/VESSEL STRICTLY PROHIBITED.

(4) THIRD PARTY, SHORT FORM, BLANK BACKED BILL OF LADING NOT ACCEPTABLE.

(5) BILL OF LADING TO INDICATE GROSS AND NET WEIGHT AND CONTAINER NUMBER OF MERCHANDISE.

(6) INTEREST WILL BE PAID BY OPENER USANCE PERIOD AT LIBOR FROM THE DATE OF NEGOTIATION.

(7) EXCEPT OTHERWISE EXPRESSLY STATED, THIS CREDIT IS SUBJECT TO UNIFORM CUSTONS AND PRACTICE FOR DOCUMENTARY CREDIT (1993 REVISION) ICC PUBLICATION NO. 500.

(8) L/C NO. 0093040600308 SHOULD APPEAR ON ALL DOCUMENTS.

(9) THIS L/C IS OPENED AGAINST EXPORT L/C NO. 253011372706 – B DATED 10 – 06 – 2003 TO APPEAR ALL DOCUMENTS.

(10) ALL EVIDIENCING SHIPMENT UNDER THIS CREDIT MUST BE ADVISED BY THE BENEFICIARY IMMEDIATELY AFTER SHIPMENT DIRECT TO M/S. CITY GENERAL INSURANCE CO. , LTD. LOCAL OFFICE, BAITUL HOSSATN BUILDING 3RD. FLOOR, 27, DILKUSHA C/A, DHAKA – 1000, BANGLADESH AND THE APPLICANT REFERRING TO INSURANCE COVER NOTE NO. CGIC/LO/MC – 191/05/ 04 DATED 25 – 05 – 2004 GIVING FULL DETAILS OF SHIPMENT AND A COPY TO THIS ADVICE ACCOMPANY EACH SET OF DOCUMENTS.

Details of Charges : ALL BANKING CHARGES ARE FOR THE BENEFICIARY'S ACCOUNT.
A FEE OF USD50. 00 WILL BE CHARGED IN CASE OF DISCRIPANT DOCUMENT.
REIMBURSEMENT CHARGE USD50. 00 WILL BE DEDUCTED AT THE TIME OF PAYMENT.

Presentation Period : WITHIN 15 DAYS OF SHIPEMNT BUT WITHIN THE VALIDITY OF CREDIT.

Confirmation : WITHOUT

Instructions :

(1) ORIGINAL AND DUPLICATE SET OF DOCUMENTS TO BE SENT BY SUCCESSIVE REGD. AIRMAIL/COURIER SERVICE IMMEDIATELY AFTER NEGOTIATION/PRESENTATION.

(2) AMOUNT OF DRAFT (S) NEGOTIATED/PRESENTED SOULD BE ENDORSED ON REVERSE OF THIS CREDIT.

(3) WE SHALL ARRANGE REMITTANCE OF THE PROCEEDS ON RECEIPT OF DOCUMENTS COMPLYING WITH THE TERMS OF THE CRDDIT.

Send. To Rec. Info.: DRAFT TO BE DRAWN ON US AT 120 DAYS SIGHT FOR 100PCT
INVOICE VALUE.
DOCS TO BE FORWARDED TO: JANATA BANK
LOCAL KOFFICE, 1 - DILKUSHA C/A,
DHAKA - 1000, BANGLADESH.

有关资料。

INV. NO.: 24HS024018　　INV. DATE: MAY 28, 2004

B/L NO.: FYPX0403335CHI　　B/L DATE: MAY 31, 2004

PORT OF LOADING: SHANGHAI PORT

NAME OF VESSEL: MOL MAAS V. 571W

CONTAINER & SEAL NO.: APZU3028274/4014710

TOTAL QUANTITY: 4,491.4 YDS　　PACKING: 22 BALES

WEIGHT: N. W.: @77.3KGS/BALE　　G. W.: 75.0KGS/BALE

TOTAL MEASUREMENT: 3CBMS

MARKS & NUMBERS: SIRETCH CANVAS
COLOR
BALS NO.
MADE IN CHINA

综合制单练习五

```
2012FEB08 17:15:32                                      Logical Terminal GDPF
MT S700                Issue of a Documentary Credit              Page 00001
                                                                  Func JSRVPRI
MSGACK  DWS7651 Auth OK, key B1010715763B19FC, BKCHCNBJ KRTHTHBK record784564
Basic Header            F  01 BKCHCNBJA400 0583 459182
Application Header      O 700 1554 120208 KRTHTHBKAXXX 3533 977148 120208 1657 N
                                   *KRUNG THAI BANK PUBLIC COMPANY
                                   *LIMITED
                                   *BANGKOK
User Header             Service Code      103:
                        Bank. Priority    113:
                        Msg User Ref.     108:
                        Info. from CI     115:
Sequence of Total       *27    : 1 / 1
Form of Doc. Credit     *40 A  : IRREVOCABLE
Doc. Credit Number      *20    : BL 210390
Date of Issue            31 C  : 120208
Expiry                  *31 D  : Date 120430 Place CHINA
Applicant               *50    : WATANA TOOL COMPANY LIMITED
                                 277-279 BORIPAT ROAD,POMPRAB,
                                 BANGKOK 10100,THAILAND
Beneficiary             *59    : GUANGDONG TEXTILES IMP AND EXP
                                 MEIFENG GARMENTS CO.,LTD.
                                 6/F,GUANGDONG TEXTILES MANSION
                                 168 XIAO BEI RD.,GUANGZHOU,CHINA
Amount                  *32 B  :        Currency USD Amount 22,876,34
Available with/by       *41 D  : KRUNG THAI BANK PCL.,SUANMALI IBC.
                                 BY PAYMENT
Drafts at ...            42 C  : 60  DAYS AFTER SIGHT
Drawee                   42 D  : KRUNG THAI BANK PCL.,SUANMALI IBC.
Partial Shipments        43 P  : ALLOWED
Transshipment            43 T  : ALLOWED
Loading in Charge        44 A  :
                  GUANGZHOU,CHINA
For Transport to ...     44 B  :
                  BANGKOK,THAILAND
Latest Date of Ship.     44 C  : 120415
Descript. of Goods       45 A  :
                  906 PCS.'SHUANG GE' CHAIN BLOCKS HS-C TYPE.
                  DETAILS AS PER P/INV. NO.2012GMBS05019.
                  C.I.F.C2  BANGKOK,THAILAND
Documents required       46 A  :
                  + SIGNED COMMERCIAL INVOICE IN 10 COPIES SHOWING
                  SEPARATELY F.O.B.VALUE,FREIGHT CHARGE,INSURANCE PREMIUM AND
                  C.I.F.VALUE.
                  + FULL SET PLUS TWO N/N COPIES OF CLEAN ON BOARD OCEAN
                  BILLS OF LADING MADE OUT TO ORDER OF KRUNG THAI BANK PUBLIC
                  COMPANY LIMITED MARKED FREIGHT PREPAID NOTIFY : APPLICANT.
                  + MARINE INSURANCE POLICY OR CERTIFICATE IN DUPLICATE,ENDORSED
                  IN BLANK,FOR FULL INVOICE VALUE PLUS 10 PERCENT STATING CLAIMS
                  PAYABLE IN THAILAND COVERING OCEAN MARINE CARGO CLAUSES(A)
                  AS PER CIC CLAUSE.NAMING SETTLING AGENT IN THAILAND
                  + PACKING LIST IN 6 COPIES.
Additional Cond.         47 A  :
                  + ALL DOCUMENTS MENTIONING THIS L/C NO.
                  + IN THE EVENT THAT DOCUMENTS PRESENTED UNDER THIS L/C
                  ARE FOUND TO BE DISCREPANT, WE SHALL GIVE ITS NOTICE OF
                  REFUSAL AND SHALL HOLD DOCUMENTS AT YOUR DISPOSAL SUBJECT TO
                  THE FOLLOWING CONDITION IF WE HAS NOT RECEIVED YOUR DISPOSAL
                  INSTRUCTIONS FOR THE DISCREPANT DOCUMENTS PRIOR TO RECEIPT OF
                  THE APPLICANT'S WAIVER OF DISCREPANCIES WE SHALL RELEASE
                  THE DOCUMENTS TO THE APPLICANT WITHOUT NOTICE TO YOU AND
                  DISC.FEE USD50.00 SHALL BE DEDUCTED FROM THE PROCEEDS.
                  + SHIPPING MARK:WTT/BANGKOK.
```

```
2012FEB08 17:15:37                                          Logical Terminal GDPF
MT S700                  Issue of a Documentary Credit                Page 00002
                                                                      Func JSRVPR1
Details of Charges    71 B : ALL BANK CHARGES OUTSIDE
                             THAILAND INCLUDING COST OF WIRE,
                             AND REIM.CHARGE ARE FOR
                             APPLICANT'S ACCOUNT AND INTEREST
                             IS FOR BENEFICIARY'S ACCOUNT.
Confirmation          *49  : WITHOUT
Instructions           78  :
               + AT MATURITY DATE WE SHALL REIMBURSE YOU
               AS YOUR INSTRUCTION PROVIDED ALL TERMS AND CONDITIONS
               HAVE BEEN COMPLIED WITH L/C TERMS.
               + DRAFT(S) AND DOCUMENTS TO BE SENT TO US BY COURIER SERVICE
               MAILING ADDRESS SUANMALI IBC.,20 YUKHON 2 RD.,POMPRAB,BANGKOK
               10100,THAILAND.
               + THIS ADVICE IS OPERATIVE WITH NO CONFIRMATION TO FOLLOW AND
               SUBJECT TO ICC 2007 REVISION PUB 600.
Send. to Rec. Info. 72 : KINDLY ACKNOWLEDGE RECEIPT THIS
                             CREDIT BY RETURN SWIFT WILL BE
                             MUCH APPRECIATED.
Trailer                      Order is <MAC:> <PAC:> <ENC:> <CHK:> <TNG:> <PDE:>
                             MAC:50D5BCB8
                             CHK:8D5509CE772F
```

15 APR 2012

有关资料。

出口公司名称	广东省纺织品进出口美丰服装有限公司 出口公司单证签署人：刘山峰		
发票号码	201205019GMBS	发票日期	2012 年 4 月 9 日
提单号码	CAN2006789	提单日期	2012 年 4 月 11 日
货运代理人	CHANG HONG SHIPPING CO. LTD.		
货代提单签发人	张三贵	运费	USD819. 00
保单号码	20402014902010052	保单日期	2012 年 4 月 10 日
泰国理赔代理	BANGKOK INSURANCE CO. , LTD. 302 BANGKOK UNSURANCE BUILDING SILOM ROAD, BANGKOK 10500, THAILAND		
保费	USD114. 72	集装箱号	YMLU2958162/MF0102813
承运人	PAC OCEAN LINES S. A.	船名	MING CONTAINER V65S

实际装船货物：

'SHUANG GE' CHAIN BLOCK HS－C TYPE

SPEC.	QUANTITY (PCS)	U. PRICE (PC)	N. W. (CTN)	G. W. (CTN)	MEAS. (CTN)
		CIFC2 BANGKOK, THAILAND			
1T×2. 5M	300PCS	USD17. 70	14KGS	16KGS	(30×25×20) CM
1. 5T×2. 5M	250PCS	USD22. 60	15KGS	17KGS	(35×25×20) CM
2T×2. 5M	150PCS	USD24. 88	16KGS	18KGS	(35×25×20) CM
3T×3M	120PCS	USD30. 85	18KGS	20KGS	(45×25×20) CM
5T×3M	80PCS	USD44. 24	20KGS	22KGS	(60×40×35) CM
20T×5M	6PCS	USD235. 00	26KGS	28KGS	(80×50×40) CM

综合制单练习六

SANWJPJSXXXX 2993 836916 110125 1422 N
*THE SANWA BANK, LTD.,
*OSAKA

User **Header** Service Code 103:
Bank. Priority 113:
Msg Ref. 108:
Info. from CI 115:

Sequence of Total *27 : 1 / 1
Form of Doc. Credit *40 A : IRREVOCABLE
Doc. Credit Number *20 : 41-1463961-052
Expiry *31 D : Date 110320 Place IN THE COUNTRY OF BENEFICIARY
Applicant *50 : KONDOTEC INC.
2-90, SAKAIGAWA, 2-CHOME, NISHI-KU,
OSAKA 5500024, JAPAN
Beneficiary *59 : SINOCHEM GUANGDONG IMPORT AND
EXPORT CORPORATION
58, ZHAN QIAN ROAD, GUANGZHOU,
CHINA
Amount *32 B : Currency USD Amount 22.311,89
Available with/by *41 D : ANY BANK
BY NEGOTIATION
Drafts at ... 42 C : SIGHT
Drawee 42 D : THE SANWA BANK LTD OSAKA
Partial Shipments 43 P : NOT ALLOWED
Transhipment 43 T : NOT ALLOWED
Loading in Charge 44 A :
CHINESE PORT
For Transport to ... 44 B :
OSAKA, JAPAN
Latest Date of Ship. 44 C : 110310
Descript. of Goods 45 A :
+PVC LAYFLAT WATER DISCHARGE HOSE, BLUE COLOR.
AS PER P.O.A09553 DATED 11/22/2010

CIFD5 OSAKA, JAPAN
Documents required 46 A :
+SIGNED COMMERCIAL INVOICE IN DUPLICATE INDICATING VESSEL NAME AND P.O.NO.
+FULL SET LESS ONE ORIGINAL OF CLEAN ON BOARD OCEAN B/L MADE OUT TO ORDER OF SHIPPER AND BLANK ENDORSED MARKED FREIGHT PREPAID NOTIFY APPLICANT
+INSURANCE POLICY OR CERTIFICATE IN DUPLICATE ENDORSED IN BLANK FOR 110 PERCENT OF THE INVOICE VALUE INCLUDING:
INSTITUTE CARGO CLAUSES (ALL RISKS)
CLAIMS TO BE PAYABLE IN JAPAN IN THE CURRENCY OF THE DRAFT
+G.S.P. CERTIFICATE OF ORIGIN FORM'A' IN ONE PHOTO COPY
+PACKING LIST IN TWO
+BENEFICIARY'S CERTIFICATE STATING THAT ONE SET OF NEGOTIABLE DOCUMENTS INCLUDING 1/3 ORIGINAL B/L AND ORIGINAL GSP CERT EXCEPT INSURANCE POLICY HAVE BEEN FACSIMILED TO APPLICANT AND THEN SENT BY COURIER SERVICE WITHIN 3 DAYS AFTER B/L DATE.
Additional Cond. 47 A :
+THE VESSEL NAME MUST BE CLEARLY SHOWN ON INVOICE AND PACKING LIST
+SHIPMENT EFFECTED BY CONTAINER.

```
..JAN01  08:28:29                                        Logical Terminal CD
MT:S700               Issue of a Documentary Credit              Page 00
                                                                 Func JSi
Details of Charges      71 B : ALL BANKING CHARGES OUTSIDE JAPAN
                               ARE FOR ACCOUNT OF
                               BENEFICIARY
Presentation Period     48   : DOCUMENTS MUST BE PRESENTED WITHIN
                               10 DAYS AFTER THE DATE OF SHIPMENT
                               BUT WITHIN THE CREDIT EXPIRY
Confirmation           *49   : WITHOUT
Instructions            78   :
                SPECIAL INSTRUCTIONS TO NEGOTIATING BANK:
                REIMBURSEMENT BY TELETRANSMISSION IS UNACCEPTABLE
                ALL DOCUMENTS MUST BE SENT TO OUR ADDRESS:1-1 KAWARAMACHI 2
                CHUO-KU OSAKA 541-0048 JAPAN IN ONE LOT BY COURIER SERVICE

                IN REIMBURSEMENT, WE SHALL COVER YOU AS REQUESTED.
                A DISCREPANCY FEE OF USD50.00
                WILL BE DEDUCTED FROM THE PROCEEDS IF DOCUMENTS CONTAINING
                DISCREPANCIES ARE PRESENTED TO US UNDER THIS CREDIT.
                A REMITTANCE CHARGE OF USD68.00 WILL ALSO BE DEDUCTED FROM
                PROCEEDS IF SETTLEMENT IS MADE BY T.T. REMITTANCE.
Send. to Rec. Info.  72   : UCP 600 SHALL APPLY TO THE CREDIT
                            CONCERNED
Trailer                     Order is <MAC:> <PAC:> <ENC:> <CHK:> <TNG:> <
                            MAC:E1BECEA2
                            CHK:F70664CAA51D
```

有关资料。

出口公司	中化广东进出口公司 出口公司单据签署人：李明天		
发票号码	01AG0525－074	发票日期	2011年2月21日
总净重	17 100千克	总毛重	18 000千克
集装箱交接	FCL　　CY/CY	总尺码	26立方米
提单号码	JA93200017	提单日期	2011年2月26日
船　　名	CAPE COOK V. 0109E	装运港	广州港
承运人	SINOTRANS GUANGDONG COMPANY 承运人提单签发人：刘丽娟		
保单号码	PEXP20014401AG－074	投保日期	2011年2月25日
集装箱号	SITU2982898/1267471（20'）	合同号码	44GD125AG－074
FORM A申请日	2011年2月23日	FORM A号	GZ1/80330/0064
货物包装情况	WRAPED WITH PLASTIC FILM AND WITH CORRUGATED BONED ED AND BOTTOM AND SIDE, TOTAL IN 23 PALLETS.		
实际装船货物	PVC扁平管 2IN×10M　50ROLLS　USD4. 85/ROLL 2IN×20M　90ROLLS　USD9. 70/ROLL 2IN×30M　118ROLLS　USD14. 45/ROLL 2IN×50M　496ROLLS　USD24. 10/ROLL 2IN×100M　180ROLLS　USD48. 40/ROLL		唛头： KIW A09553 OSAKA NO. 1-UP MADE IN CHINA

综合制单练习七

恒 生 银 行
HANG SENG BANK

SUCCESS DEVELOPMENT TRADING LTD　　Date : 15-Jan-2011
39 /FL. BLOCK 3, FLAT F, NAM FUNG
PLAZA, TSEUNG KWAN O.N.T.
HONG KONG

Dear Sir,

Documentary Credit No.	667-01-3042855
Amount	USD 26,330.40
LC issuing bank	NORDEA BANK DANMARK A/S COPENHAGEN DENMARK
Applicant	YYSK ABC TRADING LTD.
In favour of	SUCCESS DEVELOPMENT TRADING LTD.
Our Ref :	**DCAGZU030021**

In accordance with the terms of Article 9(a) of UCP 600 we advise having received the captioned Documentary Credit in your favour.

Please Check the terms and conditions of this credit immediately and note that we are unable to make any changes without the issuing bank's authority. Accordingly, should any of its terms/conditions be unacceptable to you, please contact the applicant directly with a view to obtaining a suitable amendment without delay to be advised to us. You are not entitled to rely on any communications or any discussions at any time with us, the issuing bank or applicant as in any way amending this credit, save to the extent that the credit has been amended in writing under an advice signed by our authorised signatories. Your attention is also drawn to articles 4 and 5 of UCP600.

Please attach the original of this form to the documentary credit when presenting documents for negotiation.

Attached please find the documentary credit.

We have debited your account 502-002819-055 As follows:

DC Advising Comm.	**USD** 26.00
Total	**USD** 26.00

Yours faithfully,
Hang Seng Bank Limited

Authorized Signature(s)

Hang Seng Bank Limited, Guangzhou Branch
Incorporated in HKSAR with limited liability
G/F Shopping Arcade **CITIC Plaza**, 233 **Tian He North Road** Guangzhou Postal Code 510613 PRC
Tel (8620) 8752 0006　Fax (8620) 8752 0506

15287

恒 生 銀 行
HANG SENG BANK　　**Branch**

SUCCESS DEVELOPMENT TRADING LTD.　　Our ref.: DCAGZU030021

USD TWENTY SIX THOUSAND THREE HUNDRED THIRTY AND CENTS FORTY ONLY

Dear Sirs,

Without any responsibility or engagement on the part of this Bank, we advise having received the following SWIFT message dated 14-Jan-(2011

From NORDEA BANK DANMARK A/S COPENHAGEN DENMARK

40A	FORM OF DC	IRREVOCABLE TRANSFERABLE
20	DC NO	667-01-3042855
31C	DATE OF ISSUE	14JAN2011
31D	EXPIRY DATE AND PLACE	
	DATE OF EXPIRY	15MAR2011
	PLACE OF EXPIRY	IN CHINA
50	APPLICANT	YYSK ABC TRADING LTD OEKONOMIAFDELINGEN FOERETAGSVAEGEN 685 S-23855 ARLOEV SWEDEN
59	BENEFICIARY FULL N/A	SUCCESS DEVELOPMENT TRADING LTD 39/FL BLOCK 3 FLAT F,NAM FUNG PLAZA TSEUNG KWAN O.N.T. HONGKONG
32B	DC AMT	
	CCY/AMT	USD26,330.40
39A	PCT CR AMT TOLERANCE	
	PCT CR AMT TOLERANCE	10/10
41D	AVAILABLE WITH/BY	
	AVAILABLE WITH	ANY BANK BY NEGOTIATION
42C	DRAFTS AT	AT SIGHT
42D	DRAWEE	
	FULL N/A	ISSUING BANK
43P	PARTIAL SHIPMENTS	PROHIBITED
43T	TRANSHIPMENT	ALLOWED
44A	LOADING/DISPATCH AT/FM CHINA	
44B	FOR TRANSPORTATION TO GOTHENBURG, SWEDEN	
44C	LATEST DATE OF SHIPMENT	28FEB2011

..............TO BE CONTINUED ON PAGE 2..............

FOR HANG SENG BANK LTD.

....
AUTHORIZED SIGNATURE(S)

1528

恒生銀行
HANG SENG BANK

Branch

SUCCESS DEVELOPMENT TRADING LTD

Our ref.: DCAGZU030021

DC No. 667-01-3042855 of NORDEA BANK DANMARK A/S COPENHAGEN DENMARK

45A GOODS
+AS PE S/C NO 2011KG02350 AND JYSK ORDER 4500341081:
8400 PCS OF GARMENTS ART 3900300 USD 1,25/PC, 40 PCS/CTN
15520 PCS OF GARMENTS ART 3901400 USD. 1,02/PC, 40 PCS/CTN
+ C F R GOTHENBURG, SWEDEN

46A DOCUMENTS REQUIRED
+ INVOICES IN 1 FOLD, SHOWING THE NAME OF AGENT IN DENMARK
+ COPIES OF INVOICES IN 4 FOLD
+ PACKING LIST IN 1 FOLD
+ COPIES OF PACKING LISTS IN 3 FOLD
+ FULL SET ON BOARD MARINE BILLS OF LADING ISSUED TO ORDER OF APPLICANT MARKED FREIGHT PREPAID
+ CERTIFICATE OF ORIGIN IN 1 FOLD
+ COPY OF CERTIFICATE OF ORIGIN IN 1 FOLD

47A ADDITIONAL CONDITIONS
+ WE ARE INFORMED THAT INSURANCE IS COVERED BY APPLICANT.
+ 10,00 PERCENT MORE OR LESS IN QUANTITY ALLOWED
+ ALL DOCUMENTS MUST BE ISSUED IN ENGLISH
+ MULTIMODAL TRANSPORT DOCUMENTS ACCEPTABLE EVIDENCING SHIPMENT CLEAN ON BOARD ON A NAMED VESSEL
+ PLEASE NOTE THAT A FEE OF DKK 500,00 OR EQUIVALENT WILL BE DEDUCTED FROM THE AMOUNT PAID, IF WE HAVE TO CONTACT APPLICANT IN ORDER TO WAIVE DISCREPANCIES IN THE PRESENTED DOCUMENTS.
+ AGENT:
SCHOU ISENKRAM A/S
INDUSTRIVEJ 36
6580 VAMDRUP
DENMARK
CREDIT AMOUNT INCLUDES 5 PER CENT AGENTS COMMISSION FOR ABOVE MENTIONED AGENT.
THE AMOUNT WILL BE DEDUCTED AT THE TIME OF PAYMENT.
+ BILL OF LADING MUST SHOW CONTAINER NUMBER.
+ BARCODE HAS TO BE MARKED ON EACH SET OR PICE AND BARCODE ON EACH OUTHER COLLIE.
+ P/L MUST BE SPECIFIED PER ART NUMBER AND CONTAINER NUMBER.

71B	DETAILS OF CHARGES	ALL COMMISSION AND CHARGES ARE FOR BENEFICIARIES ACCOUNT. OUR CHARGES WILL BE DEDUCTED/CLAIMED AT THE TIME OF PAYMENT, NEGOTIATION OR EXPIRY.
48	PERIOD FOR PRESENTATION	15 DAYS
49	CONFIRMATION INSTRUCTIONS	WITHOUT
78	INFO TO PRESENTING BK ON RECEIPT OF MAIL ADVICE OF NEGOTIATION WE SHALL COVER AS PER INSTRUCTIONS RECEIVED	
57D	ADVISE THRU FULL N/A	HANG SENG BANK LTD GUANGZHOU BRANCH HONG KONG
72	BK TO BK INFO	PLEASE FORWARD DOCS. IN ONE LOT BY COURIER TO NORDEA BANK AS, CHRISTIANSBRO, STRANDGADE 3, 0900 COPENHAGEN C, DENMARK PHONE BENEFICIARY

FOR HANG SENG BANK LTD

AUTHORIZED SIGNATURE(S)

HERE ENDS THE FOREGOING MESSAGE. THIS ADVICE CONSTITUTES A DOCUMENTARY CREDIT ISSUED BY THE ABOVE BANK AND MUST BE PRESENTED WITH THE DOCUMENTS/DRAFTS FOR NEGOTIATION/PAYMENT. THE AMOUNT OF EACH DRAWING MUST BE ENDORSED BY THE NEGOTIATING BANK ON THE REVERSE HEREOF. EXCEPT SO FAR AS OTHERWISE EXPRESSLY STATED IN THE CREDIT, THIS DOCUMENTARY CREDIT IS SUBJECT TO UNIFORM CUSTOMS AND PRACTICE FOR DOCUMENTARY CREDITS (2007 REVISION), INTERNATIONAL CHAMBER OF COMMERCE PUBLICATION NO.600.

有关资料。

<table>
<tr><td colspan="2">出口公司名称</td><td colspan="3">成功发展贸易有限公司
出口公司单据签署人：马明龙</td></tr>
<tr><td colspan="2">发票号码</td><td>201101020SDT</td><td>发票日期</td><td>2011 年 1 月 20 日</td></tr>
<tr><td colspan="2">提单号码</td><td>CNHUA01439</td><td>提单日期</td><td>2011 年 1 月 26 日</td></tr>
<tr><td colspan="2">船名</td><td colspan="3">YANG CHENG 9　V. 0303</td></tr>
<tr><td colspan="2">运费</td><td colspan="3">USD1300. 00</td></tr>
<tr><td colspan="2">集装箱号</td><td colspan="3">1 ×20’　CAXU6136359/073593</td></tr>
<tr><td colspan="2">承运人</td><td colspan="3">KENWA SHIPPING CO. , LTD.</td></tr>
<tr><td colspan="2">货运代理人</td><td colspan="3">CHINA OCEAN SHIPPING AGENCY GUANGZHOU
货代提单签发人：陈锋</td></tr>
<tr><td colspan="2">装运港</td><td colspan="3">广州港</td></tr>
<tr><td colspan="2">商品编码</td><td colspan="3">52095100. 92</td></tr>
<tr><td colspan="2">产地证号码</td><td colspan="3">CCPIT440106323</td></tr>
<tr><td colspan="2">产地证申报日</td><td colspan="3">2011 年 1 月 22 日</td></tr>
<tr><td colspan="2">装箱情况</td><td colspan="3">PACKING：40PCS/CTN</td></tr>
<tr><td>实际装船货物</td><td colspan="4">
<table>
<tr><td></td><td>QUANTITY (PC)</td><td>N. W. (CTN)</td><td>G. W. (CTN)</td><td>MEAS. (CTN)</td></tr>
<tr><td>GARMENTS</td><td></td><td></td><td></td><td></td></tr>
<tr><td>ART 3900300</td><td>8400PCS</td><td>@6KGS</td><td>@6. 5KGS</td><td>@ （40 ×35 ×32） CM</td></tr>
<tr><td>ART 3901400</td><td>15600 PCS</td><td>@6KGS</td><td>@6. 5KGS</td><td>@ （40 ×35 ×332） CM</td></tr>
</table>
</td></tr>
<tr><td>唛头</td><td colspan="4">唛头 1：ABC/ 3900300/ NO. 1 －210
唛头 2：ABC/ART 3901400/NO. 1 －390</td></tr>
</table>

综合制单练习八

2011JUL13　08: 55: 30　　　　　　　　　　　　　　Logical Terminal G5A7

IT　S700　　**Issue of a Documentary Credit**　　Page　00001

Fune　GZPRQ

MSGACK DWS7651 Auth OK, key 03, BKCHCNBJ MITKJPJT record 564785			
Basic Header	F 01 BKCHCNBJA400 8493 103614		
Application Header	0 700 1223 980113		MITKJPJTAXXX 2237 199654 110713 1123 *SAKURA BANK, LTD., THE (FORMERLY *MITSUI TAIYO KOBE) *TOKYO
User Header	Service Code		103:
	Bank Priority		113:
	Msg User Ref.		108:
	Info. From CI		115:
Sequence of Total	*27	:	1 / 1
Form of Doc. Credit	*40 A	:	IRREVOCABLE
Doc. Credit Number	*20	:	645-3000598
Date of Issue	31 C	:	110713
Expiry	*31 D	:	Date 110825 Place IN THE COUNTRY OF BENEFICIARY
Applicant	*50	:	ABC CO., LTD. 7-CHOME UENO TAITO-KU TOKYO, JAPAN
Beneficiary	*59	:	GUANGDONG MACHINERY IMPORT AND EXPORT CORP. (GROUP) 726 DONG FENG ROAD EAST, GUANGZHOU, CHINA
Amount	*32 B	:	Currency USD Amount 15960,00
Available with/by	*41 D	:	ANY BANK IN CHINA BY NEGOTIATION
Drafts at . . .	42 C	:	DRAFT(S) AT 30 DAYS SIGHT INDUPLICATE TO ORDER OF OURSELVE
Drawee	42 A	:	MITKJPJT *SAKURA BANK, LTD., THE (FORMERLY *MITSUI TAIYO KOBE) *TOKYO
Partial Shipments	43 P	:	PARTIAL SHIPMENTS ARE NOT ALLOWED
Transshipment	43 T	:	TRANSIHIPMENT IS NOT ALLOWED
Loading in Charge	44 A	:	GUANGZHOU PORT
For Transport to . .	44 B	:	YOKOHAMA
Latest Date of Ship.	44 C	:	111010
Descript. Of Goods	45 A	:	

"RABBIT" BRAND SHOVEL WITH METAL HANDLE, S501MH 400DOZ FOR
20FT CONTAINER. AS PER S/C NO. A98JP19900006,
TRADE TERM: CIFD5% YOKOHAMA

Documents required　46 B　:

*SIGNED INVOICE IN 2 COPIES, 5% DISCOUNT SHOULD BE DEDUCTED FROM TOTAL INVOICE VALUE, CERTIFYING MERCHANDISE TO BE OF CHINESE ORIGIN.

*PACKING LIST IN 2 COPIES.

*FULL SET OF CLEAN ON BOARD OCEAN BILLS OF LADING MADE OUT TO ORDER OF SHIPPER AND BLANK ENDORSED, MARKED "FREIGHT PREPAID" AND NOTIFY APPLICANT, SHOWING SHIPPING AGENT AT YOKOHAMA.

2011JUL11　08：55：31　　　　　　　　　　　　　　　　　　Logical Terminal G5A7
IT　S700

Issue of a Documentary Credit

Page　00001
Fune　GZPRQ

*INSURANCE POLICY OR CERTIFICATE IN DUPLICATE, ENDORSED IN BLANK FOR 110 PER CENT OF THE CIF INCOICE VALUE.
INSURANCE MUST INCLUDE:
OCEAN MARINE CARGO CLAUSES (ALL RISKS) AND OCEAN MARINE CARGO WAR RISK CLAUSES OF THE PEOPLE'S INSURANCE CO. OF CHINA.
CLAIMS PAYABLE IN JAPAN IN CURRENCY OF DRAFT(S).
*CERTIFICATE OF ORIGIN G.S.P. 'FORM A', ORIGINAL AND ONE COPY, EVIDENCING CHINA AS ORIGIN OF GOODS

Additional Cond.	47 A	:

*ALL DOCUMENTS MENTIONING THIS L/C NO.
*T.T. REIMBURSEMENT IS NOT ACCEPTABLE.
*AMOUNT AND QUANTITY 5PCT MORE OR LESS ALLOWED.
*IF ANY DISCREPANCY, WE SHALL DEDUCT USD50.00 BEING OUR FEE FROM THE PROCESS

Details of Charges	71 B	: ALL BANKING CHARGES OUTSIDE JAPAN ARE FOR ACCOUNT OF THE BENEFICIARY
Presentation Period	48	: DOCUMENTS MUST BE PRESENTED WITHIN 15 DAYS AFTER THE DATE OF SHIPMENT
Confirmation	*49	: WITHOUT
Instructions	78	:

NEGOTIATING BANK SHOULD FORWARD THE DOCUMENTS DIRECT TO THE SAKURA BANK, LTD., TOKYO INT'L OPERATIONS CENTER C.P.O. BOX 766, TOKYO, JAPAN BY REGISTERED AIRMAIL IN ONE LOT.
ON RECEIPT OF THE REQUIRED DOCUMENTS WHICH COMPLY WITH THE TERMS OF THIS CREDIT, WE WILL COVER TO THEM IN ACCORDANCE WITH THEIR INSTRUCTION.

Trailer　　Order is <MAC:> <PAC:> <ENC:> <CHK:> <TNC:> <PDE:>
MAC:5CA83538
CHK:A35474D30747

有关资料。

出口公司	广东省机械进出口（集团）公司 出口公司单据签署人：吴天贵		
发票号码	2011 - 199 - 2030	发票日期	2011 年 9 月 2 日
提单号码	COSO299120029	提单日期	2011 年 9 月 12 日
FORM A 号码	GZ5/80706/6658	FORM A 申请日期	2011 年 9 月 6 日
货物 原材料情况	完全中国产，不含任何进口成分		
保单号码	KC2011 - 02151	投保日期	2011 年 9 月 11 日
承运人	COSCO CONTAINER LINES		
货运代理人	CHINA OCEAN SHIPPING AGENCY GUANGZHOU 货代提单签发人：陈锋		
承运人 横滨代理	SEIWA CO.，LTD.（SUB - AGENT OF COSCO - SEIWA）		
集装箱号	1 ×20’ FCL FBZU0205688 SEAL154345		
船名	JING AN CHENG V. 0224E		
净重	24KGS/BUN	毛重	25KGS/BUN
货物装箱情况	1DOZ/BUN	尺码	(80 ×35 ×23) CM/BUN
单价	USD40. 00/DOZ		
实际装船货物	420 DOZ		
唛头	A98JP1990006 YOKOHAMA NO. 1 - UP		
议付行	中国银行广东分行 票据签署人：李黎明		

综合制单练习九

2G084

Wachovia Bank, National Association
Shanghai Branch
Unit 1604, Aurora Plaza, 99 Fucheng Road, Shanghai, P.R.C.
美国美联银行有限公司
上海市富城路 99 号震旦国际大楼 1604 单元

Phone: 86-021-68599928
Fax: 86-021-68596882
SWIFT: PNBPCNSH
TELEX: 83030 WACH HX

WACHOVIA

DATE 05/31/2012	ADVISED L/C　　OUR REF. NO. EA099334
ADVISING BANK	CORRESPONDENT/ISSUING BANK LEBANESE CANADIAN BANK S.A.L. GHANTOUS BLDG.: DORA BOULEVARD POB 11-2520 BEIRUT LEBANON
BENEFICIARY GUANGDONG LIGHT HOUSEWARE CO.,LTD. 52 DEZHENG RD SOUTH GUANGZHOU-CHINA	REF. NO. OF CORR/ISSUING BANK 207/21/09/000038 AMOUNT : 10,154.70USD EXPIRY DATE : 07/20/2012 ISSUE DATE : 05/28/2012
APPLICANT : THE SONS OF FAYSAL HAMDOUN S.A.R.L	

-We have been requested to advise to you the attached letter of credit. Our advice of this letter of credit conveys no obligation on the part of our bank. (We draw your attention to Article 12a of UCP600)

-Documents must conform strictly with the terms of the attached letter of credit. If you are unable to comply with same, please communicate directly with the applicant in order to have the issuing bank amend the relevant condition(s).

-When presenting of documents, please include the original advice of credit, original advice of amendment, if any. If no original advice of credit is presented along with the documents, the presenting bank is required to indicate on their cover schedule certifying that they had endorsed the credit for the drawing amount.

-All documents must be presented to Wachovia Bank, National Association, Shanghai at the address as indicated above.

-Should you choose to present documents directly to us, please fill out the attached Collection Order. If we pay, we will pay in the L/C currency to your account with your banker. Please note we are unable to pay in CNY. To defray the cost of sending documents to us, we will refund your courier cost up to USD2.50. For more information on Wachovia Bank N.A., visit our Head Office's Web site at www.wachovia.com.

-We reserve the right to refuse to become a party to any transaction that may violate such U.S. sanctions, and act in accordance with the guidelines of such sanctions.

-All inquiries regarding this credit should be directed to Trade operations at Tel: 021-6859-9928 by select 1 for Chinese language and then select 4 for Customer Care Unit.

-Please send your inquiries to our Customer Service. E-mail Address: customercaretrade.shanghai@wachovia.com

-Please let us have your payment of CNY 324.00 being the advising fee.

- Notwithstanding the confirmation request from the issuing bank, Wachovia Bank, N.A. as the advising bank has not confirmed the LC at the request of the beneficiary.

```
5/28/2012 20:15:04
       GSMOS Ref # CNHG20120528SDS7840        - OSN # 0477113207
-------------------------------------------------------------------------
            Authentication Result: Correct with current key
---------------------- Instance Type and Transmission --------------------
    Original received from SWIFT
    Priority                       : Normal
    Message Output Reference       : 0800 120528PNBPCNSHCXXX0477113207
    Correspondent Input Reference  : 1431 120528LECALBBEAXXX6866399973
------------------------------ Message Header ----------------------------
 Swift Output   : 700 ISSUE OF A DOCUMENTARY CREDIT
 Sender         : LECALBBEAXXX
                  LEBANESE CANADIAN BANK S.A.L.
                  GHANTOUS BLDG.
                  DORA BOULEVARD
                  BEIRUT, LEBANON LB
 Receiver       : PNBPCNSHCXXX
                  WACHOVIA BANK, NA
                  UNIT 1604
                  99 FUCHENG ROAD, PUDONG
                  SHANGHAI, CHINA
------------------------------ Message Text ------------------------------
 27 : Sequence of Total
      1/1
 40A: Form of Documentary Credit
      IRREVOCABLE
 20 : Documentary Credit Number
      207/21/09/000038
 31C: Date of Issue
      120528
 40E: Applicable Rules
      UCPURR LATEST VERSION
 31D: Date and Place of Expiry
      120720 AT YOUR COUNTERS
 50 : Applicant
      THE SONS OF FAYSAL HAMDOUN S.A.R.L
      BEIRUT - LEBANON
 59 : Beneficiary
      GUANGDONG LIGHT HOUSEWARE CO.,LTD.
      52 DEZHENG RD SOUTH GUANGZHOU-CHINA
      TEL:86-20-83519457/86-20-83850292
      FAX:86-20-83355241/86-20-83332622
 32B: Currency Code, Amount
      USD10154,70
 39B: Maximum Credit Amount
      NOT EXCEEDING
 41A: Available With... By... (BIC)
      PNBPCNSH
      WACHOVIA BANK, NA
      UNIT 1604
      99 FUCHENG ROAD, PUDONG
      SHANGHAI, CHINA
      BY PAYMENT
 43P: Partial Shipments
      NOT PERMITTED
 43T: Transhipment
      PERMITTED
 44E: Port of Loading/Airport of Departure
      GUANGZHOU PORT - CHINA
```

```
5/28/2012 20:15:04                                                          2
       GSMOS Ref # CNHG20120528SDS7840        - OSN # 0477113207     (Continued)
--------------------------------------------------------------------------------
 44F: Port of Discharge/Airport of Destination
      BEIRUT PORT - LEBANON
 44C: Latest Date of Shipment
      120705
 45A: Description of Goods and/or Services
      ALUMINIUM LADDER 1.0 MM.
      DESCRIPTION              QUANTITY    U. PRICE    TOTAL AMOUNT
      .
      GHH3   3 STEPS            40 PCS     USD. 9.28     USD.   371.20
      GHH4   4 STEPS            50 PCS     USD.10.54     USD.   527.00
      GHH5   5 STEPS           100 PCS     USD.12.44     USD.1,244.00
      GHH6   6 STEPS           150 PCS     USD.14.16     USD.2,124.00
      GHH7   7 STEPS           200 PCS     USD.16.13     USD.3,226.00
      GHH8   8 STEPS           150 PCS     USD.17,75     USD.2,662.50
      .
      PACKING : IN NYLON SACS
      .
      SHIPMENT : IN 1 X 40 FEET HQ CONTAINER
      .
      AS PER PROFORMA INVOICE NO.09RQA2G084 DATED MAY 18,2012.
      .
      TOTAL AMOUNT OF L/C NOT EXCEEDING USD. 10,154.70 (U.S.DOLLARS
      TEN THOUSAND ONE HUNDRED FIFTY FOUR AND 70/100 ONLY)
      .
      F.O.B. GUANGZHOU PORT - CHINA (AS PER INCOTERMS 2010) AT THE
      PRICE OF F.C.A. CONTAINER LOADED ONTO VESSEL AT GUANGZHOU PORT -
      CHINA AT BENEFICIARIES RISK AND EXPENSES
 46A: Documents Required
      1- SIGNED COMMERCIAL INVOICE IN THREE COPIES, BEARING THE
      FOLLOWING STATEMENTS: '' WE HEREBY CERTIFY THAT THIS INVOICE IS
      AUTHENTIC, (ITS CONTENTS ARE TRUE), PRICES MENTIONED HEREIN ARE
      CORRECT AND CURRENT WITHOUT DEDUCTION OF ANY ADVANCE PAYMENT
      MADE ON ACCOUNT, AND THAT THE ORIGIN OF THE GOODS IS EXCLUSIVELY
      CHINESE AND THAT IT IS THE ONLY INVOICE ISSUED BY US FOR THE
      MERCHANDISE DESCRIBED THEREIN''.
      ''WE CONFIRM THAT THE GOODS SHIPPED ARE CONFORM TO THOSE LISTED
      ON PROFORMA INVOICE NO. 09RQA2G084 DATED MAY 18,2012''.
      COMMERCIAL INVOICE SHOULD SHOW THE NUMBER OF PACKAGES, THE GROSS
      WEIGHT AND THE NET WEIGHT.
      THREE COPIES MUST BE CERTIFIED BY THE CHAMBER OF COMMERCE.
      2- COMPLETE SET OF CLEAN MARINE OCEAN BILL OF LADING CONSIGNED
      TO THE ORDER OF LEBANESE CANADIAN BANK SAL
      MARKED: CONTAINER ACTUALLY LOADED ON BOARD ON (ON BOARD DATE)
      (WHICH MUST BE SIGNED AND STAMPED BY THE SAME SIGNOR OF THE
      BILL OF LADING)
      AND FREIGHT PAYABLE AT DESTINATION
      NOTIFY: THE SONS OF FAYSAL HAMDOUN SARL.
              BEIRUT - LEBANON
      ( SHORT FORM OR BLANK BACK DOCUMENTS NOT ACCEPTABLE )
      BILL OF LADING SHOULD SHOW THAT THE SHIP DOES NOT SAIL UNDER AN
      ISRAELI FLAG AND WILL NOT CALL AT ANY ISRAELI PORT (A SEPARATE
      CERTIFICATE IN THIS CONCERN IS ACCEPTABLE)
      IN CASE BILL OF LADING PRESENTED IN MULTIPLE PAGES, ALL THE PAGES
      SHOULD REFER TO THE DATE AND NUMBER OF THE BILL OF LADING AND
      SIGNED BY THE CARRIER OR ITS AGENT OR BY THE MASTER OR ITS AGENT.
      3- IACS CERTIFICATE ISSUED AND SIGNED BY THE CARRIER OR HIS AGENT
```

5/28/2012 20:15:04 3
GSMOS Ref # CNHG20120528SDS7840 - OSN # 0477113207 (Continued)

46A: Documents Required
STATING THAT:''THE CARRYING VESSEL IS A REGULAR LINER VESSEL, IS CLASSIFIED 100 A1 OR EQUIVALENT, AND IS OF STEEL CONSTRUCTION CLASSED WITH A MEMBER OR ASSOCIATE MEMBER OF THE INTERNATIONAL ASSOCIATION OF CLASSIFICATION SOCIETY (IACS)''.
4- ISM CERTIFICATE ISSUED AND SIGNED BY THE OWNER OR HIS AGENT IN ONE ORIGINAL AND ONE COPY STATING AS FOLLOWS:'' WE CERTIFY THAT AT THE TIME OF LOADING THE CARRYING VESSEL NAMED (INDICATE THE NAME) IS ISM CODE CERTIFIED AND HOLDS A VALID INTERNATIONAL SAFETY MANAGEMENT CERTIFICATE AS WELL AS A VALID ISM CODE DOCUMENT OF COMPLIANCE AS REQUIRED BY THE SOLAS CONVENTION 1974 AS AMENDED''.
5- CERTIFICATE OF ORIGIN ISSUED OR CERTIFIED BY THE CHAMBER OF COMMERCE IN THREE COPIES CERTIFYING THAT THE GOODS ARE OF CHINESE ORIGIN .
6- PACKING LIST IN THREE COPIES.
7- WEIGHT NOTE AND SPECIFICATION LIST IN THREE COPIES.

47A: Additional Conditions
1- ALL DOCUMENTS REQUIRED MUST BEAR L/C NO. 207/21/09/000038
2- ALL OF ORIGINALS AND COPIES MUST BE SIGNED BY HANDWRITING OVER THE RUBBER STAMP OF THE COMPANY NOTWITHSTANDING THAT THE DOCUMENTS ARE ISSUED ON THE HEADING PAPER OF THAT COMPANY.
3- ALL THE DOCUMENTS MUST BE ISSUED IN ENGLISH LANGUAGE BESIDES ANY OTHER LANGUAGE USED IN THE DOCUMENTS.
4- ALL THE DOCUMENTS MUST BE DATED.
5- DOCUMENTS ISSUED AND/OR DATED BEFORE THE DATE OF ISSUANCE OF THE CREDIT ARE NOT ACCEPTABLE.
6- TRANSPORT DOCUMENTS SHOWING NAME OF A THIRD PARTY AS SHIPPER OR CONSIGNOR NOT ACCEPTABLE. ARTICLE 14 k OF UCP 600 NOT APPLICABLE.
7- IF DISCREPANT DOCUMENTS ARE PRESENTED, ADDITIONAL HANDLING CHARGES I.E USD. 50.00 WILL BE INCURRED AND WILL BE ON BENEFICIARIES ACCOUNT WHETHER THE DISCREPANCIES ARE ADVISED OR NOT.
8- APPLICANTS AND BENEFICIARIES ADDRESS MUST BE THE SAME AS STIPULATED IN THE CREDIT.
9- CHARGES: ALL BANKING CHARGES AND COMMISSIONS OUTSIDE LEBANON INCLUDING CONFIRMATION CHARGES (IF ANY) AND REIMBURSING BANK CHARGES ARE ON BENEFICIARIES ACCOUNT AND CANNOT BE CLAIMED FROM US EVEN IF THE L/C CANCELLED OR UNUTILIZED.
10- COMMERCIAL INVOICE ISSUED FOR AN AMOUNT EXCEEDING THE LIMIT PERMITTED BY THE CREDIT IS NOT ACCEPTABLE.ART 18b NOT APPLICABLE.
11- ALL ORIGINAL TRANSPORT DOCUMENTS REQUIRED UNDER THIS CREDIT MUST BE PREPRINTED WITH THE WORD ''ORIGINAL''.
12- TRANSPORT DOCUMENTS BEARING REFERENCE BY STAMP OR OTHERWISE TO CHARGES ADDITIONAL TO THE FREIGHT IS NOT ACCEPTABLE.
13- THE MARINE BILL OF LADING MUST CLEARLY INDICATE THE NAME OF THE CARRIER AND CLEARLY STATES ITS FUNCTION/QUALITY IN THE FOLLOWING STRICT MANNER:''THE CARRIER'' AND NOT ''AS CARRIER''.

71B: Charges
SEE FIELD 47A: ADDITIONAL CONDITIONS.

48 : Period of Presentation
15 DAYS AFTER DATE OF SHIPMENT

49 : Confirmation Instructions
MAY ADD

```
5/28/2012 20:15:04                                                          4
        GSMOS Ref # CNHG20120528SDS7840        - OSN # 0477112207     (Continued)
---------------------------------------------------------------------------------
 53A: Reimbursing Bank (BIC)
      PNBPUS3NNYC
      WACHOVIA BANK, NA
      375 PARK AVENUE
      NY 4080
      NEW YORK,NY, UNITED STATES
 78 : Instructions to Paying/Acpting/Nego Bank
      + AFTER COMPLYING PRESENTATION AT YOUR COUNTERS, YOU ARE
      AUTHORIZED TO NEGOTIATE DOCUMENTS PRESENTED UNDER THE ABOVE
      MENTIONED L/C SPECIFYING ITS AMOUNT UNDER SWIFT CONFIRMATION
      TO US.
      IN COVER OF YOUR PAYMENT WE AUTHORIZE YOU TO REIMBURSE
      YOURSELVES ON OUR USD.A/C NO. 2000193003242 HELD
      WITH WACHOVIA BANK N.A - NEW YORK VALUE FIVE WORKING DAYS
      UNDER SWIFT CONFIRMATION TO US.
      + PLEASE CONSIDER THE PRESENT MESSAGE AS CONTAINING FULL DETAILS
      THUS THE OPERATIVE INSTRUMENT OF CREDIT.
      WACHOVIA BANK HOLDS SPECIAL INSTRUCTIONS REGARDING DOCUMENT
      DISPOSAL AND REIMBURSEMENT OF THIS LETTER OF CREDIT.
 72 : Sender to Receiver Information
      + PLEASE SEND DOCUMENTS BY DHL
      SPECIAL COURIER TO OUR ADDRESS
      IN BEIRUT: LEBANESE CANADIAN BANK
      SAL. DORA BLVD. GHANTOUS BLDG.
      BEIRUT - LEBANON
------------------------------ Message Trailer ------------------------------
 {MAC:00000000}
 {CHK:9810B18AEED1}
END
```

有关资料。

出口公司	广东轻出百货有限公司 出口公司单据签署人：周国通		
发票号码	2012HQA2G084	发票日期	2012 年 6 月 13 日
提单号码	CHIBEY90734	提单日期	2012 年 6 月 17 日
船名	DANDELINE　V. AMS－1152W		
集装箱号	1×40' HQ　FCL/ FCL　CY/CY SBAU5161475/297788		
目的港	贝鲁特港（BEIRUT）		
承运人	SINO－LINE SHIPPING LIMITED		
货运代理人	GLOBAL AIM TRADING AND SHIPPING（G. A. T. S） 货代提单签发人：吴茂君		
CO 号码	CCPIT088587360	CO 申报日期	2012 年 6 月 15 日
商品编码	761699	ISM 日期	2012 年 6 月 17 日
唛头	N/M	IACS 日期	2012 年 6 月 17 日

实际装船货物：

	QUANTITY (PCS)	PACKAGE (CTNS)	N. W (KGS/CTN)	G. W. (KGS/CTN)	MEAS. (CBMS/CTN)
ALUMINIUM LADDER	1.0MM				
GHH3　3STEPS	40	8	8.50	9.00	1.60×0.30×0.34
GHH4　4STEPS	50	10	9.50	10.00	1.60×0.30×0.34
GHH5　5STEPS	99	33	11.50	12.00	1.81×0.39×0.34
GHH5　5STEPS	1	1	11.50	12.00	1.81×0.39×0.34
GHH6　6STEPS	150	50	12.50	13.00	1.81×0.39×0.34
GHH7　7STEPS	198	66	13.50	14.20	2.00×0.41×0.34
GHH7　7STEPS	2	1	13.50	14.20	2.00×0.41×0.34
GHH8　8STEPS	150	50	14.80	15.50	2.00×0.41×0.34
PACKING：IN NYLON SACS					

综合制单练习十

OFFICE: AGRICULTURAL BANK OF CHINA HENGSHUI BRANCH
ADDRESS: 358 EAST SHENGLI ROAD HENG SHUI CITY 053000 HEBEI CHINA

信 用 证 通 知 书
NOTIFICATION OF DOCUMENTARY CREDIT

DATE 日期 Sep 22, 2011

TO: 致 DONGFENG FOOD CO. LTD.	Our Ref No. 我行编号 030EX09041 0287 Amount 金额 USD33,894.00
Issuing Bank 开证行 MIZRAHI TEFAHOT BANK LTD. 17, LINCOLN STREET	Transmitted to us through 转递行
L/C No. 信用证号 TA/055/56765/1	Issuing Date 开证日期 Sep 21, 2011

Dear Sirs, 迳启者:
We have pleasure in advising you that we have received from the A / M bank a(n)
兹 通 知 贵 公 司 ， 我 行 收 自 上 述 银 行

(X) SWIFT ISSUING	SWIFT开立		( ) MAIL CONFIRMATION OF	证实书
( ) TELEX ISSUING	电传开立		( ) UNEFFECTIVE	未生效
( ) MAIL ISSUING	邮寄开立		(X) ORIGINAL	正本
( ) PRE-ADVISING OF	预先通知		( ) DUPLICATE	副本

Letter of Credit, contents of which are as per attached sheet(s).
This advice and the attached sheet(s) must accompany the relative documents when presented.
信 用 证 一 份 ， 现 随 附 通 知 。 贵 公 司 交 单 时 ， 请 将 本 通 知 书 及 信 用 证 一 并 提 示 。
Remarks 备注:
-PLEASE NOTE THAT THIS ADVICE DOES NOT CONSTITUTE OUR CONFIRMATION OF THE ABOVE L/C NOR DOES IT CONVEY ANY ENGAGEMENT OR OBLIGATION ON OUR PART.
本通知书不构成我行对此信用证之保兑及其他任何责任.

This L / C consists of ______ sheet(s), including the covering letter and attachment(s).
本信用证连同面函及附件共 ______ 页。
If you find any terms and conditions in the L / C which you are unable to comply with and / or any error(s), It is suggested that you contact applicant directly for necessary amendment(s) so as to avoid any difficulties which may arise when documents are presented.
如 本 信 用 证 中 有 无 法 办 到 的 条 款 及 / 或 错 误 ， 请 迳 与 开 证 申 请 人 联 系 进 行 必 要 的 修 改 ， 以 排 除 交 单 时 可 能 发 生 的 问 题。
Please credit ______________ as advising fee to our A / C
No. ______________ with ______________.
本通知费 ______________ 请划入我行 ______________ 账户，
账号 ______________。

负责人签收:

```
SAFE Reference          :023049080190921
Received from           :MIZBILIT
                         MIZRAHI TEFAHOT BANK LTD.
Message Type            :MT 700 ISSUE OF A DOCUMENTARY
Date                    :Sep 22 2011
:27:Sequence of Total
    1/2
:40A:Form of Documentary Credit
    IRREVOCABLE
:20:Documentary Credit Number
    TA/055/56765/1
:40E:
    UCP LATEST VERSION
:31D:Date and Place of Expiry
    111105 ISRAEL
:50:Applicant
    G.WILLI-FOOD INTERNATIONAL LTD
    NAHAL SNIR STREET 3
    YAVNE  ISRAEL
:59:Beneficiary
    DONGFENG FOOD CO. LTD
    DATUN INDUSTRIAL ZONE,
    SHENZHOU CITY, HEBEI PROVINCE,
    CHINA 053873
:32B:Currency Code, Amount
    USD33894,
:41A:Available With ... By ...
    MIZBILIT
    BY PAYMENT
:43P:Partial Shipments
    NOT ALLOWED
:43T:Transshipment
    ALLOWED
:44E:
    TIANJIN PORT
:44F:
    ASHDOD PORT
:44C:Latest Date of Shipment
    111015
:45A:Description of Goods and/or Services
    2 X 40 FT FCLS TO CONTAIN THE FOLLOWING:
    1. 1 X 40 FT FCL CONTAINING 1050 STRONG EXPORT CARTONS,
       EACH CARTON TO CONTAIN 72 BAGS (12 X 6) OF
       22 GR BAGS OF APPLE CHIPS NATURAL FLAVOUR WITHOUT PEEL,
       PACKED IN 6 UNITS PACKAGE, AT USD 0.218/22 GR BAG.
       BARCODE FOR 22 GR BAG: 6928740700544,
       BARCODE FOR THE 6 UNITS PACKAGE: 7290011615314

    2. 1 X 40 FT FCL TO CONTAIN:
    A. 525 STRONG EXPORT CARTONS, EACH CARTON TO CONTAIN 76 BAGS OF
       APPLE CHIPS ORIGINAL FLAVOUR WITHOUT PEEL IN 22 GR BAGS
       AT USD 0.218/BAG
       BARCODE: 6928740700544
```

```
SAFE Reference          :023049080190921
Received from           :MIZBILIT
                         MIZRAHI TEFAHOT BANK LTD.
Message Type            :MT 700 ISSUE OF A DOCUMENTARY
Date                    :Sep 22 2011

    B. 525 STRONG EXPORT CARTONS.EACH CARTON TO CONTAIN 40 BAGS OF
       APPLE CHIPS ORIGINAL FLAVOUR WITHOUT PEEL IN 43 GR BAGS,
       AT USD 0.415/BAG.
       BARCODE: 6928740700643.
    PRICE BASIS: FOB
    TIANJIN PORT
:47A:Additional Conditions
    +ALL DOCUMENTS MUST INDICATE OUR ABOVE CREDIT NUMBER
    +IF L/C SHOULD EXPIRE UNUTILIZED AT ADVISING BANK'S
    OR THROUGH BANK'S COUNTERS ANY CHARGES FOR NON -
    UTILIZATION TO BE BORNE BY BENEFICIARY
:71B:Charges
    ALL BANK CHARGES OUTSIDE OF ISRAEL
    ARE FOR BENEFICIARY'S ACCOUNT
:49:Confirmation Instructions
    WITHOUT
:78:Instruction to the Paying/Accepting/Negotiating Back
    +ON PRESENTATION OF DOCUMENTS IN STRICT CONFORMITY WITH L/C TERMS
    AND CONDITIONS, PLS SEND SAME TO US BY SPECIAL COURIER TO : 105
    ALLENBY ST. TEL AVIV. AND WE SHALL COVER YOU AS PER YOUR
    INSTRUCTIONS 5 WORKING DAYS AFTER RECEIPT OF DOCUMENTS AT OUR
    COUNTERS, DATE OF WHICH WE SHALL ADVISE YOU.
    +DEBITS/REIMBURSEMENTS FOR DISCREPANT DOCUMENTS ARE NOT PERMITTED
    +IF DISCREPANT DOCUMENTS ARE PRESENTED. ISSUING BANK'S HANDLING
    CHARGES OF 0.1 PCT (MIN  USD  25.00) PLUS TELECOMMUNICATION
    CHARGES WILL BE APPLIED
:72:Sender to Receiver Information
    /ACCT/6550-1-90024
```

```
SAFE Reference          :023049080290921
Received from           :MIZBILIT
                         MIZRAHI TEFAHOT BANK LTD.
Message Type            :MT 701 ISSUE OF A DOCUMENTARY
Date                    :Sep 22 2011
:27:Sequence of Total
    2/2
:20:Documentary Credit Number
    TA/055/56765/1
:46B:Documents Required
    + 6 MANUALLY SIGNED ORIGINAL INVOICES IN NAME OF APPLICANT
      STATING THAT GOODS ARE OF CHINA ORIGIN
    + BILLS OF LADING FULL SET CLEAN ON BOARD MARKED FREIGHT PAYABLE
      AT DESTINATION MENTIONING FULL WORDING OF THE ARAB UNLOADING
      PROHIBITION CLAUSE AS FOLLOWS:IN VIEW OF DANGER OF CONFISCATION
      WARRANTED VESSEL/AIRCRAFT IS NOT TO CALL AT PORTS/ AIRPORTS AND
      NOT TO ENTER THE TERRITORIAL WATERS/AIRSPACE OF SYRIA, LEBANON,
      JORDAN, IRAQ, SAUDI ARABIA, YEMEN, SUDAN, LYBIA OR ANY OTHER
      ARAB COUNTRY EXCEPT EGYPT PRIOR TO UNLOADING IN ISRAEL UNLESS
      IN DISTRESS OR SUBJECT TO FORCE MAJEURE, AND NOTIFY APPLICANT
      MADE OUT TO THE ORDER OF MIZRAHI TEFAHOT BANK LTD TEL AVIV.
      BILL OF LADING STATING THAT THE CARRIER RESERVES ITS RIGHT TO
      RELEASE GOODS WITHOUT RECEIVING THE ORIGINAL BILL OF LADING
      WILL NOT BE ACCEPTED.
      B/L(S) MUST BE ISSUED BY
      ZIM INTEGRATED SHIPPING SERVICES LTD AND MUST EVIDENCE SHIPPING
      IN 2 X 40 FT FCLS AND LOADING THE CONTAINERS
      UNDER THE WATERLINE.
      B/L MUST STATE THE FULL NAME AND THE VAT REGISTRATION NUMBER
      OF THE IMPORTER 520043209 ,WHICH MUST APPEAR
      BELOW NOTIFY PARTY DETAILS (IN SAME FIELD), AND VAT
      REGISTRATION NUMBER OF THE FOREIGN SUPPLIER IN HIS COUNTRY,
      WHICH MUST APPEAR IN FIELD OF SHIPPER
      BELOW SUPPLIER'S DETAILS AND AN UNEQUIVOCAL DESCRIPTION OF
      THE IMPORTED GOODS INCLUDING THE FIRST FOUR DIGITS OF
      THE IMPORTED GOODS, H.S.CLASSIFICATION NO. 2006
      WHICH MUST APPEAR AFTER DESCRIPTION OF GOODS(IN SAME FIELD).
    + PACKING LIST IN 03 COPIES
    + BNF'S WRITTEN, GUARANTEED AND SIGNED DECLARATION STATING THAT:
      A. GOODS ARE PACKED IN STRONG EXPORT CARTONS. B. GOODS ARE
      PACKED IN SUCH A WAY THAT THEY WILL NOT BE DAMAGED DURING
      TRANSPORTATION. C. EACH ITEM BEARS ENGLISH - HEBREW TEXT
      STICKER WITH COMPLETE PACKAGING DESIGN WITH WILLI FOOD LOGO
      WITH PRODUCT'S NAMES, INGREDIENTS, KOSHER INDICATIONS AND
      NUTRITIONAL VALUES PER 100GR AND PER UNIT, AS PER APPLICANT'S
      INSTRUCTIONS AND CONFIRMATION DATED MAY 10TH 2009. D. EACH BAG
      BEARS THE OU KOSHER LOGO + CHATAM SOFER BNEI BERAQ KOSHER LOGO.
      E. EACH 22 GR BAG, 6 UNITS PACKAGE AND 43 GR BAG BEARS EXPIRY
      DATE, WHICH IS 16 MONTHS FROM PRODUCTION DATE. F. THE 6 UNITS
      PACKAGE IS PRINTED ACCORDING TO APPLICANT'S DESIGN AND
      INSTRUCTIONS, INCLUDING APPLICANT'S BARCODE, LOGO, KOSHER LOGO,
      PRODUCT'S NAME AND 5+1 FREE OF CHARGE TEXT AND WEIGHT. G. EACH
      CARTON BEARS CARTON MARKS AS PER APPLICANT'S INSTRUCTIONS AND
```

```
SAFE Reference          :023049080290921
Received from           :MIZBILIT
                         MIZRAHI TEFAHOT BANK LTD.
Message Type            :MT 701 ISSUE OF A DOCUMENTARY
Date                    :Sep 22 2011
      EXPIRY DATE. H. SHELF LIFE OF THE PRODUCT IS 16 MONTHS FROM
      PRODUCTION DATE. I. PRODUCTION DATE IS NOT PRINTED, ONLY EXPIRY
      DATE IS PRINTED ON EACH 22 GR BAG, THE 5+1 PACKAGING AND EACH
      43 GR BAG. J. GOODS ARE FRESH PRODUCTION. K. INSIDE THE
      CONTAINER THERE ARE ALSO LOADED 2 PCT EMPTY CARTONS OF EACH
      PRODUCT.
    + LABORATORY ANALYSIS RELATED TO THIS SHIPMENT, MENTIONING L/C
      AND INVOICE NUMBERS.
    + PHYTOSANITARY CERTIFICATE ISSUED BY CIQ.
    + BEN'S WRITTEN DECLARATION THAT ONE ORIGINAL OF EACH DOCUMENT
      REQUIRED HAS BEEN FAXED TO APPLICANT AND THEN ONE COPY OF EACH
      DOCUMENT REQUIRED HAS BEEN SENT TO HIM BY SPECIAL COURIER
      WITHIN 10 DAYS FROM B/L DATE.
    + QUALITY CERTIFICATE ISSUED BY CIQ.
    + COPY OF BENEFICIARY'S INSTRUCTIONS TO THE SHIPPING LINE,
      SHOWING BNF'S INSTRUCTIONS TO THE SHIPPING LINE FOR LOADING THE
      CONTAINER IN THE VESSEL UNDER THE WATERLINE.
```

有关资料。

<table>
<tr><td>出口公司</td><td colspan="4">东风食品有限公司
出口公司单据签署人：龙德生</td></tr>
<tr><td>发票号码</td><td>HBGF2011 - 2548</td><td>发票日期</td><td colspan="2">2011 年 10 月 15 日</td></tr>
<tr><td>提单号码</td><td>ZIMUXNG1161647</td><td>提单日期</td><td colspan="2">2011 年 10 月 26 日</td></tr>
<tr><td>船名</td><td>MERKUR CLOUD V. 941S</td><td>唛头</td><td colspan="2">N/M</td></tr>
<tr><td>集装箱号</td><td colspan="4">1 ×40’ CY/CY ZCSU2694750/D - 452149</td></tr>
<tr><td>承运人</td><td colspan="4">ZIM INTEGRATED SHIPPING SERVICES LTD
承运人提单签发人：林东生</td></tr>
<tr><td rowspan="4">货物装箱情况</td><td></td><td>净重</td><td>毛重</td><td>尺码</td></tr>
<tr><td>72 BAGS/CTN：</td><td>1. 584KGS/CTN</td><td>2. 584KGS/CTN</td><td>(55 ×40 ×256) CM/CTN</td></tr>
<tr><td>76 BAGS/CTN：</td><td>1. 672KGS/CTN</td><td>2. 824KGS/CTN</td><td>(55 ×40 ×266) CM/CTN</td></tr>
<tr><td>40 BAGS/CTN：</td><td>1. 72KGS/CTN</td><td>2. 568KGS/CTN</td><td>(55 ×40 ×244) CM/CTN</td></tr>
</table>

二、练习题参考答案

综合制单练习一（第一次装运全套单据）

F14

凭
Drawn under HANA BANK, SEOUL, KOREA
信用证 第 号
L/C No. M12CL601ES00032
日期 年 月 日
dated 5 JAN., 2005

1

按 息 付 款
Payable with interest @ % per annum
号码 汇票金额 中国. 广州 年 月 日
No. CPU04SC140A **Exchange** for USD20,430.72 Guangzhou.China 19
见票 日后（本汇票之副本未付）付
At *** *** sight of this **FIRST** of Exchange (Second of exchange being unpaid)
pay to the order of BANK OF CHINA, GUANGDONG BRANCH, GUANGZHOU 或其指定人
金额
the sum of US DOLLARS TWENTY THOUSAND FOUR HUNDRED AND THIRTY AND CENTS SEVENTY TWO ONLY.
此致
To HANA BANK SHANGHAI BRANCH
SHANGHAI

GUANGDONG FOREIGN TRADE
IMP. & EXP. CORP.
（签章）

广东省对外贸易进出口公司
Guangdong Foreign Trade Imp. & Exp. Corp.
15-18/F Guangdong Foreign Economic and Trade Building
351 Tianhe Road, Guangzhou, China
商业发票
COMMERCIAL INVOICE

Messrs:
STORY SHARP CO., LTD.
NO.502 GL PLAZA, 713-1
HEANGSHIN-DONG, DUCKYANG-GU
GOYANG-SI, GYEONGGI-DO, KOREA

INVOICE NO. : CPU04SC140A
INVOICE DATE: 18 JAN., 2005
L/C NO. : M12CL601ES00032
L/C DATE : 5 JAN., 2005
S/C NO. : CUP04SC140

Exporter:
GUANGDONGFOREIGN TRADE IMP.
& EXP. CORP.

Transport details:
FROM HONG KONG TO BUSAN, KOREA BY SEA

Terms of payment: L/C

Marks & Numbers	Description Of Goods	Quantity	Unit Price	Amount
	ORIGIN CHINA		PER MT	
N/M	80g COLOUR PAPER LENGTH: 9500M WIDTH: 1000MM INSIDE ROLL DIA: 75MM OUTSIDE ROLL DIA: 100CM-120CM	14.188 MTS	USD1,440.00	USD20,430.72
			FOB HONG KONG	USD20,430.72

TOTAL QUANTITY: 14.188 MTS PACKED IN 21 ROLLS
TOTAL WEIGHT: N.W.: 14.188MTS G.W.: 14.188MTS
TOTAL US DOLLARS TWENTY THOUSAND FOUR HUNDRED AND THIRTY AND CENTS SEVENTY TWO ONLY.

GUANGDONG FOREIGN TRADE
IMP. & EXP. CORP.
（签章）

广东省对外贸易进出口公司
Guangdong Foreign Trade Imp. & Exp.Corp.
15-18/F Guangdong Foreign Economic and Trade Building
351 Tianhe Road Guangzhou, China
装 箱 单
PACKING LIST ORIGINAL

EXPORTER:
GUANGDONG FOREIGN TRADE
IMP. & EXP. CORP.

INV. DATE : 18 JAN., 2005
INVOICE NO.: CPU04SC140A
B/L NO.: 50100289BUS
S/C NO.: CPU04SC140
L/C NO.: M12CL601ES00032

TRANSPORT DETAILS:
FROM HONG KONG TO BUSAN, KOREA BY SEA
SHIPPED PER KMTC ULSAN V.501N

标记 Marks & Number	件数 Quantity	货名 Description of Goods	净重 Net Weight	毛重 Gross Weight	尺码 Measurement
		ORIGIN CHINA			
	21 ROLLS	80g COLOUR PAPER	14.188 MTS	14.188 MTS	@1000X1050(MM)
N/M		LENGTH: 9500M WIDTH: 1000MM INSIDE ROLL DIA: 75MM OUTSIDE ROLL DIA: 100CM-120CM			
TOTAL:	21 ROLLS		14.188 MTS	14.188 MTS	19.95 CBMS

TOTAL QUANTITY: 14.188 MTS
TOTAL TWENTY ONE ROLLS ONLY.

GUANGDONG FOREIGN TRADE
IMP. & EXP. CORP.
（签章）

BILL OF LADING

Shipper
GUANGDONG FOREIGN TRADE IMP. & EXP. CORP .

B/L No. 50100289BUS

Combined Transport BILL OF LADING
RECEIVED in apparent good order and condition except as otherwise noted the total number of containers or other packages or units enumerated below for transportation from the place of receipt to the place of delivery subject to the terms and conditions hereof. One of the Bills of Lading must be surrendered duly endorsed to the Carrier by or on behalf of the Holder of the Bill of Lading, the rights and liabilities arising in accordance with the terms and conditions hereof shall, without prejudice to any rule of common law or statute rendering them binding on the Merchant, become binding in all respects between the Carrier and the Holder of the Bill of Lading as though the contract evidenced hereby had been made between them. IN WITNESS whereof the number of original Bills of Lading stated under have been signed. All of this tenor and date, one of which being accomplished, the other(s) to be void.

Consignee
TO THE ORDER OF HANA BANK, SEOUL

Notify Address
STORY SHARP CO., LTD.
NO.502 GL PLAZA, 713-1
HEANGSHIN-DONG, DUCKYANG-GU
GOYANG-SI, GYEONGGI-DO, KOREA

For delivery of goods please apply to :

Pre-carriage by | Place of receipt

Ocean Vessel Voy. No: KMTC ULSAN V.501N | Portof Loading: HONG KONG

Port of Discharge: BUSAN, KOREA | Place of Delivery | Final Destination for the Merchant's Reference only

Particulars Furnished by Merchants

Container, Seal No. & Marks & Nos.	No. of Package & Description of Goods	Gross Weight Kgs	Measurement m³
N/M MTU7045319 KB846421/20'	21 ROLLS 80g COLOUR PAPER TOTAL TWENTY ONE ROLLS ONLY. L/C NO.:M12CL601ES00032	14,188.00	19.950

SHIPPED ON BOARD
ON BOARD DATE:JAN.21, 2005

FREIGHT & CHARGES	Revenue Tons.	Rate	Per	Prepaid	Collect
FREIGHT COLLECT					

Prepaid at | Payable at: DESTINATION | Place and date of issue: HONG KONG JAN 21, 2005
Total Prepaid | No. of Original B(s)/L: THREE (3) | Stamp & Signature

LADEN ON BOARD THE VESSEL
Date
By..

(TERMS CONTINUED ON BACK HEREOF)

综合制单练习一（第二次装运全套单据）

F14

凭
Drawn under HANA BANK, SEOUL, KOREA
信用证　第　号
L/C　No. M12CL601ES00032
日期　年　月　日
dated 5 JAN., 2005

1

按　息　付　款
Payable with interest @ .... % per annum
号码　汇票金额　中国．广州　年　月　日
No. CPU04SC140B **Exchange** for USD20,486.88 Guangzhou.China 19
见票　日后（本汇票之副本未付）付
At *** *** sight of this **FIRST** of Exchange (Second of exchange being unpaid)
pay to the order of BANK OF CHINA, GUANGDONG BRANCH ,GUANGZHOU 或其指定人
金　额
the sum of US DOLLARS TWENTY THOUSAND FOUR HUNDRED AND EIGHTY SIX AND CENTS EIGHTY EIGHT ONLY.
此致
To HANA BANK SHANGHAI BRANCH
SHANGHAI

GUANGDONG FOREIGN TRADE
IMP. & EXP. CORP.
（签章）

广东省对外贸易进出口公司

Guangdong Foreign Trade Imp. & Exp. Corp.
15-18/F Guangdong Foreign Economic and Trade Building
351 Tianhe Road, Guangzhou, China

商业发票
COMMERCIAL INVOICE

Messrs:
STORY SHARP CO., LTD.
NO.502 GL PLAZA, 713-1
HEANGSHIN-DONG, DUCKYANG-GU
GOYANG-SI, GYEONGGI-DO, KOREA

INVOICE NO. : CPU04SC140B
INVOICE DATE: 21 JAN., 2005
L/C NO. : M12CL601ES00032
L/C DATE : 5 JAN., 2005
S/C NO. : CUP04SC140

Exporter:
GUANGDONGFOREIGN TRADE IMP.
& EXP. CORP.

Transport details:
FROM HONG KONG TO BUSAN, KOREA BY SEA

Terms of payment: L/C

Marks & Numbers	Description Of Goods	Quantity	Unit Price	Amount
	ORIGIN CHINA		PER MT	
N/M	80G COLOUR PAPER	14.227 MTS	USD1,440.00	USD20,486.88
	LENGTH: 9500M			
	WIDTH: 1000MM			
	INSIDE ROLL DIA: 75MM			
	OUTSIDE ROLL DIA: 100CM-120CM			
			FOB HONG KONG	USD20,486.88

TOTAL QUANTITY: 14.227 MTS PACKED IN 23 ROLLS
TOTAL WEIGHT: N.W.: 14.227MTS G.W.: 14.227MTS
TOTAL US DOLLARS TWENTY THOUSAND FOUR HUNDRED AND EIGHTY SIX AND CENTS EIGHTY EIGHT ONLY.

GUANGDONG FOREIGN TRADE
IMP. & EXP. CORP.
（签章）

广东省对外贸易进出口公司

Guangdong Foreign Trade Imp. & Exp.Corp.
15-18/F Guangdong Foreign Economic and Trade Building
351 Tianhe Road Guangzhou, China

装　箱　单
PACKING LIST

ORIGINAL

EXPORTER:
GUANGDONG FOREIGN TRADE
IMP. & EXP. CORP.

INV. DATE : 21 JAN., 2005
INVOICE NO.: CPU04SC140B
B/L NO.: 50200389BUS
S/C NO.: CPU04SC140
L/C NO.: M12CL601ES00032

TRANSPORT DETAILS:
FROM HONG KONG TO BUSAN, KOREA BY SEA
SHIPPED PER HONG KONG STAR V.036N

标记 Marks & Number	件数 Quantity	货名 Description of Goods	净重 Net Weight	毛重 Gross Weight	尺码 Measurement
		ORIGIN CHINA			
	23 ROLLS	80G COLOUR PAPER	14.227 MTS	14.227 MTS	ø1000×936(MM)
N/M		LENGTH: 9500M			
		WIDTH: 1000MM			
		INSIDE ROLL DIA: 75MM			
		OUTSIDE ROLL DIA: 100CM-120CM			
TOTAL:	23 ROLLS		14.227 MTS	14.227 MTS	21.528CBMS

TOTAL QUANTITY: 14.227 MTS
TOTAL TWENTY THREE ROLLS ONLY.

GUANGDONG FOREIGN TRADE
IMP. & EXP. CORP.
（签章）

BILL OF LADING

Shipper
GUANGDONG FOREIGN TRADE IMP. & EXP. CORP .

B/L No. 50200389BUS

Combined Transport BILL OF LADING
RECEIVED in apparent good order and condition except as otherwise noted the total number of containers or other packages or units enumerated below for transportation from the place of receipt to the place of delivery subject to the terms and conditions hereof. One of the Bills of Lading must be surrendered duly endorsed to the Carrier by or on behalf of the Holder of the Bill of Lading, the rights and liabilities arising in accordance with the terms and conditions hereof shall, without prejudice to any rule of common law or statute rendering them binding on the Merchant, become binding in all respects between the Carrier and the Holder of the Bill of Lading as though the contract evidenced hereby had been made between them. IN WITNESS whereof the number of original Bills of Lading stated under have been signed. All of this tenor and date, one of which being accomplished, the other(s) to be void.

Consignee
TO THE ORDER OF HANA BANK, SEOUL

Notify Address
STORY SHARP CO., LTD.
NO.502 GL PLAZA, 713-1
HEANGSHIN-DONG, DUCKYANG-GU
GOYANG-SI, GYEONGGI-DO, KOREA

For delivery of goods please apply to :

Pre-carriage by | Place of receipt

Ocean Vessel Voy. No: HONG KONG STAR V.036N | Portof Loading: HONG KONG

Port of Discharge: BUSAN, KOREA | Place of Delivery | Final Destination for the Merchant's Reference only

Particulars Furnished by Merchants

Container, Seal No. & Marks & Nos.	No. of Package & Description of Goods	Gross Weight Kgs	Measurement m³
N/M	23 ROLLS 80G COLOUR PAPER	14,227.00	10.060
	TOTAL TWENTY THREE ROLLS ONLY.		
	L/C NO.:M12CL601ES00032		
MTU7311070 KB846360/20'		SHIPPED ON BOARD ON BOARD DATE:JAN. 28, 2005	

FREIGHT & CHARGES	Revenue Tons.	Rate Per	Prepaid	Collect
FREIGHT COLLECT				

Prepaid at	Payable at	Place and date of issue
	DESTINATION	HONG KONG JAN 28, 2005
Total Prepaid	**No. of Original B(s)/L**	**Stamp & Signature**
	THREE (3)	

LADEN ON BOARD THE VESSEL
Date
By..

(TERMS CONTINUED ON BACK HEREOF)

综合制单练习二

F14

凭 Drawn under BANCA DI CREDITO COOPERATIVODI, SORISOLE, ITALY

信用证 第 号 L/C No. 08869000825

日期 年 月 日 dated NOV. 15, 2004

1

按 息 付 款 Payable with interest @ ______ % per annum

号码 No. RGCL2584　汇票金额 **Exchange** for USD32,016.00　中国．广州 Guangzhou.China　年 月 日 19

见票 At *** *** 日后（本汇票之副本未付）付 sight of this **FIRST** of Exchange (Second of exchange being unpaid)

pay to the order of BANK OF CHINA, GUANGDONG BRANCH, GUANGZHOU 或其指定人

金额 The sum of US DOLLARS THIRTY TWO THOUSAND AND SIXTEEN ONLY.

此致 To BANCA DI CREDITO COOPERATIVO DI SORISOLE E LEPRENO, SORISOLE, ITALY

CHINA PACKAGING UNION
GUANGZHOU CO., LTD.
(签章)

广州中包联外经实业有限公司
China Packaging Union Guangzhou Co., Ltd.
7/F, No. 753 Dongfeng Rd., Guangzhou, China

商业发票
COMMERCIAL INVOICE

Messrs:
SPIL BERG DI YONG KEE FUI
VIA A. DE GASPERI 4
24018 VILLA D' ALME' (BG)
ITALY

INVOICE NO. : RGCL2584
INVOICE DATE: JAN. 7, 2005
L/C NO. : 088696000825
L/C DATE : NOV. 15, 2004
S/C NO. : RGCL/PI004(SPL-001)

Exporter:
CHINA PACKAGING UNION
GUANGZHOU CO., LTD.
7/F, NO. 753 DONGFENG RD.
GUANGZHOU, CHINA

Transport details:
FROM GUANGZHOU TO GENOA, ITALY

Terms of payment: L/C

Marks & Numbers	Description Of Goods	Quantity	Unit Price	Amount
N/M	MYANMAR TEAK GRADE A (UNFINISHED) SP. 16 MM	860m²	USD32.10/m²	USD27,606.00
	MYANMAR TEAK INDUSTRIAL PARQUET SP 14 MM	300m²	USD14.70/m²	USD4,410.00
			CFR GENOA……	USD32,016.00

TOTAL QUANTITY: 1160m²　PACKING: 544 BAGS
TOTAL WEIGHT: N.W.: 14,720 KGS　G.W.: 15,264 KGS
TOTAL US DOLLARS THIRTY THOUSAND AND SIXTEEN ONLY.

CHINA PACKAGING UNION
GUANGZHOU CO., LTD.
(签章)

广州中包联外经实业有限公司
China Packaging Union Guangzhou Co, Ltd.
7/F, No. 753 Dongfeng Rd., Guangzhou, China

装　箱　单
PACKING LIST　　ORIGINAL

EXPORTER:
CHINA PACKAGING UNION
GUANGZHOU CO., LTD.

INV. DATE : JAN. 7, 2005
INVOICE NO.: RGCL2584
B/L NO.: 100397
S/C NO.: RGCL/PI004(SPL-001)
L/C NO.: 088696000825

TRANSPORT DETAILS:
FROM GUANGZHOU TO GENOA, ITALY BY SEA
Shipped per HUI YUE 11 HAO V.51125

标记 Marks & Number	件数 Quantity	货名 Description of Goods	净重 Net Weight	毛重 Gross Weight	尺码 Measurement
N/M	344 BAGS	MYANMAR TEAK GRADE A (UNFINISHED) SP. 16MM	@30KGS 10200KGS	@31KGS 10540KGS	
	200 BAGS	MYANMAR TEAK INDUSTRIAL PARQUEST SP 14MM	@22KGS 4400KGS	@23KGS 4600KGS	
TOTAL:	544 BAGS		14600KGS	15140KGA	18.022CBMS

TOTAL QUANTITY: 1160m²
TOTAL FIVE HUNDRED FORTY FOUR BAGS ONLY.

CHINA PACKAGING UNION
GUANGZHOU CO., LTD.
(签章)

Consignor
CHINA PACKAGING UNION
GUANGZHOU CO., LTD.
7/F, NO. 753 DONGFENG RD.
GUANGZHOU, CHINA

FBL No. 100397　Countr Code. **HK**

NEGOTIABLE FIATA
MULTIMODAL TRANSPORT
BILL OF LADING
Issued subject to UNCTAD/ICC Rules for Multimodal Transport Documents (ICC publication 481).

Consigned to order of
TO ORDER

INTERGROUP
SHIPPING (ASIA) LTD.
3 Floor, Block 2 Tien Chu Centre.
1E Mok Cheong Street,
Tokwawan, KowLoon, Hong Kong.
Tel: (852) 2760 8872
P.O. Box 20445
Hennessy Road Post Office
Fax: (852) 2760 8442
Telex: 43429 INGRO HX
Cable Address: HKINGROUP

Notify address
SPIL BERG DI YONG KEE FUI
VIA A. DE GASPERI 4
24018 VILLA D' ALME' (BG), ITALY

Place of receipt

Ocean vessel: HUI YUE 11 HAO V.51125　Port of loading: GUANGZHOU

Port of discharge: GENOA, ITALY　Place of delivery

LICENCE NO. 036

Marks and numbers	Number and kind of packages	Description of goods	Gross weight	Measurement
N/M	344 BAGS	MYANMAR TEAK GRADE A (UNFINISHED) SP. 16MM	15,140	18.022
	200 BAGS	MYANMAR TEAK INDUSTRIAL PARQUET SP 14MM		

TOTAL FIVE HUNDRED AND FORTY FOUR BAGS ONLY.

FREIGHT PREPAID

L/C NO. 088696000825

ORIGINAL

according to the declaration of the consignor

Declaration of Interest the consignor In timely delivery (Clause 6.2.)

Declared value for ad valorem rate according to The declaration of the consignor (Clauses 7 and 8).

The goods and instructions are accepted and dealt with subject to the Standard Conditions printed overleaf. Taken in charge in apparent good order and condition, unless otherwise noted herein, at the palce of receipt for transport and delivery as mentioned above. One of these Multimodal Transport Bills of Lading must be surrendered duly endorsed in exchange for the goods. In Witness whereof the original Multimodal Transport Bills of Lading all of this tenor and date have been signed in the number stated below, one of which being accomplished the other(s) to be void.

Freight amount	Freight payable at	Place and date of issue: GUANGZHOU, JAN. 12, 2005
Cargo Insurance through the undersigned ☐ not covered ☐ Covered according to attached Policy	Number of Original FBL's: TWO	Stamp and signature

提单背书　CHINA PACKAGING UNION GUANGZHOU CO., LTD.
(签章)

Original

1. Goods consigned from (Exporter's business name, address, county) CHINA PACKAGING UNION GUANGZHOU CO., LTD. 7/F, NO. 753 DONGFENG RD. GUANGZHOU, CHINA	Reference No. GZ081/205/086 GENERALIZED SYSTEM OF PREFERENCES CERTIFICATE OF ORIGIN (Combined declaration and certificate) FORM A
2. Goods consigned to (Consignee's name, address, country) SPIL BERG DI YONG KEE FUI VIA A. DE GASPERI 4 24018 VILLA D' ALME' (BG), ITALY	issued in THE PEOPLE'S REPUBLIC OF CHINA (COUNTRY) See Notes overleaf
3. Means of transport and route (as far as known) ON/AFTER JAN. 12, 2005 FROM GUANGZHOU TO GENOA, ITALY BY SEA	4. For official use

5. item number	6. Marks and numbers of packages	7. Number and kind of packages; description goods	8. Origin criterion (see Notes overleaf)	9. Gross weight or other quantity	10. Number and date of invoices
01	N/M	(344) THREE HUNDRED AND FORTY FOUR BAGS OF MYANMAR TEAK GRADE A (UNFINISHED) SP. 16MM	"P"	860 m³	RGCL2584 JAN. 7, 2005
02		(200) TWO HUNDRED BAGS OF MYANMAR TEAK INDUSTRIAL PARQUET SP 14MM *********************************** L/C NO. 08869600082	"P"	300 m³	

11. Certification It is hereby certified, on the basis of control carried out, that the declaration by the exporter is correct. GUANGZHOU, JAN. 9, 2005 (签章) Place and date, signature and stamp of certifying authority	12. Declaration by the exportER The ubdersigned hereby declares that the above detailsand statements are correct; that all the goods wereproduced in CHINA (country) and that they comply with the origin requirements specified for those goods in the Generalized System of Preferences for goods exported to ITALY (importing country) GUANGZHOU, JAN. 7, 2005 (签章) Place and date, signature of authorized signatory

综合制单练习三

F14

凭 SANPAOLO IMI S.P.A.
Drawn under PAVIA, ITALY

1

信用证 第 号
L/C No. 3109/1065
日期 年 月 日
dated FEB. 6, 2005

按 息 付 款
Payable with interest @ .... % per annum

号码 汇票金额 中国. 广州 年 月 日
No. TAR20057149 **Exchange** for USD37,636.00 Guangzhou.China .... 19 ....

见票 日后（本汇票之副本未付）付
At 60 DAYS sight of this **SECOND** of Exchange (Second of exchange being unpaid)

pay to the order of BANK OF CHINA, GUANGZHOU 或其指定人

金额
the sum of US DOLLARS THIRTY SEVEN THOUSAND SIX HUNDRED AND THIRTY SIX ONLY.

此致
To SANPAOLO IMI S.P.A.
PAVIA, ITALY

GUANGDONG TEA IMP. & EXP. CORP.
(签署)

广东茶叶进出口公司

Guangdong Tea Imp. & Exp. Corp.
26-30/F Guangdong Foreign Economics & Trade Building
351 Tian He Road, Guangzhou, China

商业发票
COMMERCIAL INVOICE

Messrs:
ARELLA AND C. SPA
PIAZZA COLLEGIO CAIROLI N.3
27100 PAVIA, ITALY

INVOICE NO. : TAR20057149
INVOICE DATE: MAR. 2, 2005
L/C NO. : 3109/1065
L/C DATE : FEB. 6, 2005
S/C NO. : BTS78905

Exporter:
GUANGDONG TEA IMP. & EXP. CORP.

Transport details:
FROM GUANGZHOU TO LA SPEZIA PORT BY SEA

Terms of payment: BY L/C

Marks & Numbers	Description Of Goods	Quantity	Unit Price	Amount
N/M	4538 CHINA BLACK TEA	4,000 KGS	@USD4.50/KG	USD18,000.00
	5380 CHINA GREEN TEA	4,000 KGS	@USD5.20/KG	USD20,800.00
			CIFC3% LA SPEZIA PORT	USD38,800.00
			LESS 3% COMISSION	USD 1,164.00
			CIF LA SPEZIA PORT	USD37,636.00

TOTAL QUANTITY: 8,000 KGS PACKING: 200 PAPERSACKS
TOTAL WEIGHT: N.W.: 8,000 KGS G.W.: 8,140 KGS
TOTAL US DOLLARS THIRTY SEVEN THOUSAND SIX HUNDRED AND THIRTY SIX ONLY.
PACKING: IN PAPERSACKS, PALLETIZED AND CONTAINERIZED INTO 1x20FCL.

GUANGDONG TEA IMP. & EXP. CORP.
(签署)

广东茶叶进出口公司

Guangdong Tea Imp. & Exp. Corp.
26-30/F Guangdong Foreign Economics & Trade Building
351 Tian He Road, Guangzhou, China

CERTIFICATE OF WEIGHT

ORIGINAL

No.: TAR20057149 Date: MAR. 2, 2005

Shipping Marks	Quantites & Descriptions	Net Weight	Gross Weight
N/M	4538 CHINA BLACK TEA	@40KGS	@40.7KGS
	100 PAPERSACKS	4,000KGS	4,070KGS
	5380 CHINA GREEN TEA	@40KGS	@40.7KGS
	100 PAPERSACKS	4,000KGS	4,070KGS
		8,000KGS	8,140KGS

TOTAL TWO HUNDRED PAPERSACKS ONLY.

L/C NO. 3109/1065

GUANGDONG TEA IMP. & EXP. CORP.
(签署)

Original

1. Goods consigned from (Exporter's business name, address, county) GUANGDONG TEA IMP. & EXP. CORP. 26-30/F GUANGDONG FOREIGN ECONOMICS & TRADE BUILDING 351 TIAN HE ROAD, GUANGZHOU, CHINA	Reference No. GZ7/80067/0589 **GENERALIZED SYSTEM OF PREFERENCES CERTIFICATE OF ORIGIN** (Combined declaration and certificate) **FORM A**
2. Goods consigned to (Consignee's name, address, country) ARELLA AND C. SPA PIAZZA COLLEGIO CAIROLI N.3 27100 PAVIA, ITALY	issued in THE PEOPLE'S REPUBLIC OF CHINA (COUNTRY) See Notes overleaf
3. Means of transport and route (as far as known) ON/AFTER MAR. 15, 2005 FROM GUANGZHOU TO LA SPEZIA PORT BY SEA	4. For official use

5. item number	6. Marks and numbers of packages	7. Number and kind of packages; description goods	8. Origin criterion (see Notes overleaf)	9. Gross weight or other quantity	10. Number and date of invoices
01	N/M	(100) ONE HUNDRED PAPERSACKS OF 4538 CHINA BLACK TEA	"P"	4,070KGS	TAR20057149 MAR. 2, 2005
02		(100) ONE HUNDRED PAPERSACKS OF 5380 CHINA GREEN TEA ********************************** L/C NO. 3109/1065	"P"	4,070KGS	

11. Certification	12. Declaration by the export
It is hereby certified, on the basis of control carried out, that the declaration by the exporter is correct. GUANGZHOU, MAR. 5, 2005 (签署) Place and date, signature and stamp of certifying authority	The undersigned hereby declares that the above details and statements are correct; that all the goods were produced in CHINA (country) and that they comply with the origin requirements specified for those goods in the Generalized System of Preferences for goods exported to ITALY (importing country) GUANGZHOU, MAR. 2, 2005 (签署) Place and date, signature of authorised signatory

中保财产保险有限公司
The people's insurance (Property) Company of China, Ltd.
PICC PROPERTY

发票号码
Invoice No. TAR20057149

保险单号次
Policy No. TES3478921

海 洋 货 物 运 输 保 险 单

MARINE CARGO TRANSPORTATION INSURANCE POLICY

被保险人：
Insured: GUANGDONG TEA IMPORT & EXPORT CORP.

中保财产保险有限公司(以下简称本公司)根据被保险人的要求，及其所缴付约定的保险费，按照本保险单承担险别和背面所载条款与下列特别条款承保下列货物运输保险，特签发本保险单。
This policy of Insurance witnesses that The People's Insurance (Property) Company of China, Ltd. (hereinafter called "The Company"), at the reruest of the Insured and in consideration of the agreed premium paid by the Insured, undertakes to insure the undermentioned goods in transportation subject to the conditions of this Policy as per the Clauses printed overleaf and other special clauses attached hereon.

保险货物项目 Descriptions of Goods	包装 单位 数量 Packing Unit Qugntity	保险金额 Amount Insured
4538 CHINA BLACK TEA 5380 CHINA GREEN TEA TOTAL 8000KGS	100 PAPERSACKS 100 PAPERSACKS	USD41,400.00

承保险别
Conditions

COVERING ALL RISKS AND WAR RISKS AS PER OCEAN MARINE CARGO CLAUSES (1/1/1981) (WAREHOUSE TO WAREHOUSE CLAUSE IS INCLUDED) AND OCEAN MARINE CARGO WAR RISK CLAUSE (1/1/1981) OF THE PEOPLE'S INSURANCE COMPANY OF CHINA

ORIGINAL

货物标记
Marks of Goods
N/M

总保险金额：
Total Amount Insured: US DOLLARS FORTY ONE THOUSAND FOUR HUNDRED ONLY.

保费 Premium as arranged　载运输工具 Per conveyance S.S PUDONG SENATOR V.743　开航日期 Slg. on or abt MAR. 15, 2005

起运港 From GUANGZHOU　目的港 To LA SPEZIA PORT

所保货物，如发生本保险单项下可能引起索赔的损失或损坏，应立即通知本公司下述代理人查勘。如有索赔，应向本公司提交保险单正本(本保险单共有　份正本)及有关文件。如一份正本已用于索赔，其余正本则自动失效。
In the event of loss or damage which may result in a claim under this Policy, immediate notice must be given to the Company's Agent as mentioned hereunder. Claims, if any, one of the Original Policy which has been issued in 1 Original(s) together with the relevent documents shall be surrendered to the Company. If one of the Original Policy has been accomplished, the others to be void.

中保财产保险有限公司
THE PEOPLE'S INSURANCE (PROPERTY) COMPANY OF CHINA, LTD.

赔款偿付地点
Claim payable at LA SPEZIA PORT

日期 Date MAR. 12, 2005　在 at GUANGZHOU

地址：
Address:

保单空白背书： GUANGDONG TEA IMP. & EXP. CORP.

(签署)

BILL OF LADING

Shipper GUANGDONG TEA IMP. & EXP. CORP. 26-30/F GUANGDONG FOREIGN ECONOMICS & TRADE BUILDING, 351 TIAN HE ROAD, GUANGZHOU, CHINA	B/L No. GSG05-723 **Combined Transport BILL OF LADING** RECEIVED in apparent good order and condition except as otherwise noted the total number of containers or other packages or units enumerated below for transportation from the place of receipt to the place of delivery subject to the terms and conditions hereof. One of the Bills of Lading must be surrendered duly endorsed to the Carrier by or on behalf of the Holder of the Bill of Lading, the rights and liabilities arising in accordance with the terms and conditions hereof shall, without prejudice to any rule of common law or statute rendering them binding on the Merchant, become binding in all respects between the Carrier and the Holder of the Bill of Lading as though the contract evidenced hereby had been made between them. IN WITNESS whereof the number of original Bills of Lading stated under have been signed. All of this tenor and date, one of which being accomplished, the other(s) to be void.
Consignee TO THE ORDER OF ARELLA AND C. SPA	
Notify Address CASASCO AND NARDI - VIA DON GIOVANNI CALABRIA, 30-20132 MILANO PHONE 02-2729241	For delivery of goods please apply to :
Pre-carriage by / Place of receipt	
Ocean Vessel Voy. No: PUDONG SENATOR V.743 / Portof Loading: GUANGZHOU	
Port of Discharge: LA SPEZIA PORT / Place of Delivery	Final Destination for the Merchant's Reference only

Particulars Furnished by Merchants

Container, Seal No. & Marks & Nos.	No. of Package & Description of Goods	Gross Weight Kgs	Measurement m³
N/M	100 PAPERSACKS 4538 CHINA BLACK TEA 100 PAPERSACKS 5380 CHINA GREEN TEA TOTAL TWO HUNDRED PAPERSACKS ONLY. L/C NO. 3109/1065	8,140 FREIGHT PREPAID	
TEXU3730336 KHS487605/20'	SHIPPED ON BOARD ON BOARD DATE: MAR. 15, 2005		

FREIGHT & CHARGES	Revenue Tons.	Rate	Per	Prepaid	Collect

Prepaid at	Payable at	Place and date of issue GUANGZHOU, MAR. 15, 2005
Total Prepaid	No. of Original B(s)/L THREE (3)	Stamp & Signature (签章)

LADEN ON BOARD THE VESSEL
Date
By..........

(TERMS CONTINUED ON BACK HEREOF)

综合制单练习四

F14

凭
Drawn under JANATA BANK DHAKA (LOCAL OFFICE)

1

信用证 L/C　第 No. 009304060308 号

日期 dated MAY 25, 2004 年 月 日

按　息　付款
Payable with interest @ ...... % per annum

号码 No. ......　汇票金额 **Exchange** for USD7,635.38　中国，广州 Guangzhou.China　年 月 日 19......

见票　日后（本汇票之副本未付）付
At 120 DAYS sight of this **FIRST** of Exchange (Second of exchange being unpaid)

pay to the order of BANK OF CHINA, GUANGDONG BRANCH, GUANGZHOU 或其指定人

金额
the sum of US DOLLARS SEVEN THOUSAND SIX HUNDRED AND THIRTY FIVE AND CENTS THIRTY EIGHT ONLY.

此致
To JANATA BANK, DHAKA
(LOCAL OFFICE)

GUANGDONG TEXTILES IMPORT AND EXPORP
COTTON, YARN AND PIECE-GOODS COMPANY LTD.
(签章)

广东省纺织品进出口花纱布有限公司
GUANGDONG TEXTILES IMPORT & EXPORT
COTTON, YARN & PIECE-GOODS COMPANY LTD.
8/F., GUANGDONG TEXTILES MANSION, 168 XIAO BEI ROAD, GUANGZHOU, CHINA

商业发票
COMMERCIAL INVOICE

Messrs:
M/S. SPEEDWELL LIMITED
PLOT NO. M-4/2, ROAD NO. -7, SECTION-7,
MIRPUR, DHAKA-1216, BANGLADESH

INVOICE NO. : 24HS024018
INVOICE DATE: MAY 28, 2004
L/C NO. : 009304060308
L/C DATE : MAY 25, 2004
S/C NO. : 2004CYHS02008

Exporter:
GUANGDONG TEXTILES IMPORT & EXPORT
COTTON, YARN & PIECE-GOODS CO., LTD.

Transport details:
FROM SHANGHAI PORT TO CHITTAGONG, BANGLADESH
BY SEA

Terms of payment: L/C

Marks & Numbers	Description Of Goods	Quantity	Unit Price	Amount
STRETCH CANVAS COLOR: BALS NO: MADE IN CHINA	FABRICS FOR 100PCT EXPORT ORIENTED READYMADE GARMENTS INDUSTRY. 92/2 COTTON/SPANDEX CANVAS CONST: 21+12X16+70D 140X62 WIDTH 50/52 INCH	4, 491. 4YDS	USD1. 70/YD	USD7, 635. 38
			C N F CHITTAGONG	USD7, 635. 38

TOTAL QUANTITY: 4, 491. 4YDS PACKED IN 22 BALES
TOTAL WEIGHT: N. W.: 1, 650KGS G. W.: 1, 700KGSS
TOTAL US DOLLARS SEVEN THOUSAND SIX HUNDRED AND THIRTY FIVE AND CENTS THIRTY EIGHT ONLY.

AS PER OUR PROFORMA INVOICE NO. 2004CTHS02008 DATED 10-05-2004
IT IS CERTIFY THAT MERCHANDISE ARE OF CHINA ORIGIN
L/C AUTHORISATION FORM NO. 129306 AND H. S. CODE NO. 5208. 52. 00
THIS L/C IS OPENED AGAINST EXPORT L/C NO. 253011372706-B
DATED 10-06-2003.

GUANGDONG TEXTILES IMPORT & EXPORT
COTTON, YARN & PIECE-GOODS COMPANYLTD.
(签章)

BILL OF LADING

Shipper
GUANGDONG TEXTILES IMPORT AND EXPORT
COTTON, YARN AND PIECE-GOODS CO., LTD..

B/L No. FYPX0403335CHI

Combined Transport BILL OF LADING
RECEIVED in apparent good order and condition except as otherwise noted the total number of containers or other packages or units enumerated below for transportation from the place of receipt to the place of delivery subject to the terms and conditions hereof. One of the Bills of Lading must be surrendered duly endorsed to the Carrier by or on behalf of the Holder of the Bill of Lading, the rights and liabilities arising in accordance with the terms and conditions hereof shall, without prejudice to any rule of common law or statute rendering them binding on the Merchant, become binding in all respects between the Carrier and the Holder of the Bill of Lading as though the contract evidenced hereby had been made between them. IN WITNESS whereof the number of original Bills of Lading stated under have been signed. All of this tenor and date, one of which being accomplished, the other(s) to be void.

Consignee
TO THE ORDER OF JANATA BANK, LOCAL OFFICE, DHAKA

Notify Address
1) M/S. SPEEDWEL LIMITED PLOT NO. M-4/2 ROAD NO. -7, SECTION-7 MIRPUR, DHAKA-1216 BANGLADESH
2) JANATA BANK, LOCAL OFFICE, DHAKA

For delivery of goods please apply to :

Pre-carriage by | Place of receipt

Ocean Vessel Voy. No: MOL MAAS V. 571W | Port of Loading: SHANGHAI PORT

Port of Discharge: CHITTAGONG, BANGLADESH | Place of Delivery | Final Destination for the Merchant's Reference only

Particulars Furnished by Merchants

Container, Seal No. & Marks & Nos.	No. of Package & Description Of goods:	Gross Weight Kgs	Measurement m³
SIRETCH COLOR: BALS NO: MADE IN CHINA	22 BALES FABRICS FOR 100PCT EXPORT ORIENTED READYMADE GARMENTS INDUSTRY. 98/2 COTTON/SPANDES CANVAS TOTAL TWENTY TWO BALES ONLY.	1, 700KGS NET WEIGHT 1, 650KGS	3CBMS
CFS TO CFS APZU3028274 4014710	L/C AUTHORISATION FORM NO. 129306 AND H. S. CODE NO. 5208. 52. 00 L/C NO. 009304060308 THIS L/C IS OPENED AGAINST EXPORT L/C NO. 253011372706-B DATED 10-06-2003	SHIPPED ON BOARD ON BOARD DATE: MAY 31, 2004	

FREIGHT & CHARGES	Revenue Tons.	Rate	Per	Prepaid	Collect
FREIGHT PREPAID					

Prepaid at	Payable at	Place and date of issue
		SHANGHAI, MAY 31, 2004
Total Prepaid	No. of Original B(s)/L	Stamp & Signature
	THREE (3)	

LADEN ON BOARD THE VESSEL
Date
By..........
(TERMS CONTINUED ON BACK HEREOF)

广东省纺织品进出口花纱布有限公司
GUANGDONG TEXTILES IMPORT & EXPORT
COTTON, YARN & PIECE-GOODS COMPANY LTD.

产 地 证 明 书
CERTIFICATE OF ORIGIN

发票号(INV. NO): 24HS024018
L/C NO.: 009304060308
日期(DATE): MAY 28, 2004

兹 证 明 下 列 商 品 系 中 华 人 民 共 和 国 生 产 / 制 造
(This is to certify that the under mentioned commodities were produced/manufactured in the People's Republic of China)

标记及号码 (Mark & No.)	品　名 (Commodity)	数　量 (Quantity)	重　量 (Weight)
STRETCH CANVAS COLOR: BALS NO: MADE IN CHINA	FABRICS FOR 100PCT EXPORT ORIENTED READYMADE GARMENTS INDUSTRY. 98/2 COTTON/SPANDEX CANVAS IT IS TO CERTIFY THAT MERCHANDISE ARE OF CHINA ORIGIN L/C AUTHORISATION FORM NO. 129306 AND H. S. CODE NO. 5208. 52. 00 THIS L/C IS OPENED AGAINST EXPORT L/C NO. 25301137206-B DATED 10-06-2003	4, 491. 4 YDS (22 BALES)	NET WEIGHT 1, 650 KGS GROSS WEIGHT 1, 700 KGS

广东省纺织品进出口花纱布有限公司
GUANGDONG TEXTILES IMPORT & EXPORT
COTTON, YARN & PIECE-GOODS COMPANY LTD.
8/F., GUANGDONG TEXTILES MANSION, 168 XIAO BEI ROAD, GUANGZHOU, CHINA

装 船 通 知
SHIPPING ADVICE

To: M/S. CITY GENERAL INSURANCE CO. LTD. LOCAL LOCAL
OFFICE, BAITUL HOSSAIN BUILDING 3RD FLOOR,
27, DILKUSHA C/A, DHAKA-1000, BANGLADESH
M/S. SPEEDWELL LIMITED PLOT NO. M-4/2, ROAD NO. -7,
SECTION-7, MIRPUK, DHAKA-1216, BANGLADESH

Inv. No.: 24HS024018
Inv. Date: MAY 28. 2004
Inv. Value: USD7, 635. 38
L/C No.: 009304060308
S/C No.: 2004CTHS02008

Port of Shipment: SHANGHAI PORT, CHINA
Port of Destination: CHITTAGONG, BANGLADESH
Date of Shipment: MAY 31, 2004
Vessel's Name: MOL MAAS V. 571W
Commodity: FAVRICS FOR 100PCT EXPORT ORIENTED READYMADE GARMENTS INDUSTRY 98/2 COTTON/SPANDEX CANVAS
Quantity: 4, 491. 4 YDS (22 BALES)
Weight: N. W.: 1, 650 KGS G. W.: 1, 700 KGS

THE APPLICANT REFERRING TO INSURANCE COVER NOT NO. CGIC/LO/MC-191/05/04
DATED 25-05-2004
L/C AUTHORISATION FORM NO. 129306 AND H. S. CODE NO. 5208. 52. 00
THIS L/C IS OPENED AGAINST EXPORT L/C NO. 253011372706-B DATED 10-06-2003

GUANGDONG TEXTILES IMPORT & EXPORT
COTTON, YARN & PIECE-GOODS COMPANY LTD.
(签署)

广东省纺织品进出口花纱布有限公司
GUANGDONG TEXTILES IMPORT & EXPORT
COTTON, YARN & PIECE-GOODS COMPANY LTD.
8/F., GUANGDONG TEXTILES MANSION, 168 XIAO BEI ROAD, GUANGZHOU, CHINA

BENEFICIARY'S CERTIFICATE

Date: MAY 28, 2004

RE: INV. NO.: 24HS024018 L/C NO.: 009304060308

WE HEREBY CERTIFY THAT THE EFFECT THAT THEY HAVE COMPLIED ALL TERMS AND CONDITIONS OF THEIR PROFORMA INVOICE NO. 2004CTHS02008 DT. 01-05-2004.

GUANGDONG TEXTILES IMPORT & EXPORT
COTTON, YARN AND PIECE-GGODS COMPANY LTD.
(签署)

广东省纺织品进出口花纱布有限公司
GUANGDONG TEXTILES IMPORT & EXPORT
COTTON, YARN & PIECE-GOODS COMPANY LTD.
8/F., GUANGDONG TEXTILES MANSION, 168 XIAO BEI ROAD, GUANGZHOU, CHINA

DETAILS PACKING, WEIGHT AND MEASUREMENT LIST

NO.: 24HS024018
DATE: MAY 28, 2004

FABRICS FOR 100PCT EXPORT ORIENTED READYMADE GARMENTS INDUSTRY.

98/2 COTTON/SPANDEX CANVAS
CONST: 21+12X16+16+70D 140X62 WIDTH: 50/52 INCH

COLOUR: KHAKI

B/NO.	LOT NO.	QTY. (Y.)					TTL. (Y.)
——	——	——					——
1	A	105.0	78.7				183.7
2	A	107.2	91.9				199.1
3	A	113.7	89.7				203.4
4	A	123.6	108.3				231.9
5	A	109.4	37.2				146.6
6	A	114.8	79.8				194.6
							1159.3

TTL.: 6 BALES — 1,159.3 YDS.

COLOUR: BROWN

B/NO.	LOT NO.	QTY. (Y.)					TTL. (Y.)
——	——	——					——
1	B	103.9	109.4				213.3
2	B	165.1	105.0				270.1
3	A	105.0	109.4				214.4
4	A	71.1	106.1	25.1			202.3
5	A	98.2	25.1				121.3
							1021.4

TTL.: 5 BALES —1,021.4 YDS.

DETAILS PACKING, WEIGHT AND MEASUREMENT LIST

NO.: 24HS024018
DATE: MAY 28, 2004

COLOUR: GREY

B/NO.	LOT NO.	QTY. (Y.)					TTL. (Y.)
——	——	——					——
1	B	162.9	51.4	31.7			246.0
2	B	100.6	106.1				206.7
3	B	103.9	118.1				222.0
4	A	106.1	115.9	80.9			302.9
5	A	112.6	75.5	39.4			227.5
6	A	120.3	80.9				201.2
7	B	100.6	87.5				188.1
8	A	108.3					108.3
9	A	131.2	115.9				247.1
10	A	131.2	115.9				247.1
11	A	105.0	107.2				212.2
							2310.7

TTL.: 11 BALES — 2,310.7 YDS.

TOTAL: 22 BALES - 4,491.4 YDS.
G.WT.: @77.3/1,700 KGS
N.WT.: @75.0/1,650 KGS
MEAST: 3.0 CBMS.

AS PER PROFORMA INVOICE NO. 2004CTHS02008 DATED 01-05-2004 OF THE BENEFICIARY.

L/C AUTHORISATION FORM NO. 129306 AND H.S. CODE NO. 5208.52.00
L/C NUMBER: 009304060308
THIS L/C IS OPENED AGAINST EXPORT L/C NO. 253011372706-B DATED 10-06-2003.
SHIPPPING MARK: STRETCH CANVAS
COLOR:
BALS NO:
MADE IN CHINA

GUANGDONG TEXTILES IMPORT & EXPORT
COTTON, YARN & PIECE-GOODS COMPANY LTD.
(签署)

综合制单练习五

F14

凭 Drawn under KRUNG THAI BANK PUBLIC COMPANY LIMITED BANGKOK

信用证 第 号 L/C No. BL 210390

日期 年 月 日 dated FEB. 8, 2012

按 息 付 款 Payable with interest @ .... % per annum

号码 汇票金额 No. 201205019GMBS Exchange for USD22876. 34　　中国．广州 年 月 日 Guangzhou.China .... 20 ....

见票 日后（本汇票之副本未付）付 At 60 DAYS sight of this FIRST of Exchange (Second of exchange being unpaid)

pay to the order of KRUNG THAI BANK PCL., SUANMALI IBC 或其指定人

金额 the sum of U. S. DOLLARS TWENTY TWO THOUSAND EIGHT HUNDRED AND SEVENTY SIX CENTS THIRTY FOUR ONLY.

此致 To KRUNG THAI BANK PCL., SUANMALI IBC

1

GUANGDONG TEXTILES IMP AND EXP
MEIFENG GARMENTS CO., LTD.
6/F, GUANGDONG TESTILES MANSIONS
168 XIAO BEI RD., GUANGZHOU, CHINA
刘山峰

广东省纺织品进出口美丰服装有限公司
GUANGDONG TEXTILES IMP AND EXP MEIFENG GARMENTS CO., LTD.
6/F, GUANGDONG TESTILES MANSIONS 168 XIAO BEI RD., GUANGZHOU, CHINA

商 业 发 票 COMMERCIAL INVOICE

ORIGINAL

Messrs:
WATANA TOOL COMPANY LIMITED
277-279 BORIPAT ROAD, POMPRAB,
BANGKOK 10100, THAILAND

Invoice No. : 201205019GMBS
Invoice Date : APR. 9, 2012
S/C No. : 2012GMBS05019
L/C No. : BL 210390

Exporter:
GUANGDONG TEXTILES IMP AND EXP
MEIFENG GARMENTS CO., LTD.
6/F, GUANGDONG TESTILES MANSIONS
168 XIAO BEI RD., GUANGZHOU, CHINA

TRANSPORT DETAILS:
FROM GUANGZHOU, CHINA TO BANGKOK, THAILAND BY VESSEL

TERMS OF PAYMENT:
BY L/C

Marks & numbers	Description of goods	Quantity	Unit price	Amount
	'SHUANG GE' CHAIN BLOCK HS-C TYPE			
WTT/BANGKOK	1T*2.5M	300PCS	USD17.70	USD5310.00
	1.5T*2.5M	250PCS	USD22.60	USD5650.00
	2T*2.5M	150PCS	USD24.88	USD3732.00
	3T*3M	120PCS	USD30.85	USD3702.00
	5T*3M	80PCS	USD44.24	USD3539.20
	20T*5M	6PCS	USD235.00	USD1410.00
			C.I.F.C2 BANGKOK THAILAND	USD23343.20
			LESS C2%	USD466.86
			C.I.F. BANGKOK THAILAND	USD22876.34

TOTAL QUANTITY: 906PCS PACKING: 906 CARTONS
TOTAL WEIGHT: NET WT: 14230KGS GROSS WT: 16042KGS
TOTAL AMOUNT: U.S. DOLLARS TWENTY TWO THOUSAND EIGHT HUNDRED AND SEVENTY SIX CENTS THIRTY FOUR ONLY.
AS PER P/INV. NO. 2012GMBS05019
F.O.B VALUE:
FREIGHT CHARGE: USD819.00
INSURANCE PREMIUM: USD114.72

GUANGDONG TEXTILES IMP AND EXP
MEIFENG GARMENTS CO., LTD.
6/F, GUANGDONG TESTILES MANSIONS
168 XIAO BEI RD., GUANGZHOU, CHINA
刘山峰

广东省纺织品进出口美丰服装有限公司
GUANGDONG TEXTILES IMP AND EXP MEIFENG GARMENTS CO., LTD.
6/F, GUANGDONG TESTILES MANSIONS 168 XIAO BEI RD., GUANGZHOU, CHINA

装 箱 单 PACKING LIST

ORIGINAL

EXPORTER:
GUANGDONG TEXTILES IMP AND EXP
MEIFENG GARMENTS CO., LTD.
6/F, GUANGDONG TESTILES MANSIONS
168 XIAO BEI RD., GUANGZHOU, CHINA

DATE : APR. 9, 2012
INVOICE NO. : 201205019GMBS
S/C NO. : 2012GMBS05019
L/C NO. : BL 210390

TRANSPORT DETAILS:
FROM GUANGZHOU, CHINA TO BANGKOK, THAILAND BY VESSEL

标记 Marks & NO.	货名 Description of Goods	件数 Quantity	净重 N.W.	毛重 G.W.	尺码 Measurement
WTT/BANGKOK	'SHUANG GE' CHAIN BLOCK HS-C TYPE				
	1T*2.5M	300CTNS	@14KGS 4200KGS	@16KGS 4800KGS	@(30*25*20)CM 4.50CBMS
	1.5T*2.5M	250CTNS	@15KGS 3750KGS	@17KGS 4250KGS	@(35*25*20)CM 4.375CBMS
	2T*2.5M	150CTNS	@16KGS 2400KGS	@18KGS 2700KGS	@(35*25*20)CM 2.625CBMS
	3T*3M	120CTNS	@18KGS 2160KGS	@20KGS 2400KGS	@(45*25*20)CM 2.7CBMS
	5T*3M	80CTNS	@20KGS 1600KGS	@22KGS 1760KGS	@(60*40*35)CM 6.72CBMS
	20T*5M	6 CTNS	@20KGS 120KGS	@22KGS 132KGS	@(60*40*35)CM 0.504CBMS
		906CTNS	14230KGS	16042KGS	21.42CBMS

TOTAL QUANTITY: 906PCS
TOTAL: NINE HUNDRED AND SIX CARTONS ONLY.

GUANGDONG TEXTILES IMP AND EXP
MEIFENG GARMENTS CO., LTD.
6/F, GUANGDONG TESTILES MANSIONS
168 XIAO BEI RD., GUANGZHOU, CHINA
刘山峰

BILL OF LADING

Shipper:
GUANGDONG TEXTILES IMP AND EXP
MEIFENG GARMENTS CO., LTD.
6/F, GUANGDONG TESTILES MANSIONS
168 XIAO BEI RD., GUANGZHOU, CHINA

B/L No. CAN2006789

Combined Transport BILL OF LADING

RECEIVED in apparent good order and condition except as otherwise noted the total number of containers or other packages or units enumerated below for transportation from the place of receipt to the place of delivery subject to the terms and conditions hereof. One of the Bills of Lading must be surrendered duly endorsed to the Carrier by or on behalf of the Holder of the Bill of Lading, the rights and liabilities arising in accordance with the terms and conditions hereof shall, without prejudice to any rule of common law or statute rendering them binding on the Merchant, become binding in all respects between the Carrier and the Holder of the Bill of Lading as though the contract evidenced hereby had been made between them. IN WITNESS whereof the number of original Bills of Lading stated under have been signed. All of this tenor and date, one of which being accomplished, the other(s) to be void.

Consignee:
TO ORDER OF KRUNG THAI BANK PUBLIC COMPANY LIMITED

Notify Address:
WATANA TOOL COMPANY LIMITED
277-279 BORIPAT ROAD, POMPRAB,
BANGKOK 10100, THAILAND

Pre-carriage by:　　Place of receipt:

For delivery of goods please apply to:

Ocean Vessel Voy. No: MING CONTAINER V.65S　　Port of Loading: GUANGZHOU, , CHINA

Port of Discharge: BANGKOK, THAILAND　　Place of Delivery:　　Final Destination for the Merchant's Reference only

Container, Seal No. & Marks & Nos.	No. of Package & Description of Goods	Gross Weight Kgs	Measurement m³
WTT/BANGKOK	906CARTONS 'SHUANG GE' CHAIN BLOCK HS-C TYPE	16042KGS	21.42CBMS
	TOTAL: FORTY CARTONS ONLY.		
	L/C NO.: BL 210390		
	SHIPPED ON BOARD ON BOARD DATE: APR. 11, 2012		

YMLU2958162/MF0102813

CHANG HONG SHIPPING CO. LTD.
张三贵 AS AGENT FOR CARRIER:
PAC OCEAN LINES S. A.

FREIGHT & CHARGES	Revenue Tons	Rate Per	Prepaid	Collect
FREIGHT PREPAID				

Ex. Rate:　　Prepaid at:　　Payable at:　　Place and date of issue: GUANGZHOU APR. 11, 2012

Total Prepaid:　　No. of Original B(s)/L: THREE (3)　　Stamp & Signature:

LADEN ON BOARD THE VESSEL
Date
By ....

(TERMS CONTINUED ON BACK HEREOF)

中保财产保险有限公司
The people's insurance (Property) Company of China, Ltd

PICC PROPERTY

发票号码
Invoice No. 201205019GMBS

保险单号次
Policy No. 20402014902010052

海 洋 货 物 运 输 保 险 单
MARINE CARGO TRANSPORTATION INSURANCE POLICY

被保险人：GUANGDONG TEXTILES IMP AND EXP MEIFENG GARMENTS CO., LTD.
Insured: ……

中保财产保险有限公司（以下简称本公司）根据被保险人的要求，及其所缴付约定的保险费，按照本保险单承担险别和背面所载条款与下列特款承保下列货物运输保险，特签发本保险单。

This policy of Insurance witnesses that The People's Insurance (Property) Company of China, Ltd. (hereinafter called "The Company"), at the request of the Insured and in consideration of the agreed premium paid by the Insured, undertakes to insure the undermentioned goods in transportation subject to the conditions of this Policy as per the Clauses printed overleaf and other special clauses attached hereon.

保险货物项目 Descriptions of Goods	包装 单位 数量 Packing Unit Quantity	保险金额 Amount Insured
'SHUANG GE' CHAIN BLOCK HS-C TYPE TOTAL: 906CARTONS	906CARTONS	USD25163.97

承保险别
Conditions.

COVERING OCEAN MARINE CARGO CLAUSES(A) AS PER CIC CLAUSE.

货物标记
Marks of Goods

WTT/BANGKOK

总保险金额：U.S. DOLLARS TWENTY FIVE THOUSAND ONE HUNDRED AND SIXTY-THREE CENTS NINETY SEVEN ONLY.
Total Amount Insured: ……

保费 As arranged　　装载运输工具 MING CONTAINER V.65S　　开航日期 APR. 11, 2012
Premium ……　Per conveyance S.S. ……　Slg. on or abt. ……

起运港 GUANGZHOU　　目的港 BANGKOK THAILAND
From ……　To ……

所保货物，如发生本保险单项下可能引起索赔的损失或损坏，应立即通知本公司下述代理人查勘。如有索赔，应向本公司提交保险单正本（本保险单共有　　份正本）及有关文件。如一份正本已用于索赔，其余正本则自动失效。

In the event of loss or damage which may result in a claim under this Policy, immediate notice must be given to the Company's Agent as mentioned hereunder. Claims, if any, one of the Original Policy which has been issued in 2 Original(s) together with the relevant documents shall be surrendered to the Company. If one of the Original Policy has been accomplished, the others to be void.

THE NAME OF SERTTLING AGENT IN THAILAND:
BANGKOK INSURANCE CO., LTD.
302 BANGKOK UNSRUANCE BUILDING
SILOM ROAD, BANGKOK 10500, THAILAND

L/C NO.: BL 210390

中保财产保险有限公司
THE PEOPLE'S INSURANCE (PROPERTY) COMPANY OF CHINA, LTD.

赔款偿付地点 THAILAND
Claim payable at ……

日期 APR. 10, 2012　在 GUANGZHOU
Date …… at ……

地址：
Address:

保险单背书：
GUANGDONG TEXTILES IMP AND EXP MEIFENG GARMENTS CO., LTD.
刘山峰

综合制单练习六

F14

凭 THE SANWA BANK LTD OSAKA
Drawn under ……

信用证 第 号
L/C No. ……41-1463961-052……

日期 年 月 日
dated……JAN. 25, 2011……

按 息 付 款
Payable with interest @……% per annum

号码 汇票金额 中国，广州 年 月 日
No.…… **Exchange** for USD23486.20 Guangzhou.China……20……

见票 日后（本汇票之副本未付）付
At ……*** ***…… sight of this **FIRST** of Exchange (Second of exchange being unpaid)

pay to the order of……BANK OF CHINA…… 或其指定人

金额
the sum of U. S. DOLLARS TWENTY-THREE THOUSAND FOUR HUNDRED AND EIGHTY-SIX POINT TWO ONLY.

此致
To: THE SANWA BANK LTD OSAKA

SINOCHEM GUANGDONG IMPORT AND EXPORT CORPORATION
58, ZHAN QIAN ROAD, GUAGNZHOU, CHINA
李明天

1

中 化 广 东 进 出 口 公 司
SINOCHEM GUANGDONG IMPORT AND EXPORT CORPORATION
58, ZHAN QIAN ROAD, GUAGNZHOU, CHINA

商 业 发 票
COMMERCIAL INVOICE　　ORIGINAL

Messrs:
KONDOTEC INC.
2-90, SAKAIGAWA, 2-CHOME, NISHI-KU,
OSAKA 5500024, JAPAN

Invoice No. : 01AG0525-074
Invoice Date : FEB. 21, 2011
S/C No. : 44GD125AG-074
L/C No. : 41-1463961-052
L/C Date : JAN. 25, 2011

Exporter:
SINOCHEM GUANGDONG IMPORT AND EXPORT CORPORATION
58, ZHAN QIAN ROAD, GUAGNZHOU, CHINA

Transport details:
FROM GUANGZHOU PORT TO OSAKA PORT BY VESSEL

Terms of payment:
BY L/C

Marks & numbers	Description of goods		Quantity	Unit price	Amount
KIW	PVC LAYFLAT WATER DISCHARGE HOSE, BLUE COLOR				
A09553					
OSAKA		2in*10m	50rolls	@ USD4.85	USD242.50
NO. 1-UP		2in*20m	90rolls	@ USD9.70	USD873.00
MADE IN CHINA		2in*30m	118rolls	@ USD14.45	USD1705.10
		2in*50m	496rolls	@ USD24.10	USD11953.60
		2in*100m	180rolls	@ USD48.40	USD8712.00
				CIFD5 OSAKA	USD23486.20
				LESS D5%	USD1174.31
				CIF OSAKA	USD22311.89

TOTAL QUANTITY: 934ROLLS PACKING:
TOTAL WEIGHT: NET WT: KGS GROSS WT: KGS
TOTAL: U.S. DOLLARS TWENTY-TWO THOUSAND THREE HUNDRED AND ELEVEN POINT EIGHT NINE ONLY.

AS PER P.O. NO.: A09553 DATED 11/22/2010
THE VESSEL NAME: CAPE COOK V.0109E

SINOCHEM GUANGDONG IMPORT AND EXPORT CORPORATION
58, ZHAN QIAN ROAD, GUAGNZHOU, CHINA
李明天

中 化 广 东 进 出 口 公 司
SINOCHEM GUANGDONG IMPORT AND EXPORT CORPORATION
58, ZHAN QIAN ROAD, GUAGNZHOU, CHINA

装 箱 单
PACKING LIST

ORIGINAL

To:
KONDOTEC INC.
2-90, SAKAIGAWA, 2-CHOME, NISHI-KU,
OSAKA 5500024, JAPAN

Invoice No. : 01AG0525-074
Invoice Date : FEB. 21, 2011
S/C No. : 44GD125AG-074
L/C No. : 41-1463961-052

Transport details:
FROM GUANGZHOU PORT TO OSAKA, JAPAN BY VESSEL

标记 Marks & numbers	货名 Descrip. of goods	件数 Quantity	净重 N.W.	毛重 G.W.	尺码 Measur.
KIW	PVC LAYFLAT WATER DISCHARGE HOSE, BLUE COLOR				
A09553					
OSAKA	2in*10m	50 ROLLS			
NO. 1-UP	2in*20m	90 ROLLS			
MADE IN CHINA	2in*30m	118 ROLLS			
	2in*50m	496 ROLLS			
	2in*100m	180 ROLLS			
	TOTAL:	934 ROLLS	17100KGS	18000KGS	26CBMS

PACKING: WRAPED WITH PLASTIC FILM AND WITH CORRUGATED BONED ED AND BOTTOM AND SIDE, TOTAL IN 23 PALLETS.
TOTAL: NINE HUNDRED THIRTY-FOUR ROLLS ONLY.
THE VESSEL NAME: CAPE COOK V.0109E

SINOCHEM GUANGDONG IMPORT AND EXPORT CORPORATION
58, ZHAN QIAN ROAD, GUAGNZHOU, CHINA
李明天

BILL OF LADING

Shipper
SINOCHEM GUANGDONG IMPORT AND EXPORT CORPORATION
58, ZHAN QIAN ROAD, GUAGNZHOU, CHINA

B/L No. JA93200017

Combined Transport BILL OF LADING

Consignee
TO ORDER OF SHIPPER

Notify Address
KONDOTEC INC.
2-90, SAKAIGAWA, 2-CHOME, NISHI-KU,
OSAKA 5500024, JAPAN

Pre-carriage by
Place of receipt
For delivery of goods please apply to:

Ocean Vessel　Voy. No
CAPE COOK　V.0109E

Port of Loading
GUANGHOU

Port of Discharge
OSAKA, JAPAN

Place of Delivery
Final Destination for the Merchant's Reference only

Particulars Furnished by Merchants

Container, Seal No. & Marks & Nos.	No. of Package & Description of Goods	Gross Weight Kgs	Measurement m³
	"SHIPPER'S LOAD & COUNT & SEAL"		
KIW A09553 OSAKA NO. 1-UP MADE IN CHINA	934ROLLS　PVC LAYFLAT WATER DISCHARGE HOSE, BLUE COLOR	18000KGS	26CBMS
	TOTAL: ONE (1×20') CONTAINERS ONLY.		
	SHIPPED ON BOARD ON BOARD DATE: FEB. 26, 2011		

FCL CY/CY
SITU2982898/1267471 (20')

SINOTRANS GUANGDONG COMPANY
刘丽娟 AS CARRIER

FREIGHT & CHARGES	Revenue Tons	Rate	Per	Prepaid	Collect
FREIGHT PREPAID					

Ex. Rate	Prepaid at	Payable at	Place and date of issue
			GUANGZHOU FEB. 26, 2011
	Total Prepaid	No. of Original B(s)/L THREE	Stamp & Signature

LADEN ON BOARD THE VESSEL
Date
By..............................
(TERMS CONTINUED ON BACK HEREOF)　(KENWA STANDARD FORM 01)

提单空白背书：

SINOCHEM GUANGDONG IMPORT AND EXPORT CORPORATION
李明天

ORIGINAL

1. Goods consigned from (Exporter's business name, address, county)
SINOCHEM GUANGDONG IMPORT AND EXPORT CORPORATION
58, ZHAN QIAN ROAD, GUAGNZHOU, CHINA

Reference No.
GZ1/80330/0064

GENERALIZED SYSTEM OF PREFERENCES
CERTIFICATE OF ORIGIN
(Combined declaration and certificate)
FORM A
issued in THE PEOPLE'S REPUBLIC OF CHINA
(COUNTRY)
See Notes overleaf

2. Goods consigned to (Consignee's name, address, country)
KONDOTEC INC.
2-90, SAKAIGAWA, 2-CHOME, NISHI-KU,
OSAKA 5500024,
JAPAN

3. Means of transport and route (as far as known)
ON/AFTER FEB. 26, 2011
FROM GUANGZHOU PORT TO OSAKA
PORT BY VESSEL

4. For official use

5. Item number	6. Marks and numbers of packages	7. Number and kind of packages; description goods	8. Origin criterion (see Notes overleaf)	9. Gross weight or other quantity	10. Number and date of invoices
1	KIW A09553 OSAKA NO. 1-UP MADE IN CHINA	ONE THOUSAND FOUR HUNDRED (1400) BUNDLES OF STAINLESS STEEL SPADE HEAD ************************************	"P"	0KGS	01AG0525-074 FEB. 21, 2011

11. Certification
It is hereby certified, on the basis of control carried out, that the declaration by the exporter is correct.

GUANGZHOU　FEB. 25, 2011
Place and date, signature and stamp of certifying authority

12. Declaration by the exporter
The undersigned hereby declares that the above details and statements are correct; that all the goods were produced in
CHINA
(country)
and that they comply with the origin requirements specified for those goods in the Generalized System of Preferences for goods exported to
JAPAN
(importing country)

GUANGZHOU　FEB. 23, 2011
Place and date, signature of authorized signatory

中保财产保险有限公司
The people's Insurance (Property) Company of China, Ltd.
PICC PROPERTY

发票号码
Invoice No.　01AG0525-074

保险单号次
Policy No.　PEXP20014401AG-074

海 洋 货 物 运 输 保 险 单
MARINE CARGO TRANSPORTATION INSURANCE POLICY

被保险人：
Insured:　SINOCHEM GUANGDONG IMPORT AND EXPORT CORPORATION

This policy of Insurance witnesses that The People's Insurance (Property) Company of China, Ltd (hereinafter called "The Company"), at the request of the Insured and in consideration of the agreed premium paid by the Insured, undertakes to insure the undermentioned goods in transportation subject to the conditions of this Policy as per the Clauses printed overleaf and other special clauses attached hereon.

保险货物项目 Descriptions of Goods	包装 单位 数量 Packing Unit Quantity	保险金额 Amount Insured
PVC LAYFLAT WATER DISCHARGE HOSE, BLUE COLOR TOTAL: 1400 BUNDLES	934 ROLLS	USD24543.08

承保险别
Conditions.
COVERING INSTITUTE CARGO CLAUSES (ALL RISKS)

货物标记
Marks of Goods
KIW
A09553
OSAKA
NO. 1-UP
MADE IN CHINA

总保险金额：
Total Amount Insured: U.S. DOLLARS TWENTY-FOUR THOUSAND FIVE HUNDRED AND FORTY-THREE CENTS EIGHT ONLY.

保费
Premium　AS ARRANGE
载运输工具
Per conveyance S.S.　CAPE COOK　V.0109E
开航日期
Slg. on or abt.　FEB. 26, 2011

起运港
From　GUANGZHOU
目的港
To　OSAKA

In the event of loss or damage which may result in a claim under this Policy, immediate notice must be given to the Company's Agent as mentioned hereunder. Claims, if any, one of the Original Policy which has been issued in 2 Original(s) together with the relevant documents shall be surrendered to the Company. If one of the Original Policy has been accomplished, the others to be void.

中保财产保险有限公司
THE PEOPLE'S INSURANCE (PROPERTY) COMPANY OF CHINA, LTD.

赔款偿付地点
Claim payable at　JAPJAN IN THE CURRENCY OF THE DRAPT

日期
Date　FEB. 26, 2011
在
at　GUANGZHOU

地址：
Address:

提单背书：

SINOCHEM GUANGDONG IMPORT AND EXPORT CORPORATION
李明天

中 化 广 东 进 出 口 公 司
SINOCHEM GUANGDONG IMPORT AND EXPORT CORPORATION
58, ZHAN QIAN ROAD, GUAGNZHOU, CHINA

受益人证明书
BENEFICIARY'S CERTIFICATE

FEB. 26, 2011

RE: INVOICE NO.: 01AG0525-074　L/C NO.: 41-1463961-052

WE HEREBY STATE THAT ONE SET OF NEGOTIABLE DOCUMENTS INCLUDING 1/3 ORIGINAL B/L AND ORIGINAL GSP CERT EXCEPT INSURANCE POLICY HAVE BEEN FACSIMILED TO APPLICANT AND THEN SENT BY COURIER SERVICE WITHIN 3 DAYS AFTER B/L DATE.

SINOCHEM GUANGDONG IMPORT AND EXPORT CORPORATION
58, ZHAN QIAN ROAD, GUAGNZHOU, CHINA
李明天

综合制单练习七

F14

凭 Drawn under NORDEA BANK DENMARK A/S COPENHAGEN DENMARK

信用证 第 号 L/C No. 667-01-3042855

日期 年 月 日 dated JAN. 14, 2011

按 息 付 款 Payable with interest @ ...... % per annum

号码 汇票金额 中国, 广州 年 月 日

No. 201201020SDT Exchange for USD26412.00 Guangzhou.China ...... 20......

见票 日后（本汇票之副本未付）付

At *** *** sight of this FIRST of Exchange (Second of exchange being unpaid)

pay to the order of BANK OF CHINA ...... 或其指定人

金额 the sum of U S DOLLARS TWENTY-SIX THOUSAND FOUR HUNDRED AND TWELVE ONLY.

此致 To NORDEA BANK DENMARK A/S COPENHAGEN DENMARK

1

SUCCESS DEVELOPMENT TRADING LTD
39/FL BLOCK 3 FLAT F, NAM FUNG
PLAZA TSEUNG KWAN O.N.T.HONGKONG
吕明启

成功发展贸易有限公司
SUCCESS DEVELOPMENT TRADING LTD
39/FL BLOCK 3 FLAT F, NAM FUNG PLAZA TSEUNG KWAN O.N.T.HONGKONG

商业发票
COMMERCIAL INVOICE

Messrs:
YYSK ABC TRADING LTD
OEKONOMIAFDELINGEN
FOERETAGSVAEGEN 685
S-23655 ARLOEV SWEDEN

Invoice No. : 20110102OSDT
Invoice Date : JAN. 20, 2011
S/C No. : 2011KG02350
L/C No. : 667-01-3042855

Exporter:
SUCCESS DEVELOPMENT TRADING LTD
39/FL BLOCK 3 FLAT F, NAM FUNG
PLAZA TSEUNG KWAN O.N.T.HONGKONG

TRANSPORT DETAILS:
FROM GUANGZHOU CHINA TO GOTHENBURG
SWEDEN BY VESSEL

TERMS OF PAYMENT:
BY L/C

Marks & numbers	Description of goods	Quantity	Unit price	Amount
	GARMENTS			
ABC 3900300 N01-210	ART 3900300	8400PCS	USD1.25/PC	USD10500.00
ABC 3901400 N01-390	ART 3901400	15600PCS	USD1.02/PC	USD15912.0
			C F R GOTHENBURG, SWEDEN	USD26412.00

TOTAL QUANTITY: 24000PCS　PACKING: 40PCS/CTN, 600CTNS
TOTAL WEIGHT: NET WT:3600KGS　GROSS WT:3900KGS
TOTAL AMOUNT: U.S.DOLLARS TWENTY-SIX THOUSAND FOUR HUNDRED AND TWELVE ONLY.

AS PER S/C NO 2011KG02350 AND JYSK ORDER 4500341081
THE NAME OF AGENT IN DENMARK:
SCHOU ISENKRAM A/S
INDUSTRIVEJ 36
6580 VAMDRUP DENMARK

SUCCESS DEVELOPMENT TRADING LTD
39/FL BLOCK 3 FLAT F, NAM FUNG
PLAZA TSEUNG KWAN O.N.T.HONGKONG
吕明启

成功发展贸易有限公司
SUCCESS DEVELOPMENT TRADING LTD
39/FL BLOCK 3 FLAT F, NAM FUNG PLAZA TSEUNG KWAN O.N.T.HONGKONG

装箱单
PACKING LIST

ORIGINAL

EXPORTER:
SUCCESS DEVELOPMENT TRADING LTD
39/FL BLOCK 3 FLAT F, NAM FUNG
PLAZA TSEUNG KWAN O.N.T.HONGKONG

DATE : JAN. 20, 2011
INVOICE NO.: 20110102OSDT
S/C NO. : 2011KG02350
L/C NO. : 667-01-3042855

TRANSPORT DETAILS:
FROM GUANGZHOU CHINA TO GOTHENBURG
SWEDEN BY VESSEL

标记 Marks & numbers	货名 Description of goods	件数 Quantity	净重 N.W.	毛重 G.W.	尺码 Measurement
	GARMENTS				
ABC 3900300 N01-210	ART 3900300	210CTNS	@6KGS 1260KGS	@6.5KGS 1365KGS	@(40*35*32)CM 9.41CBMS
ABC 3901400 N01-390	ART 3901400	390CTNS	@6KGS 2340KGS	@6.5KGS 2535KGS	@(40*35*32)CM 17.47
		600CTNS	3600KGS	3900KGS	26.88CBMS

TOTAL QUANTITY: 24000PCS
TOTAL: SIX HUNDRED CARTONS ONLY.
CONTAINER NUMBER: CAXU6136359/07059

SUCCESS DEVELOPMENT TRADING LTD
39/FL BLOCK 3 FLAT F, NAM FUNG
PLAZA TSEUNG KWAN O.N.T.HONGKONG
吕明启

BILL OF LADING

Shipper
SUCCESS DEVELOPMENT TRADING LTD
39/FL BLOCK 3 FLAT F, NAM FUNG
PLAZA TSEUNG KWAN O.N.T.HONGKONG

B/L No.　CNHUA01439

Combined Transport BILL OF LADING

RECEIVED in apparent good order and condition except as otherwise noted the total number of containers or other packages or units enumerated below for transportation from the place of receipt to the place of delivery subject to the terms and conditions hereof. One of the Bills of Lading must be surrendered duly endorsed to the Carrier by or on behalf of the Holder of the Bill of Lading, the rights and liabilities arising in accordance with the terms and conditions hereof shall, without prejudice to any rule of common law or statute rendering them binding on the Merchant, become binding in all respects between the Carrier and the Holder of the Bill of Lading as though the contract evidenced hereby had been made between them. IN WITNESS whereof the number of original Bills of Lading stated under have been signed. All of this tenor and date one of which being accomplished, the other(s) to be void.

Consignee
TO ORDER OF YYSK ABC TRADING LTD

Notify Address
YYSK ABC TRADING LTD
OEKONOMIAFDELINGEN
FOERETAGSVAEGEN 685
S-23655 ARLOEV SWEDEN

Pre-carriage by　Place of receipt

For delivery of goods please apply to :

Ocean Vessel　Voy. No　Port of Loading
YANG CHENG 9　V.0303　GUANGZHOU, CHINA

Port of Discharge　Place of Delivery　Final Destination for the Merchant's Reference only
GOTHENBURG, SWEDEN

Container, Seal No. &	No. of Package & Description of Goods	Gross Weight Kgs	Measurement m³
ABC 3900300 N01-210 ABC 3901400 N01-390	600 CARTONS　GARMENTS	3900KGS	26.88CBM

SHIPPED ON BOARD
ON BOARD DATE: JAN. 26, 2012

Particulars Furnished by Merchants

CONTAINER NO.
1*20'
CAXU6136359/07059

TOTAL: SIX HUNDRED CARTONS ONLY.

CHINA OCEAN SHIPPING AGENCY GUANGZHOU
[illegible] AS AGENT FOR THE CARRIER:
KENWA SHIPPING CO., LTD.

FREIGHT & CHARGES	Revenue Tons	Rate	Per
FREIGHT PREPAID			

Ex. Rate:	Prepaid at	Payable at	Place and date of issue
			GUANGZHOU JAN. 26, 2011
	Total Prepaid	No. of Original B(s)/L THREE(3)	Stamp & Signature

LADEN ON BOARD THE VESSEL
Date
By ......

(TERMS CONTINUED ON BACK HEREOF)　[illegible]

Copy

1. Exporter (full name and address)	Certificate No.
SUCCESS DEVELOPMENT TRADING LTD 39/FL BLOCK 3 FLAT F, NAM FUNG PLAZA TSEUNG KWAN O. N. T. HONGKONG	CCCPIT440106323 CERTIFICATE OF ORIGIN OF THE PEOPLE'S REPUBLIC OF CHINA
2. Consignee (full name address, country) YYSK ABC TRADING LTD OEKONOMIAPDELINGEN FOERETAGSVAEGEN 685 S-23655 ARLOEV SWEDEN	
3. Means of transport and route FROM GUANGZHOU CHINA TO BY VESSEL	5. For certifying authority use only
4. Destination port GOTHENBURG SWEDEN	

6. Marks and numbers	7. Number and kind of packages; description of goods	8. H. S. Code	9. Quantity	10. Number and date of invoices
ABC 3900300 N01-210	TWO HUNDRED AND TEN (210) CARTONS OF GARMENTS ART 3900300	5209	8400PCS	201101020SDT JAN. 20, 2011
ABC 3901400 N01-390	THREE HUNDRED AND NINETY (390) CARTONS OF GARMENTS ART 3901400 **	5209	15600PCS	

11. Declaration by the exporter	12. Certification
The undersigned hereby declares that the above details and statements are correct, that all the goods were produced in China and that they comply with the Rules of Origin of the People's Republic of China. GUANGZHOU JAN. 22, 2011 易明杰 Place and date, signature and stamp of authorized signatory	It is hereby certified that the declaration by the export is correct. GUANGZHOU JAN. 23, 2011 Place and date, signature of authorized signatory

综合制单练习八

F14

凭 Drawn under SAKURA BANK, LTD., THE (FORMERLY MITSUI TAIYO KOBE) TOKYO

信用证 第 号 L/C No. 645-3000598

日期 年 月 日 dated JUL. 13, 2011

按 息 付 款 Payable with interest @ ...... % per annum

号码 No. 2011-199-2030 汇票金额 **Exchange** for USD15960.00 中国，广州 Guangzhou.China 年 月 日 20......

见票 At 30 DAYS 日后（本汇票之副本未付）付 sight of this **FIRST** of Exchange (Second of exchange being unpaid)

pay to the order of BANK OF CHINA GUANGDONG BRANCH 或其指定人

金额 the sum of U. S. DOLLARS FIFTEEN THOUSAND NINE HUNDRED AND SIXTY ONLY.

此致 To SAKURA BANK, LTD., THE (FORMERLY MITSUI TAIYO KOBE) TOKYO

1

GUANGDONG MACHINERY IMPORT AND EXPORT CORP. (GROUP)
吴天贵

汇票背书：

BANK OF CHINA GUANGDONG BRANCH
李黎明
TO ORDER OF SAKURA BANK, LTD., THE (FORMERLY MITSUI TAIYO KOBE) TOKYO

广东省机械进出口(集团)公司
GUANGDONG MACHINERY IMPORT AN EXPORT CORP. (GROUP)
726 DONG FENG ROAD EAST, GUANGZHOU, CHINA

商 业 发 票
COMMERCIAL INVOICE

Messrs:
ABC CO., LTD.
7-CHOME UENO TAITO-KU TOKYO,
JAPAN

Invoice No. : 2011-199-2030
Invoice Date : SEP. 2, 2011
S/C No. : A98JP19900006
L/C No. : 645-3000598

Exporter:
GUANGDONG MACHINERY IMPORT AN EXPORT CORP. (GROUP)
726 DONG FENG ROAD EAST, GUANGZHOU, CHINA

Transport details:
FROM GUANGZHOU CHINA TO YOKOHAMA JAPAN
BY VESSEL

Terms of payment:
BY L/C

Marks & numbers	Description of goods	Quantity	Unit price	Amount
A98JP1990006 YOKOHAMA NO. 1-UP	"RABBIT" BRAND SHOVEL WITH METAL HANDLE, S501MH	420DOZ	USD40.00/DOZ	USD16800.00
		CIFD5% YOKOHAMA		USD16800.00
		LESS D5%		USD840.00
		CIF YOKOHAMA		USD15960.00

TOTAL QUANTITY: 420DOZ PACKING: 420BUNS
TOTAL WEIGHT: NET WT: 10080KGS GROSS WT: 10500KGS
TOTAL AMOUNT: U. S. DOLLARS FIFTEEN THOUSAND NINE HUNDRED AND SIXTY ONLY.

AS PER S/C NO. A98JP19900006
WE CERTIFY MERCHANDISE TO BE OF CHINESE ORIGIN.

GUANGDONG MACHINERY IMPORT AND EXPORT CORP. (GROUP)
吴天贵

广东省机械进出口(集团)公司
GUANGDONG MACHINERY IMPORT AN EXPORT CORP. (GROUP)
726 DONG FENG ROAD EAST, GUANGZHOU, CHINA

装 箱 单
PACKING LIST

ORIGINAL

To:
ABC CO., LTD.
7-CHOME UENO TAITO-KU TOKYO,
JAPAN

Invoice No. : 2011-199-2030
Invoice Date : SEP. 2, 2011
S/C No. : A98JP19900006
L/C No. : 645-3000598

TRANSPORT DETAILS:
FROM GUANGZHOU CHINA TO YOKOHAMA JAPAN
BY VESSEL

标记 Marks & numbers	货名 description of goods	件数 Quantity	净重 N.W.	毛重 G.W.	尺码 Measurement
A98JP1990006 YOKOHAMA NO. 1-UP	"RABBIT" BRAND SHOVEL WITH METAL HANDLE, S501MH	1DOZ/BUN 420BUNS	@24KGS 10080KGS	@25KGS 10500KGS	@(80*35*23)CM 27.05CBMS
		420BUNS	10080KGS	10500KGS	27.05CBMS

TOTAL QUANTITY: 1008PCS
TOTAL: ONE HUNDRED AND ONE CARTONS ONLY.

GUANGDONG MACHINERY IMPORT AND EXPORT CORP. (GROUP)
吴天贵

BILL OF LADING

Shipper
GUANGDONG MACHINERY IMPORT AND
EXPORT CORP. (GROUP)

B/L No. COS0299120029

Combined Transport BILL OF LADING

RECEIVED in apparent good order and condition except as otherwise noted the total number of containers or other packages or units enumerated below for transportation from the place of receipt to the place of delivery subject to the terms and conditions hereof. One of the Bills of Lading must be surrendered duly endorsed to the Carrier by or on behalf of the Holder of the Bill of Lading, the rights and liabilities arising in accordance with the terms and conditions hereof shall, without prejudice to any rule of common law or statute rendering them binding on the Merchant, become binding in all respects between the Carrier and the Holder of the Bill of Lading as though the contract evidenced hereby had been made between them. IN WITNESS whereof the number of original Bills of Lading stated under have been signed. All of this tenor and date, one of which being accomplished, the other(s) to be void.

Consignee
TO ORDER OF SHIPPER

Notify Address
ABC CO., LTD.
7-CHOME UENO TAITO-KU TOKYO,
JAPAN

Pre-carriage by | Place of receipt | For delivery of goods please apply to:

Ocean Vessel Voy. No: JING AN CHENG V.0224E | Port of Loading: GUANGZHOU CHINA

Port of Discharge: YOKOHAMA JAPAN | Place of Delivery | Final Destination for the Merchant's Reference only

Container, Seal No. & Marks & Nos.	No. of Package & Description of Goods	Gross Weight Kgs	Measurement m³
A98JP1990006 YOKOHAMA NO. 1-UP	420BUNS "RABBIT" BRAND SHOVEL WITH METAL HANDLE, S501MH	10500KGS	27.05CBMS

TOTAL: FOUR HUNDRED AND TWENTY BUNDLES ONLY.
L/C NO.: 645-3000598
SHIPPING AGENT IN YOKOHAMA:
SEIWA CO., LTD. (SUB-AGENT OF COSCO-SEIWA)

SHIPPED ON BOARD
ON BOARD DATE: DEC. 12, 2011

1*20' FCL
FBZU0205688 SEAL154345

CHINA OCEAN SHIPPING AGENCY GUANGZHOU
陈锋 AS AGENT FOR THE CARRIER:
COSCO CONTAINER LINES

FREIGHT & CHARGES	Revenue Tons	Rate	Per	Prepaid	Collect
FREIGHT PREPAID					

Ex. Rate:	Prepaid at	Payable at	Place and date of issue
			GUANGZHOU SEP. 12, 2011
	Total Prepaid	No. of Original B(s)/L: THREE (3)	Stamp & Signature

LADEN ON BOARD THE VESSEL
Date
By

提单背书:

GUANGDONG MACHINERY IMPORT AN EXPORT CORP. (GROUP)
吴天贵

Copy

1. Goods consigned from (Exporter's business name, address, country)
GUANGDONG MACHINERY IMPORT AND
EXPORT CORP. (GROUP)
726 DONG FENG ROAD EAST, GUANGZHOU,
CHINA

Reference No. GZ5/80706/6658

GENERALIZED SYSTEM OF PREFERENCES
CERTIFICATE OF ORIGIN
(Combined declaration and certificate)
FORM A
issued in THE PEOPLE'S REPUBLIC OF CHINA
(COUNTRY)

See Notes overleaf

2. Goods consigned to (Consignee's name, address, country)
ABC CO., LTD.
7-CHOME UENO TAITO-KU TOKYO,
JAPAN

3. Means of transport and route (as far as known)
ON/AFTER SEP. 12, 2011
FROM GUANGZHOU CHINA TO YOKOHAMA JAPAN
BY VESSEL

4. For official use

5. Item number	6. Marks and numbers of Packages	7. Number and kind of packages; description goods	8. Origin criterion (see Notes overleaf)	9. Gross weight or other Quantity	10. Number and date of invoices
1	A98JP1990006 YOKOHAMA NO. 1-UP	FOUR HUNDRED AND TWENTY (420) BUNDLES OF "RABBIT" BRAND SHOVEL WITH METAL HANDLE, S501MH ******************************** L/C NO.: 645-3000598	"P"	420DOZ	2011-199-2030 AUG. 10, 2011

11. Certification
It is hereby certified, on the basis of control carried out, that the declaration by the exporter is correct.

GUANGZHOU SEP. 8, 2011
Place and date, signature and stamp of certifying authority

12. Declaration by the export
The undersigned hereby declares that the above details and statements are correct; that all the goods were produced in
CHINA
(country)
and that they comply with the origin requirements specified for those goods in the Generalized System of Preferences for goods exported to
JAPAN
(importing country)

GUANGZHOU SEP. 6, 2011 吴天贵
Place and date, signature of authorized signatory

中保财产保险有限公司
The people's insurance (Property) Company of China, Ltd
PICC PROPERTY

发票号码
Invoice No. 2011-199-2030

保险单号次
Policy No. KC2011-02151

海 洋 货 物 运 输 保 险 单
MARINE CARGO TRANSPORTATION INSURANCE POLICY

被保险人:
Insured: GUANGDONG MACHINERY IMPORT AN EXPORT CORP. (GROUP)

This policy of Insurance witnesses that The People's Insurance (Property) Company of China, Ltd. (hereinafter called "The Company"), at the request of the Insured and in consideration of the agreed premium paid by the Insured, undertakes to insure the undermentioned goods in transportation subject to the conditions of this Policy as per the Clauses printed overleaf and other special clauses attached hereon.

保险货物项目 Descriptions of Goods	包装 单位 数量 Packing Unit Quantity	保险金额 Amount Insured
"RABBIT" BRAND SHOVEL WITH METAL HANDLE, S501MH TOTAL: 906CARTONS	420BUNS	USD17556.00

承保险别
Conditions:
COVERING OCEAN MARINE CARGO (ALL RISKS) AND OCEAN MARINE CARGO WAR RISK CLAUSES OF THE PEOPLE'S INSURANCE CO. OF CHINA.

货物标记
Marks of Goods
A98JP1990006
YOKOHAMA
NO. 1-UP

总保险金额:
Total Amount Insured: U.S. DOLLARS SEVENTEEN THOUSAND FIVE HUNDRED AND FIFTY-SIX ONLY.

保费 Premium: As arranged
载运输工具 Per conveyance S.S.: JING AN CHENG V.0224E
开航日期 Slg. on or abt.: SEP. 12, 2011
起运港 From: GUANGZHOU
目的港 To: YOKOHAMA JAPAN

In the event of loss or damage which may result in a claim under this Policy, immediate notice must be given to the Company's Agent as mentioned hereunder. Claims, if any, one of the Original Policy which has been issued in 2 Original(s) together with the relevant documents shall be surrendered to the Company. If one of the Original Policy has been accomplished, the others to be void.

L/C NO.: 645-3000598

中保财产保险有限公司
THE PEOPLE'S INSURANCE (PROPERTY) COMPANY OF CHINA, LTD.

赔款偿付地点
Claim payable at: JAPAN IN CURRENCY OF CRAFT(S)
日期 Date: SEP. 11, 2011 在 at: GUANGZHOU
地址:
Address:

保险单背书:

GUANGDONG MACHINERY IMPORT AN EXPORT CORP. (GROUP)
吴天贵

综合制单练习九

F14

凭 Drawn under: LEBANESE CANADIAN BANK S.A.L.
信用证 第 号 L/C No. 207/21/09/000038
日期 dated MAY. 28, 2012
按 息 付 款 Payable with interest @ % per annum
号码 汇票金额 中国. 广州 年 月 日
No. 2012HQA2G084 **Exchange** for USD10154.70 Guangzhou.China 20
见票 日 后 (本 汇 票 之 副 本 未 付) 付
At *** *** sight of this **FIRST** of Exchange (Second of exchange being unpaid)
pay to the order of PNBPCNSH WACHOVIA BANK, NA 或 其 指 定 人
金 额 the sum of U.S. DOLLARS TEN THOUSAND ONE HUNDRED AND FIFTY-FOUR POINT SEVEN ONLY.

此致
To LEBANESE CANADIAN BANK S.A.L.
GHANTOUS BLDG.
DORA BOULEVARD

1

GUANGDONG FOREIGN TRADE IMP. AND EXP. CORP.
351 TIANHE ROAD GUANGZHOU CHINA
周国通

广东省轻出百货有限公司
GUANGDONG LIGHT HOUSEWARE CO., LTD.
52 DEZHENG RD SOUTH GUANGZHOU-CHINA

商　业　发　票
COMMERCIAL INVOICE

Messrs:
THE SONS OF FAYSAL HAMDOUN S.A.R.L
BEIRUT – LEBANON

Invoice No. : 2012HQA2G084
Invoice Date : JUN. 13, 2012
S/C No. : 09RQA2G084
L/C No. : 207/21/09/000038

Exporter:
GUANGDONG LIGHT HOUSEWARE CO., LTD.
52 DEZHENG RD SOUTH GUANGZHOU-CHINA

Transport Details:
FROM GUANGZHOU PORT CHINA TO
BEIRUT PORT LEBANON BY VESSEL

Terms of Payment:
BY L/C

Marks & numbers	Description of goods	Quantity	Unit price	Amount
N/M	ALUMINIUM LADDER 1.0MM			
	GHH3 3STEPS	40 PCS	@ USD9.28	USD371.20
	GHH4 4STEPS	50 PCS	@ USD10.54	USD527.00
	GHH5 5STEPS	100 PCS	@ USD12.44	USD1244.00
	GHH6 6STEPS	150 PCS	@ USD14.16	USD2124.00
	GHH7 7STEPS	200 PCS	@ USD16.13	USD3226.00
	GHH8 8STEPS	150 PCS	@ USD17.75	USD2662.50
	F. O. B. GUANGZHOU PORT-CHINA (AS PER INCOTERMS 2010)			USD10154.70

TOTAL QUANTITY: 690PCS　PACKING: 138CTNS
TOTAL WEIGHT: NET WT: 1266KGS　GROSS WT: 1323.8 KGS
TOTAL AMOUNT: U.S.DOLLARS TEN THOUSAND ONE HUNDRED AND FIFTY-FOUR POINT SEVEN ONLY.

PACKING: IN NYLON SACS
SHIPMENT: IN 1*40 FEET HQ CONTAINER
AS PER PROFORMA INVOICE N. 09RQA2G084 DATED MAY 18, 2012
F. O. B. GUANGZHOU PORT-CHINA (AS PER INCOTERMS 2010) AT THE PRICE OF F.C.A. CONTAINER LOADED ONTO VESSEL AT GUANGZHOU PORT-CHINA AT BENEFICIARIES RISK AND EXPENSES
WE HEREBY CERTIFY THAT THIS INVOICE IS AUTHENTIC, (ITS CONTENTS ARE TRUE), PRICES MENTIONED HEREIN ARE CORRECT AND CURRENT WITHOUT DEDUCTION OF ANY ADVANCE PAYMENT MADE ON ACCOUNT, AND THAT THE ORIGIN OF THE FOODS IS EXCLUSIVELY CHINESE AND THAT IT IS THE ONLY INVOICE ISSUED BY US FOR THE MERCHANDISE DECRIED THEREIN.
WE CONFIRM THAT THE GOODS SHIPPED ARE CONFORM TO THOSE LISTED ON PROFORMA INVOICE NO.09RQA2G084 DATED MAY 18, 2012.

GUANGDONG LIGHT HOUSEWARE CO., LTD.
52 DEZHENG RD SOUTH GUANGZHOU-CHINA
周国通

广东省轻出百货有限公司
GUANGDONG LIGHT HOUSEWARE CO., LTD.
52 DEZHENG RD SOUTH GUANGZHOU-CHINA

装　箱　单
PACKING LIST

ORIGINAL

TO:
THE SONS OF FAYSAL HAMDOUN S.A.R.L
BEIRUT – LEBANON

Invoice No. : 2012HQA2G084
Invoice Date : JUN. 13, 2012
S/C No. : 09RQA2G084
L/C No. : 207/21/09/000038

TRANSPORT DETAILS:
FROM GUANGZHOU PORT CHINA TO BEIRUT
PORT LEBANON BY VESSEL

标记 Marks & numbers	货名 Description of Goods	件数 Quantity	净重 N.W.	毛重 G.W.	尺码 Measurement
		(CTNS)	(KGS)	(KGS)	(CBMS)
N/M	ALUMINIUM LADDER 1.0MM				
	GHH3 3STEPS 40 PCS	8	@8.50 68.00	@9.00 72.00	@1.60*0.30*0.34 1.306
	GHH4 4STEPS 50 PCS	10	@9.50 95.00	@10.00 100.00	@1.60*0.30*0.34 1.632
	GHH5 5STEPS 99 PCS	33	@11.50 379.50	@12.00 396.00	@1.81*0.39*0.34 7.920
	GHH5 5STEPS 1 PCS	1	@11.50 11.50	@12.00 12.00	@1.81*0.39*0.34 0.24
	GHH6 6STEPS 150 PCS	50	@12.50 625.00	@13.00 650.00	@1.81*0.39*0.34 12.00
	GHH7 7STEPS 198 PCS	66	@13.50 54.00	@14.20 56.80	@2.00*0.41*0.34 18.401
	GHH7 7STEPS 2 PCS	1	@13.50 27.00	@14.20 28.40	@2.00*0.41*0.34 0.279
	GHH8 8STEPS 150 PCS	50	@14.80 740	@15.50 775.00	@2.00*0.41*0.34 13.94
		219CTNS	1999.5KGS	2090.2KGS	55.72CBMS

PACKING: IN NYLON SACS,
TOTAL QUANTITY: 690PCS
TOTAL: TWO HUNDRED AND NINETEEN CARTONS ONLY.

GUANGDONG LIGHT HOUSEWARE CO., LTD.
52 DEZHENG RD SOUTH GUANGZHOU-CHINA
周国通

BILL OF LADING

Shipper
GUANGDONG LIGHT HOUSEWARE CO., LTD.
52 DEZHENG RD SOUTH GUANGZHOU-CHINA

B/L No.
CHIBEY90734

Combined Transport BILL OF LADING

Consignee
TO THE ORDER OF LEBANESE CANADIAN BANK SAL

Notify Address
THE SONS OF FAYSAL HAMDOUN S.A.R.L
BEIRUT – LEBANON

For delivery of goods please apply to

Pre-carriage by | Place of receipt

Ocean Vessel　Voy. No.
DANDELINE V.AMS-1152W

Port of Loading
GUANGZHOU

Port of Discharge
BEIRUT

Place of Delivery

Final Destination for the Merchant's Reference only

Particulars Furnished by Merchants

Container, Seal No. & Marks & Nos.	No. of Packages & Description of Goods	Gross Weight Kgs	Measurement m³
N/M	219 CARTONS　ALUMINIUM LADDER 1.0MM	2090.2KGS	55.72CBMS
	TOTAL: TWO HUNDRED AND NINETEEN CARTONS ONLY. L/C NO.: 207/21/09/000038		
	THE SHIP DOES NOT SAIL UNDER AN ISRAELI FLAG AND WILL NOT CALL AT ANY ISRAELI PORT.		

ORIGINAL

1*40' HQ FCL/FCL CY/CY
SBAU5161475/297788

CONTAINER AXTUALLY LOADEN ON BOARD
ON BOARD DATE: JUN. 17, 2012

FREIGHT & CHARGES	Revenue Tons	Rate　Per	Prepaid	Collect
FREIGHT PREPAID				

Ex. Rate: | Prepaid at | Payable at | Place and date of issue: GUANGZHOU JUN. 17, 2012

Total Prepaid | No. of Original B(s)/L: THREE (3)

Stamp & Signature
GLOBAL AIM TRADING AND SHIPPING (G.A.T.S)
吴茂村 AS AGENT FOR THE CARRIER:
SINO-LINE SHIPPING LIMITED

LADEN ON BOARD THE VESSEL
Date
By

(TERMS CONTINUED ON BACK HEREOF)

Copy

1. Exporter (full name and address)
GUANGDONG LIGHT HOUSEWARE CO., LTD.
52 DEZHENG RD SOUTH GUANGZHOU-CHINA

Certificate No.
CCPIT088587360

CERTIFICATE OF ORIGIN
OF
THE PEOPLE'S REPUBLIC OF CHINA

2. Consignee (full name address, country)
THE SONS OF FAYSAL HAMDOUN S.A.R.L
BEIRUT – LEBANON

3. Means of transport and route
FROM GUANGZHOU PORT CHINA TO BEIRUT PORT
BY VESSEL

4. Destination port
BEIRUT

5. For certifying authority use only
CHINA COUNCIL FOR THE PROMOTION
OF INTERNATIONAL TRADE IS
CHINA CHAMBER OF INTERNATIONAL COMMERCE

6. Marks and numbers	7. Number and kind of packages; description of goods	8. H.S. Code	9. Quantity	10. Number and date of invoices
N/M	TWO HUNDRED AND NINETEEN (219) CARTONS OF ALUMINIUM LADDER 1.0MM THE GOODS ARE OF CHINESE ORIGIN L/C NO.: 207/21/09/000038 **	7616	690PCS	2012HQA2G084 JUN. 13, 2012

11. Declaration by the exporter
The undersigned hereby declares that the above details and statements are correct, that all the goods were produced in China and that they comply with the Rules of Origin of the People's Republic of China.

GUANGZHOU JUN. 15, 2012　周国通
Place and date, signature and stamp of authorized signatory

12. Certification
It is hereby certified that the declaration by the export is correct.

GUANGZHOU JUN. 17, 2012
Place and date, signature of authorized signatory

IACS CERTIFICATE

B/L NO.: CHIBEY90734
L/C NO.: 207/21/09/000038
VESSEL NAME: DANDELINE V.AMS-1152W
DATE: JUN. 17, 2012

THE CARRYING VESSEL IS A REGULAR LINER VESSEL, IS CLASSIFIED 100 A1 OR EQUIVALENT, AND IS OF STEEL CONSRUCTION CLASSED WITH A MEMBER OR ASSOCIATE MEMBER OF THE INTERNATIONAL ASSOCIATION OF CLASSIFICATION SOCIETY (IACS)

GLOBAL AIM TRADING AND SHIPPING(G.A.T.S)
吴茂君 AS AGENT FOR THE CARRIER:
SINO-LINE SHIPPING LIMITED

ISM CERTIFICATE

B/L NO.: CHIBEY90734
L/C NO.: 207/21/09/000038
VESSEL NAME: DANDELINE V.AMS-1152W
DATE: JUN. 17, 2012

WE CERTIFICATE THAT AT THE TIME OF LOADING THE CARRYING VESSEL NAMED (DANDELINE V.AMS-1152W) IS ISM CODE CERFIFIED AND HOLDS A VALID INTERNATIONAL SAFETY MANAGEMENT CERTIFICATE AS WELL AS A VALID ISM CODE DOCYMENT OF COMPLIANCE AS REQUIRED BY THE SOLAS CONVENTION 1974 AS AMENDED.

GLOBAL AIM TRADING AND SHIPPING(G.A.T.S)
吴茂君 AS AGENT FOR THE CARRIER:
SINO-LINE SHIPPING LIMITED

广东省轻出百货有限公司
GUANGDONG LIGHT HOUSEWARE CO., LTD.
52 DEZHENG RD SOUTH GUANGZHOU-CHINA

WEIGHT NOTE AND SPECIFICATION LIST

TO:
THE SONS OF FAYSAL HAMDOUN S.A.R.L
BEIRUT – LEBANON

Invoice No. : 2012HQA2G084
Invoice Date : JUN. 13, 2012
S/C No. : 09RQA2G084
L/C No. : 207/21/09/000038

TRANSPORT DETAILS:
FROM GUANGZHOU PORT CHINA TO BEIRUT PORT LEBANON BY VESSEL

货名 Description of Goods	数量 Quantity	件数 Package	净重 N.W.	毛重 G.W.	尺码 Measurement
	(PCS)	(CTNS)	(KGS)	(KGS)	(CBMS)
ALUMINIUM LADDER 1.0MM					
GHH3 3STEPS	40	8	@ 8.50 68.00	@ 9.00 72.00	@ 1.60*0.30*0.34 1.306
GHH4 4STEPS	50	10	@ 9.50 95.00	@ 10.00 100.00	@ 1.60*0.30*0.34 1.632
GHH5 5STEPS	99	33	@ 11.50 379.50	@ 12.00 396.00	@ 1.81*0.39*0.34 7.920
GHH5 5STEPS	1	1	@ 11.50 11.50	@ 12.00 12.00	@ 1.81*0.39*0.34 0.24
GHH6 6STEPS	150	50	@ 12.50 625.00	@ 13.00 650.00	@ 1.81*0.39*0.34 12.00
GHH7 7STEPS	198	66	@ 13.50 54.00	@ 14.20 56.80	@ 2.00*0.41*0.34 18.401
GHH7 7STEPS	2	1	@ 13.50 27.00	@ 14.20 28.40	@ 2.00*0.41*0.34 0.279
GHH8 8STEPS	150	50	@ 14.80 740	@ 15.50 775.00	@ 2.00*0.41*0.34 13.94
		219CTNS	1999.5KGS	2090.2KGS	55.72CBMS

PACKING: IN NYLON SACS
TOTAL QUANTITY: 690PCS
TOTAL: TWO HUNDRED AND NINETEEN CARTONS ONLY.

SHIPPING MARKS
N/M

GUANGDONG LIGHT HOUSEWARE CO., LTD.
52 DEZHENG RD SOUTH GUANGZHOU-CHINA
周国通

综合制单练习十

F14

1

凭 Drawn under: MIZRAHI TEFAHOT BANK LTD.
信用证 第 号 L/C No. TA/055/56765/1
日期 年 月 日 dated SEP. 22, 2011
按 息 付 款 Payable with interest @ ......% per annum
号码 No. HBGF2011-2548 汇票金额 Exchange for USD33894.00 中国，广州 Guangzhou.China 年 月 日 ......20......
见票 日 后（本 汇 票 之 副 本 未 付）付 At *** *** sight of this FIRST of Exchange (Second of exchange being unpaid)
pay to the order of BANK OF CHINA 或其指定人
金额 the sum of U.S. DOLLARS THIRTY-THREE THOUSAND EIGHT HUNDRED AND NINETY-FOUR ONLY.

此致
To MIZRAHI TEFAHOT BANK LTD.

DONGFENG FOOD CO. LTD
DATUN INDUSTRIAL ZONE, SHENZHOU CITY,
HEBEI PROVINCE, CHINA 053873
龙德生

东风食品有限公司
DONGFENG FOOD CO. LTD
DATUN INDUSTRIAL ZONE, SHENZHOU CITY, HEBEI PROVINCE, CHINA 053873

商 业 发 票
COMMERCIAL INVOICE

Messrs:
G. WILLI-FOOD INTERNATIONAL LTD
NAHAL SNIR STREET 3
YAVNE ISRAEL

Invoice No. : HBGF2011-2548
Invoice Date : OCT. 15, 2011
L/C No. : TA/055/56765/1

Exporter:
DONGFENG FOOD CO. LTD
DATUN INDUSTRIAL ZONE, SHENZHOU CITY,
HEBEI PROVINCE, CHINA 053873

Transport details:
FROM TIANJIN PORT TO ASHDOD PORT
BY VESSEL

Terms of payment:
BY L/C

Marks & numbers	Description of goods	Quantity	Unit price	Amount
N/M	EACH CARTON TO CONTAIN 72 BAGS (12*6) OF 22 GR BAGS OF APPLE CHIPS NATURAL FLAVOUR WITHOUT PEEL PACKED IN 6 UNITS PACKAGE, BARCODE FOR 22 GR BAG:6928740700544 BARCODE FOR THE 6 UNITS PACKAGE: 7290011615314	75600 BAGS	@ USD0.218	USD 16480.80
	EACH CARTON TO CONTAIN 76 BAGS OF APPLE CHIPS ORIGINAL FLAVOUR WITHOUT PEEL IN 22 GR BAGS BARCODE: 6928740700544	39900BAGS	@ USD0.218	USD 20668.20
	EACH CARTON TO CONTAIN 40 BAGS OF APPLE CHIPS ORIGINAL FLAVOUR WITHOUT PEEL IN 43 GR BAGS BARCODE: 6928740700643	21000BAGS	@ USD0.415	USD 871.50
			FOB TIANJIN PORT	USD38020.50

TOTAL WEIGHT: NET WT: KGS GROSS WT: KGS
TOTAL AMOUNT: U.S.DOLLARS SIXTY FIVE THOUSAND EIGHT HUNDRED ONLY.

DONGFENG FOOD CO. LTD
DATUN INDUSTRIAL ZONE, SHENZHOU CITY,
HEBEI PROVINCE, CHINA 053873
龙德生

东风食品有限公司
DONGFENG FOOD CO. LTD
DATUN INDUSTRIAL ZONE, SHENZHOU CITY, HEBEI PROVINCE, CHINA 053873

装 箱 单
PACKING LIST

ORIGINAL

Exporter:
DONGFENG FOOD CO. LTD
DATUN INDUSTRIAL ZONE, SHENZHOU CITY,
HEBEI PROVINCE, CHINA 053873

Invoice No. : HBGF2011-2548
Invoice Date : OCT. 15, 2011
S/C No. :
L/C No. : TA/055/56765/1

TRANSPORT DETAILS:
FROM TIANJIN PORT TO ASHDOD PORT
BY VESSEL

标记 Marks & numbers	货名 description of goods	件数 Quantity	净重 N.W.	毛重 G.W.	尺码 Meas.
		(CTNS)	(KGS)	(KGS)	(CMS)
N/M	EACH CARTON TO CONTAIN 72 BAGS (12*6) OF 22 GR BAGS OF APPLE CHIPS NATURAL FLAVOUR WITHOUT PEEL PACKED IN 6 UNITS PACKAGE, BARCODE FOR 22 GR BAG:6928740700544 BARCODE FOR THE 6 UNITS PACKAGE: 7290011615314	1050	@ 1.584 1663.2	@ 2.584 2713.20	@ 55*40*256 59.14CBMS
	EACH CARTON TO CONTAIN 76 BAGS OF APPLE CHIPS ORIGINAL FLAVOUR WITHOUT PEEL IN 22 GR BAGS BARCODE: 6928740700544	525	@ 1.672 877.8	@ 2.824 1482.60	@ 55*40*266 30.723CBMS
	EACH CARTON TO CONTAIN 40 BAGS OF APPLE CHIPS ORIGINAL FLAVOUR WITHOUT PEEL IN 43 GR BAGS BARCODE: 6928740700643	525	@ 1.72 903	@ 2.568 1348.20	@ 55*40*244 28.182CBMS
		2100CTNS	3444KGS	5544KGS	118.05CBMS

TOTAL QUANTITY:
TOTAL: TWO THOUSAND ONE HUNDRED CARTONS ONLY.

DONGFENG FOOD CO. LTD
DATUN INDUSTRIAL ZONE, SHENZHOU CITY,
HEBEI PROVINCE, CHINA 053873
龙德生

BILL OF LADING

Shipper
DONGFENG FOOD CO. LTD
DATUN INDUSTRIAL ZONE, SHENZHOU CITY,
HEBEI PROVINCE, CHINA 053873

B/L No. ZIMUXNG1161647

Combined Transport BILL OF LADING

RECEIVED in apparent good order and condition except as otherwise noted the total number of containers or other packages or units enumerated below for transportation from the place of receipt to the place of delivery subject to the terms and conditions hereof. One of the Bills of Lading must be surrendered duly endorsed to the Carrier by or on behalf of the Holder of the Bill of Lading, the rights and liabilities arising in accordance with the terms and conditions hereof shall, without prejudice to any rule of common law or statute rendering them binding on the Merchant, become binding in all respects between the Carrier and the Holder of the Bill of Lading as though the contract evidenced hereby had been made between them. IN WITNESS whereof the number of original Bills of Lading stated under have been signed. All of this tenor and date, one of which being accomplished, the other(s) to be void.

Consignee
TO THE ORDER OF MIZRAHI TEFAHOT
BANK LTD TEL AVIV

Notify Address
G. WILLI-FOOD INTERNATIONAL LTD
NAHAL SNIR STREET 3
YAVNE ISRAEL

Pre-carriage by | Place of receipt
For delivery of goods please apply to:

Ocean Vessel Voy. No. | Port of Loading
MERKUR CLOUD V.941S TIANJIN PORT

Port of Discharge | Place of Delivery | Final Destination for the Merchant's Reference only
ASHDOD PORT

Container, Seal No. & Marks & Nos.	No. of Package & Description of Goods	Gross Weight Kgs	Measurement m³
N/M	"SHIPPER'S LOAD & COUNT & SEAL" 2100CARTONS APPLE CHIPS NATURAL FLAVOUR WITHOUT PEEL	5544KGS	118.05CBM
	TOTAL: TWO THOUSAND ONE HUNDRED CARTONS ONLY H.S. CLASSIFICATION NO.2006 CREDIT NUMBER: TA/055/56765/1	SHIPPED ON BOARD ON BOARD DATE: OCT. 26, 2011	

Particulars Furnished by Merchants

1*40' CY/CY
ZCSU2694750/D-452149

ZIM LOGISTICS(CHINA) CO., LTD.-BJJ
林东生 AS AGENT FOR THE CARRIER:
ZIM INTEGRATED SHIPPING SERVICES LTD

FREIGHT & CHARGES	Revenue Tons	Rate Per	Prepaid	Collect
FREIGHT COLLECT				

Ex. Rate:	Prepaid at	Payable at	Place and date of issue
			GUANGZHOU OCT. 26, 2011
	Total Prepaid	No. of Original B(s)/L THREE(3)	Stamp & Signature

LADEN ON BOARD THE VESSEL
Date
By

东风食品有限公司
DONGFENG FOOD CO. LTD
DATUN INDUSTRIAL ZONE, SHENZHOU CITY, HEBEI PROVINCE, CHINA 053873

DECLARATION

DATE:OCT.30.2011

L/C NUMBER: TA/055/56765/1

HEREBY WE DECLARE THAT ONE ORIGINAL OF EACH DOCUMENT REQUIRED HAS BEEN FAXED TO APPLICANT AND THEN ONE COPY OF EACH DOCUMENT REQUIRED HAS BEEN SENT TO HIM BY SPECIAL COURIER ON DEC.30.2011.

DONGFENG FOOD CO. LTD
DATUN INDUSTRIAL ZONE, SHENZHOU CITY,
HEBEI PROVINCE, CHINA 053873
龙德生

东风食品有限公司
DONGFENG FOOD CO. LTD
DATUN INDUSTRIAL ZONE, SHENZHOU CITY, HEBEI PROVINCE, CHINA 053873

INSTRUCTION

DATE:OCT. 10. 2011

TO: ZIM INTEGRATED SHIPPING SERVICES LTD.

L/C NUMBER: TA/055/56765/1

HEREBY WE INSTRUCT FOR LOADING THE CONTAINER IN THE VESSEL UNDER THE WATERLINE.

DONGFENG FOOD CO. LTD
DATUN INDUSTRIAL ZONE, SHENZHOU CITY,
HEBEI PROVINCE, CHINA 053873
龙德生

东风食品有限公司
DONGFENG FOOD CO. LTD
DATUN INDUSTRIAL ZONE, SHENZHOU CITY, HEBEI PROVINCE, CHINA 053873

DECLARATION

DATE:OCT. 30. 2009

L/C NUMBER: TA/055/56765/1

HEREBY WE STATE THAT:

A. GOODS ARE PACKED IN STRONG EXPORT CARTONS.
B. GOODS ARE PACKED IN SUCH A WAY THAT THEY WILL NOT BE DAMAGED DURING TRANSPORTATION.
C. EACH ITEM BEARS ENGLISH-HEBREW TEXT STICKER WITH COMPLETE PACKAGING DESIGN WITH WILLI FOOD LOGO, WITH PRODUCT'S NAMES, INGREDIENTS, KOSHER INDICATIONS AND NUTRITIONAL VALUES PER 100 GR AND PER UNIT, AS PER APPLICANT'S INSTRUCTIONS AND CONFIRNATION DATED MAY 10TH 2011.
D. EACH BAG BEARS THE OU KOSHER LOGO + CHATAM SOFER BNEI BERAQ KOSHER LOGO.
E. EACH 22 GR BAG, 6 UNITS PACKAGE AND 43 GR BAG BEARS EXPIRY DATE, WHICH IS 16 MONTHS FROM PRODUCTION DATE.
F. THE 6 UNITS PACKAGE IS PRINTED ACCORDING THE APPLICANT'S DESIGN AND INSTRUCTIONS, INCLUDING APPLICANT'S BARCODE, LOGO, KOSHER LOGO, PRODUCT'S NAME AND 5+1 FREE OF CHARGE TEXT AND WEIGHT.
G. EACH CARTON BEARS CARTON MARKS AS PER APPLICANT'S INSTRUCTIONS AND EXPIRY DATE.
H. SHELF LIFE OF THE PRODUCT IS 16 MONTHS FROM PRODUCTION DATE.
I. PRODUCTION DATE IS NOT PRINTED, ONLY EXPIRY DATE IS PRINTED ON EACH 22 GR BAG, THE 5+1 PACKAGING AND EACH 43 GR BAG.
J. GOODS ARE FRESH PRODUCTION.
K. INSIDE THE CONTAINER THERE ARE ALSO LOADED 2 OCT EMPTY CARTONS OF EACH PRODUCT.

DONGFENG FOOD CO. LTD
DATUN INDUSTRIAL ZONE, SHENZHOU CITY,
HEBEI PROVINCE, CHINA 053873
龙德生

东风食品有限公司
DONGFENG FOOD CO. LTD
DATUN INDUSTRIAL ZONE, SHENZHOU CITY, HEBEI PROVINCE, CHINA 053873

LABORATORY ANALYSIS

DATE: SEP. 27. 2011

L/C NUMBER: TA/055/56765/1
INVOICE NUMBER: DFI-SP29048

DESCRIPTION OF GOODS:
2X40 FT FCLS TO CONTAIN THE FOLLOWING:
1. 1X40 FT FCL CONTAINING 1050 STRONG EXPPORT CARTONS, EACH CARTON TO CONTAIN 72 UNITS (12X6) OF 22 GR BAGS OF APPLE CHIPS NATURAL FLAVOUR
   BARCODE FOR 22 GR BAG: 6928740700544.
   BARCODE FOR THE 6 UNITS PACKAGE: 7290011615314
2. 1X40 FT FCL TO CONTAIN:
A. 525 STRONG EXPORT CARTONS, EACH CARTON TO CONTAIN 76 BAGS OF APPLE CHIPS ORIGINAL FLAVOUR WITHOUT PEEL IN 22 GR BAGS AT USD0. 218/BAG
   BARCODE: 6928740700544
B. 525 STRONG EXPORT CARTONS, EACH CARTON TO CONTAIN 40 BAGS OF APPLE CHIPS ORIGINAL FLAVOUR WITHOUT PEEL IN 43 GR BAGS, AT USD 0. 415/BAG.
   BARCODE: 6928740700643.
PRICE BASIS: FOB TIANJIN PORT

Inspection item	Technical requirement	The practice test result	Decide
Moisture %	≤5.0	2.0	Match
Sulfur dioxide rudimental quantity, mg/kg	≤0.1	0.022	Match
Colony Amount, cfu/g	≤750	75	Match
Coliform Bacteria, mpn/100g	≤30	<30	Match
Pathogenic bacteria	Do not examine out	Not examine out	Match
Metal detection	Not detected	Not detected	Match

DONGFENG FOOD CO. LTD
DATUN INDUSTRIAL ZONE, SHENZHOU CITY,
HEBEI PROVINCE, CHINA 053873
龙德生

参考文献

1. 余世明. 国际商务单证实务［M］. 广州：暨南大学出版社，2008.
2. 余世明. 报关员资格考试辅导：练习题、历年试题及模拟试题［M］. 广州：暨南大学出版社，2002.
3. 余世明. 全国外销员资格考试辅导：重难点分析、练习题、历年试题及模拟试题［M］. 广州：暨南大学出版社，2002.
4. 余世明. 国际贸易实务练习题及分析解答［M］. 广州：暨南大学出版社，2004.
5. 余世明，冼燕华. 国际商务模拟实习教程［M］. 广州：暨南大学出版社，2004.
6. 余世明. 国际货运代理资格考试辅导：重点提示、练习题及解答［M］. 广州：暨南大学出版社，2005.
7.《全国国际商务专业人员职业资格考试指定用书》编委会. 国际商务基础理论与实务（2005 年版）［M］. 北京：中国商务出版社，2005.
8. 中国国际货运代理协会. 国际航空货运代理理论与实务（2005 年版）［M］. 北京：中国商务出版社，2005.
9. 周树玲. 外贸单证实务［M］. 北京：对外经济贸易大学出版社，2002.
10. 刘启萍，周树玲. 外贸英文制单［M］. 北京：对外经济贸易大学出版社，1999.
11. 顾民. 外贸制单与结汇［M］. 3 版. 北京：对外经济贸易大学出版社，2001.
12. 梅清豪. 外贸信用证实务［M］. 上海：东方出版中心，1997.
13. 姚大伟. 国际贸易单证实务［M］. 北京：中国对外经济贸易出版社，2002.
14. 黎孝先. 国际贸易实务［M］. 北京：对外经济贸易大学出版社，1994.
15. 吴百福. 进出口贸易实务教程［M］. 上海：上海人民出版社，2003.
16. 罗来仪，李乃军. 对外贸易业务问题集解［M］. 北京：对外经济贸易大学出版社，2001.
17. 吴小平. 保险原理与实务［M］. 北京：中国金融出版社，2002.
18. 陈海联，等. 报关员考试习题精解［M］. 北京：中国海关出版社，2002.
19. 国际商会. 2020 年国际贸易术语解释通则.